Wörlen · Metzler-Müller | Schuldrecht AT

Schuldrecht AT

Begründet von
Dr. iur. Rainer Wörlen †
ehemals Professor an der Fakultät Wirtschaftsrecht
der Fachhochschule Schmalkalden

unter Mitarbeit sowie seit der 10. Auflage fortgeführt von
Dr. iur. Karin Metzler-Müller
Professorin an der
Hessischen Hochschule für Polizei und Verwaltung

11., völlig überarbeitete und verbesserte Auflage

Verlag Franz Vahlen München 2013

Zitiervorschlag: *Wörlen/Metzler-Müller* SchuldR AT Rn.

www.vahlen.de

ISBN 978 3 8006 4610 4

Wilhelmstraße 9, 80801 München
Druck: Druckhaus Nomos
In den Lissen 12, 76547 Sinzheim

Satz: R. John + W. John GbR, Köln
Umschlagkonzeption: Martina Busch Grafikdesign, Homburg Kirrberg

Gedruckt auf säurefreiem, alterungsbeständigem Papier
(hergestellt aus chlorfrei gebleichtem Zellstoff)

Recht bleibt Recht,
und wer es auch hat,
es zeigt sich am Ende.*

---

* Johann Wolfgang von Goethe (1749–1832): Reineke Fuchs, 11. Gesang, Vers 321.

Vorwort zur 11. Auflage

Dieses Lehrbuch, das einen ersten Einstieg in das Allgemeine Schuldrecht ermöglichen soll, habe ich vollständig auf Änderungsbedarf überprüft, überarbeitet und aktualisiert.

Zur Zielsetzung sowie zum inhaltlichen und didaktischen Konzept dieses Werks verweise ich auf das nachfolgende »**Vorwort zur ersten Auflage**«, das den **Studierenden** zugleich vermittelt, wie sie mit diesem Lehrbuch besonders effektiv arbeiten – und das sie daher **unbedingt lesen** sollten. Es stammt von meinem am 3.11.2009 im Alter von 63 Jahren plötzlich und unerwartet verstorbenen Kollegen Rainer Wörlen. Seit der ersten, 1990 erschienenen Auflage war er der federführende Autor dieses Standardwerkes. Ein besonderes Anliegen von ihm war, den Lesern mit Spaß am Lernen den Einstieg in das Zivilrecht zu erleichtern. Sein besonderes fachdidaktisches Talent hat er in seinen zahlreichen Lehrbüchern umgesetzt und vielen Studierenden damit zu motiviertem Lernen sowie schlussendlich zum Erfolg verholfen. Sein Konzept »Lernen im Dialog« hat sich sehr gut bewährt und wurde deshalb beibehalten. Seinem letzten Willen entsprechend führe ich dieses Lehrbuch, an dem ich seit 1991 mitgearbeitet habe, fort.

Im Untertitel der Vorauflagen waren besonders Studierende an Fachhochschulen (mittlerweile überwiegend: Hochschulen für angewandte Wissenschaften), die eigene Fakultäten »Wirtschaftsrecht« bzw. »Wirtschaft und Recht« haben, angesprochen. Doch auch bei juristischen Studienanfängern an Universitäten hat das Werk seinen Leserkreis gefunden.

Juristische Studienanfänger dürfen sich – selbstverständlich – mit der Lektüre dieser nur einen ersten Einstieg vermittelnden Bücher[1] nicht begnügen: Damit ihr hiermit erworbenes Basiswissen nicht nur »gefährliches Halbwissen« wird, wurden am Ende von Abschnitten und Kapiteln in der »Literatur zur Vertiefung« neben dem umfassenden Repetitorium von Alpmann und Schmidt überwiegend Lehrbuchklassiker aufgenommen. Des Weiteren finden sie in der »Literatur zur Vertiefung« eine Vielzahl von instruktiven Aufsätzen aus Fachzeitschriften (vornehmlich aus Ausbildungszeitschriften für Studierende, wie etwa Jura, JuS und JA) zu den jeweils behandelten Teilgebieten. Diese Aufsätze erscheinen nicht im Literaturverzeichnis, um dieses relativ übersichtlich zu halten.

Berücksichtigt wurden vor allem die jüngsten Rechtsentwicklungen zu den geänderten Vorschriften über den Wertersatz beim Widerruf von Fernabsatzverträgen und verbundenen Verträgen (Gesetz v. 27.7.2011, BGBl. I 1600) sowie zum Verbraucherschutz vor Kostenfallen im elektronischen Geschäftsverkehr (Gesetz v. 10.5.2012, BGBl. I 1084), die zu zahlreichen Änderungen in den §§ 312 d ff. sowie §§ 357 ff. BGB geführt haben.

Frau Dr. iur. *Sabrina Leinhas*, Schmalkalden, danke ich für die kritische Durchsicht des Manuskripts.

1 Für das Verständnis dieses Buchs ist Voraussetzung, dass die Studierenden bereits einen Grundriss über den Allgemeinen Teil des BGB durchgearbeitet haben (Minimum: *Wörlen/Metzler-Müller* BGB AT, vgl. Literaturverzeichnis).

Von Lesern der Vorauflagen habe ich wertvolle Hinweise erhalten und zum Teil eingearbeitet. Konstruktiv-kritische Anregungen und »Fehlermeldungen« nehme ich dankbar und gerne entgegen.

Meine Anschrift lautet: Hessische Hochschule für Polizei und Verwaltung, Abteilung Mühlheim, Tilsiter Str. 13, 63165 Mühlheim, Fax: 06108/603509, E-Mail: karin.metzler-mueller@hfpv-hessen.de.

Mühlheim, im Dezember 2012 *Karin Metzler-Müller*

Aus dem Vorwort zur ersten Auflage – zugleich eine Arbeitsanleitung* –

Der vorliegende Band meiner Reihe »Grundzüge des Privatrechts«[2] basiert auf meinen Arbeitsgemeinschaften für Studienanfänger an den juristischen Fakultäten der Universitäten Würzburg und Freiburg sowie auf meinen Vorlesungen zum »Wirtschaftsprivatrecht« im ehemaligen Fachbereich Versicherungswesen der Fachhochschule Köln.[3]

Für das **didaktische** Konzept und das Lernen mit diesem Buch gilt:

»Einführungen«, »Grundzüge« und dergleichen haben gemeinsam, dass sie niemals vollständig sein können. So ist es nicht Ziel dieses Buches, die Vielzahl der auf dem Markt befindlichen, zum Teil vorzüglichen und viel umfassenderen Einführungswerke nur um eine andersartige Stoffauswahl zu ergänzen.

Der **Zweck dieser »Grundzüge«** ist vielmehr ein »didaktisch-pädagogischer«: Den Studierenden soll der Stoff **nicht in einem vortragsähnlichen Monolog** nahegebracht werden, sondern – wie es in der praxis- und anwendungsbezogenen Lehre an Fachhochschulen üblich ist – in Form eines **»Lehrgesprächs«**. Ihnen soll anhand von zur Thematik hinführenden Fragen oft Gelegenheit gegeben werden, sich zunächst eigene Gedanken zu machen, bevor sie die Antworten lesen, die den Stoff lehrbuchartig darbieten.

Bei der Darstellung des Stoffes wird weitgehend die sogenannte »Fall-Methode« angewandt: »Das Recht« wird in der Praxis des täglichen Lebens von Rechtsfällen (Rechtsstreitigkeiten) beherrscht; so liegt es nahe, eine praxis- und anwendungsbezogene Lehre am »Fall« zu orientieren. Ein solcher Fall endet regelmäßig mit einer Frage, und zu dieser Frage sollten die Studierenden bei der Durcharbeitung dieses Buchs wiederum – auch ohne besondere Aufforderung – **zunächst eigene Überlegungen** anstellen, bevor sie weiterlesen.

Erfolgreiches Lernen bedeutet schließlich nicht nur **Lesen** und **Nachdenken**, sondern immer und immer wieder: **Wiederholen!** Um den Studierenden Gelegenheit zu geben zu überprüfen, was von dem zuvor im Lehrgespräch Erarbeiteten (bzw. hier Gelesenen) im Gedächtnis haften geblieben ist, werden ihnen am Ende von Teilabschnitten Stoffgliederungsübersichten, Merksätze und Prüfungsschemata dargeboten. Sollte man bei der Lektüre dieser Übersichten feststellen, dass man der Zusammenfassung nicht ohne Schwierigkeiten folgen kann, so sollte man tunlichst zurückblättern, um den Stoff nachzuarbeiten! Gegebenenfalls mache man sich Notizen, um einem »Problem« anhand von vertiefender Literatur nachzugehen.

---

* Mit notwendigen Aktualisierungen.

2 Diese Reihe wurde inzwischen eingestellt. Die Bücher erscheinen als Einzelbände zu den Teilrechtsgebieten (vgl. Literaturverzeichnis).

3 Den Vorlesungen in Köln folgten Vorlesungen an der FH Anhalt, Abt. Bernburg, an der Hochschule Harz in Wernigerode und an der FH Schmalkalden im Fachbereich Wirtschaftsrecht.

Juristische »Probleme« werden in diesem Buch ohnehin bewusst nicht erörtert! In einem juristischen Einführungswerk, das sich in erster Linie an Wirtschaftswissenschaftler wendet und angehenden Juristen einen ersten Einstieg ermöglichen soll, haben Zitate wie »BGHZ« oder »BGH NJW« ebenso wenig zu suchen wie solche von umfangreichen »Klassiker«-Lehrbüchern oder dickleibigen Kommentaren!

Um Missverständnisse dieser »Kritik« zu vermeiden: Solche Zitate haben dann in Einführungswerken wie dem vorliegenden »nichts zu suchen«, wenn sie dazu dienen sollen, die Studierenden zu animieren, einen angesprochenen »Meinungsstreit« zu einem juristischen »Problem« durch die Lektüre dieser Zitate (zB: »vgl. dazu Palandt/*Weidenkaff* Einf v. § 433 Rn. 22, mwN zum Meinungsstreit«) nachzuarbeiten! Das trägt meist eher zur Verwirrung als zur Klärung bei. Zur Nacharbeitung des dargebotenen Stoffes dienen die konkreten Literaturhinweise »Zur Vertiefung« am Ende von Abschnitten innerhalb des Textes.

Wenn zB »Palandt«, ein sog. »Lehrbuchklassiker«, ein BGH-Urteil, ein ganz spezieller Zeitschriftenaufsatz uÄ in meinen Fußnoten manchmal dennoch erscheinen, dann nur, um – der Zitierwahrheit entsprechend – zu belegen, dass die eine oder andere Passage den Formulierungen dieser zitierten Werke nachempfunden wurde (weil man es selbst treffender nicht mehr ausdrücken kann).

Damit die Studierenden durch die Fußnoten in diesem Buch nicht unnütz vom Lernen abgelenkt werden, empfehle ich, wie folgt zu verfahren:

Betrachten Sie nur die fett gedruckten Fußnotentexte als Pflichtlektüre! Den in Normalschrift gedruckten Fußnoten sollten Sie nur nachgehen, wenn Sie Zeit und Interesse haben, etwas mehr zu erfahren als in den Prüfungen von Ihnen verlangt wird. Ein Teil davon sind Quellenangaben (»Zitierwahrheit«).

Schließlich sollen diese »Grundzüge« bei der Stoffvermittlung auch ein wenig an die zivilrechtliche, gutachtliche Denkweise heranführen, deren Beherrschung für die Anfertigung von Prüfungsklausuren geboten ist. Bisweilen wird der Stoff, den ein Fall vermitteln soll, daher in gutachtenähnlicher Form »klausurmäßig« aufbereitet.

Zur Perfektionierung ihrer Klausurentechnik sollten die Studierenden meine (in demselben Verlag erschienene) »Anleitung zur Lösung von Zivilrechtsfällen« durcharbeiten.
Es ist kein Zufall, dass in diesem Vorwort so häufig vom **»Arbeiten«** (**Durch**arbeiten, **Nach**arbeiten – auch Vorarbeiten kann nicht schaden!) die Rede ist. Es soll ja zugleich eine **Arbeits**anleitung sein!

»Ohne Arbeit kein Erfolg!« oder »Ohne Fleiß kein Preis!« sind nicht etwa Allgemeinplätze, sondern reine Wahrheit, »nichts als die Wahrheit!« Das **Arbeiten** (Synonym: Studieren!) kann dieses Buch, wie auch andere, nicht ersetzen. Es kann und soll die Arbeit aber erleichtern und auflockern!

Bevor Sie mit der Lektüre beginnen, noch ein letzter Ratschlag, der, obwohl eigentlich selbstverständlich, nicht oft genug wiederholt werden kann: **Lesen Sie jede zitierte Vorschrift (= § !) sorgfältig durch**; wenn Sie diesen Band der »Grundzüge« durcharbeiten, ist die ständige Benutzung (Lektüre) eines Textes des BGB unerlässlich. Ausreichend und empfehlenswert ist die Anschaffung der neuesten Auflage der NWB-Textausgabe »Wichtige Gesetze des Wirtschaftsprivatrechts« mit einer Einführung von *Güllemann* sowie »BGB Beck-Texte im dtv«, Nr. 5001, mit einer Einführung von *Köhler*. Den Hinweis »Lesen!« werden Sie im Text dieses Buches immer wieder finden. Wenn ich die Wichtigkeit der Gesetzeslektüre in meiner »Anleitung zur Lösung von Zivilrechtsfällen« noch mit dem Satz »Die halbe Juristenwahrheit steht im Gesetz« unterstrichen habe, so möchte/muss ich dem noch hinzufügen: **»Die Hälfte aller Fehler in juristischen Anfängerklausuren könnte vermieden werden, wenn die Bearbeiter die zitierten Vorschriften (genauer) lesen würden.«**

Köln, im März 1991 *Rainer Wörlen*

Inhaltsverzeichnis

Vorwort zur 11. Auflage ... VII

Aus dem Vorwort zur ersten Auflage – zugleich eine Arbeitsanleitung – ... IX

Verzeichnis der Übersichten ... XIX

Abkürzungsverzeichnis ... XXI

Literaturverzeichnis ... XXV

1. Kapitel. Grundlagen und Regelungsbereich des Schuldrechts ... 1
- **I. Inhalt und Funktion des Schuldrechts** ... 1
- **II. Gesetzliche Regelung – Allgemeines und Besonderes Schuldrecht** ... 1
- **III. Begriff des Schuldverhältnisses** ... 2

2. Kapitel. Begründung von Schuldverhältnissen ... 5
- **I. Vorbemerkung** ... 5
- **II. Rechtsgeschäftliche (vertragliche) Schuldverhältnisse** ... 5
  - 1. Gegenseitige Verträge ... 6
  - 2. Unvollkommen zweiseitig verpflichtende Verträge ... 7
  - 3. Einseitig verpflichtende Verträge ... 7
- **III. Die Vertragsfreiheit** ... 10
  - 1. Bedeutung und Inhalt ... 10
  - 2. Abschluss- und Gestaltungsfreiheit ... 10
  - 3. Einschränkungen ... 13
    - a) Abschlussfreiheit ... 13
      - aa) Kontrahierungszwang aufgrund öffentlich-rechtlicher Vorschriften ... 14
      - bb) Kontrahierungszwang aufgrund des Gesetzes gegen Wettbewerbsbeschränkungen ... 14
      - cc) Allgemeiner Kontrahierungszwang ... 14
      - dd) Allgemeines Gleichbehandlungsgesetz ... 15
    - b) Gestaltungsfreiheit ... 15
- **IV. Allgemeine Geschäftsbedingungen** ... 16
  - 1. Begriff und Bedeutung ... 16
  - 2. Die wichtigsten Regelungen des allgemeinen Schuldrechts zur Überprüfung von AGB ... 18
    - a) Allgemeine Voraussetzungen für die Überprüfung und Wirksamkeit von AGB ... 19
      - aa) Anwendbarkeit der Verbraucherschutzvorschriften (§§ 305–310) ... 19
      - bb) AGB als »Vertragsbestandteil« ... 20
      - cc) Mehrdeutige Klauseln (§ 305c II) ... 20

b) Inhaltskontrolle von AGB-Klauseln ... 21
aa) Schranken der Inhaltskontrolle ... 21
bb) Klauselverbote ohne Wertungsmöglichkeit (§ 309) ... 22
cc) Klauselverbote mit Wertungsmöglichkeit (§ 308) ... 22
dd) Generalklausel (§ 307 I und II) ... 23
3. Verfahrensrechtliche Regelungen ... 29
V. Haustürgeschäfte ... 29
1. Widerrufsrecht ... 30
a) Voraussetzungen ... 30
b) Rechtsfolgen ... 30
c) Ausschluss ... 31
2. Rückgaberecht ... 31
a) Voraussetzungen ... 31
b) Rechtsfolgen ... 31
3. Subsidiarität ... 32
VI. Fernabsatzverträge ... 32
1. Vorbemerkung ... 32
2. Anwendungsbereich der §§ 312b ff. ... 33
3. Informationspflichten des Unternehmers ... 33
a) Vor Vertragsschluss ... 33
b) Nach Vertragsschluss ... 33
4. Widerrufs- und Rückgaberecht ... 34
5. Verbundene Verträge ... 35
a) Finanzierungsfunktion des Darlehens ... 35
b) Wirtschaftliche Einheit ... 35
VII. Pflichten im elektronischen Geschäftsverkehr ... 36
1. Anwendungsbereich von § 312g ... 36
2. Rechtsfolgen von Pflichtverletzungen ... 38
a) Anfechtung durch den Kunden ... 38
b) Haftung des Unternehmers ... 38
VIII. Gesetzliche Schuldverhältnisse ... 38

3. Kapitel. Inhalt von Schuldverhältnissen ... 43
I. Vorbemerkung ... 43
II. Schranken der Inhaltsfreiheit ... 43
1. Gesetzliches Verbot oder Verstoß gegen gute Sitten ... 43
2. Konkrete Beschränkung für Schuldverhältnisse ... 44
III. Leistungspflicht ... 44
1. Hauptleistungspflichten und Nebenleistungspflichten ... 44
2. Der Grundsatz von Treu und Glauben ... 45
3. Arten der Nebenleistungspflichten ... 46
a) Selbstständige und unselbstständige Nebenleistungspflichten ... 46
aa) Selbstständige, leistungsbezogene Nebenpflichten ... 46
bb) Unselbstständige, nicht leistungsbezogene Nebenpflichten ... 46
b) Rechtsgrundlagen für Nebenpflichten ... 47
aa) Vertragliche Vereinbarungen ... 47

bb) Spezialgesetzliche Regelungen 47
cc) Die allgemeine Regelung gem. § 242 48
(1) Auskunfts- und Rechenschaftspflichten 48
(2) Mitwirkungspflichten 49
(3) Nachvertragliche Nebenpflichten 50
dd) Die allgemeine Regelung gem. § 241 II 51
(1) Aufklärungspflichten 51
(2) Schutzpflichten 52
IV. Leistungsort 55
1. Holschuld 61
2. Bringschuld 61
3. Schickschuld 61
V. Leistungsgegenstand 62
1. Stückschuld und Gattungsschuld 62
2. Wahlschuld 64
3. Geldschuld 64
VI. Leistungszeit 68
VII. Leistungsverweigerungsrecht 68
VIII. Vertragsstrafe 69

4. Kapitel. Beendigung von Schuldverhältnissen 71
I. Erfüllung 71
1. Erfüllung durch Leistung 71
2. »Annahme an Erfüllungs Statt« 71
II. Hinterlegung 72
III. Aufrechnung 72
IV. Erlass 73

5. Kapitel. Störungen von Schuldverhältnissen (Leistungsstörungen) 77
I. Überblick: Grundfälle der Leistungsstörungen 77
II. Gemeinsames Merkmal aller Leistungsstörungen: Die Pflichtverletzung 78
III. Schuldnerverzug 79
1. Voraussetzungen des Verzugs 81
a) Fälligkeit der Leistung 82
b) Mahnung 82
c) Nichtleistung 82
2. Vertretenmüssen (Verschulden) 83
3. Ergänzung der Verzugsregelungen durch § 286 III und IV 84
4. Rechtsfolgen des Verzugs 84
a) Ersatz des Verzögerungsschadens 84
b) Schadensersatz statt der Leistung 85
aa) Voraussetzungen 85
bb) Rechtsfolgen 87
c) Besondere Folgen des Verzugs 89

aa) Verantwortlichkeit während des Verzugs (§ 287) 89
bb) Verzugszinsen 90
5. Besondere Regelungen für gegenseitige Verträge 90
a) Notwendigkeit der Sonderregelungen 90
b) Nichterbringung (Verzögerung) der fälligen Leistung durch den Schuldner (§ 323 I, 1. Var.) 90
c) Voraussetzungen und Rechtsfolgen des Rücktritts wegen Verzögerung der Leistung nach § 323 I 1 Hs. 1, 1. Var. 92
aa) Voraussetzungen für den Rückgewähranspruch aus § 346 I . 92
(1) Rücktrittsrecht 92
(2) Ausübung des Rücktritts 92
bb) Voraussetzungen des gesetzlichen Rücktrittsrechts nach § 323 I 1, 1. Var. 93
(1) Wirksamer gegenseitiger Vertrag 93
(2) Pflichtverletzung durch den Schuldner wegen Verzögerung der fälligen Leistung 93
(3) Angemessene Fristsetzung zur Leistung oder Nacherfüllung 93
(4) Erfolgloser Fristablauf 93
(5) Kein Ausschluss gem. § 323 V oder VI (lesen!) 93
cc) Rechtsfolge(n) des Rücktritts 93
IV. Gläubigerverzug 95
1. Voraussetzungen 95
a) Erfüllbarkeit der Leistung 95
b) Ordnungsgemäßes Angebot der Leistung 95
c) Leistungswille und Leistungsvermögen 96
d) Nichtannahme der Leistung 96
2. Rechtsfolgen 96
a) Haftungserleichterung 96
b) Gefahrübergang bei Gattungsschulden 96
c) Gefahrübergang beim gegenseitigen Vertrag 97
d) Ersatz von Mehraufwendungen 97
V. Unmöglichkeit der Leistung 98
1. Arten der Unmöglichkeit 98
2. Unmöglichkeit als Pflichtverletzung 99
3. Tatsächlich bestehende Unmöglichkeit und Ausschluss der Leistungspflicht 102
a) Anfängliche und nachträgliche Unmöglichkeit 102
b) Subjektive und objektive Unmöglichkeit 102
c) Teilunmöglichkeit 102
4. Anfängliche Unmöglichkeit 103
a) Leistungshindernis bei Vertragsschluss 103
b) Schadensersatz 104
aa) Positives und negatives Interesse 104
bb) Voraussetzungen für den Schadensersatzanspruch aus § 311a II 105
5. Nachträgliche Unmöglichkeit 107
a) Ausschluss der Leistungspflicht des Schuldners 107

b) Schadensersatz ... 108
c) Einzelfälle ... 108
aa) Ausschluss der Leistungspflicht ... 108
bb) Anspruch auf Herausgabe des Ersatzes für die unmögliche Leistung (»stellvertretendes commodum«) ... 109
cc) Vom Schuldner zu vertretende Pflichtverletzung ... 110
dd) Zusätzliche Voraussetzung von § 283 ... 111
6. Besondere Regelungen für gegenseitige Verträge ... 113
a) Befreiung von der Gegenleistung bei Ausschluss der Leistungspflicht ... 113
b) Anspruch auf die Gegenleistung bei Ausschluss der Leistungspflicht ... 114
aa) Verantwortlichkeit des Gläubigers ... 114
bb) Annahmeverzug des Gläubigers ... 115
c) Rücktritt bei Ausschluss der Leistungspflicht ... 117
7. Der Ausschluss der Leistungspflicht nach § 275 im System des Allgemeinen Schuldrechts ... 121
a) Gattungsschuld: Beschaffungsrisiko; Vorratsschuld ... 121
b) Gattungsschuld: Konkretisierung zur Stückschuld ... 122
c) Gefahrtragung: Sach- und Preisgefahr ... 124
aa) Sachgefahr (Leistungsgefahr) ... 124
bb) Preisgefahr (Gegenleistungsgefahr) ... 125
cc) Sonderregelungen für den Verbrauchsgüterkauf ... 128

VI. Schlechterfüllung ... 131
1. Begriff ... 131
2. »Einfacher Schadensersatz« (§ 280 I) ... 132
3. »Kleiner Schadensersatz« (§ 281 I 1) ... 134
4. »Großer Schadensersatz« (§ 281 I 2 und 3) ... 135
5. Schadensersatz statt der Leistung wegen Pflichtverletzung nach § 241 II (§ 282) ... 138
a) Voraussetzungen ... 138
aa) Wirksames Schuldverhältnis ... 138
bb) Pflichtverletzung nach § 241 II ... 138
cc) Vertretenmüssen ... 138
dd) Unzumutbarkeit der Schuldnerleistung für den Gläubiger ... 138
ee) Schaden beim Gläubiger ... 138
b) Rechtsfolgen ... 139
6. Besondere Regelungen für gegenseitige Verträge ... 139
a) Rücktritt bei Schlechterfüllung gem. § 323 I 1 Hs. 1, 2. Var. ... 140
aa) Voraussetzungen ... 141
bb) Rechtsfolgen ... 141
b) Rücktritt gem. § 324 wegen einer Nebenpflichtverletzung nach § 241 II ... 141
aa) Voraussetzungen ... 142
bb) Rechtsfolgen ... 143

VII. Pflichtverletzung bei Vertragsschluss ... 145
1. Haftungsgrund ... 145
2. Voraussetzungen der Haftung ... 146

a) Aufnahme von Vertragsverhandlungen 146
b) Anbahnung eines Vertrags 147
c) Ähnliche geschäftliche Kontakte 147
3. Rechtsfolgen 148
Exkurs zu §§ 249 ff. 149

VIII. Ersatz vergeblicher Aufwendungen 151
1. Bedeutung 151
2. Voraussetzungen 152
a) Schadensersatzanspruch »statt der Leistung« 152
b) Aufwendungen des Gläubigers 152
c) Aufwendungen im Vertrauen auf den Erhalt der Leistung 153
d) Billigerweise zulässige (verhältnismäßige) Aufwendungen 153
e) Zweckverfehlung der Aufwendungen aufgrund der Pflichtverletzung 153
3. Rechtsfolge 154

IX. Störung der Geschäftsgrundlage 155
1. Begriff 155
2. Fallgruppen 155
a) Äquivalenzstörungen 155
b) Leistungserschwernisse 155
c) Zweckstörungen 155
3. Gesetzliche Regelung 155
4. Vorrang vertraglicher Vereinbarungen und gesetzlicher Regelungen 157

6. Kapitel. Beteiligung Dritter am Schuldverhältnis 161

I. Vorbemerkung 161

II. Erfüllungsgehilfe 162
1. Begriff 162
2. Haftung des Geschäftsherrn 162
a) Eigenes Verschulden 162
b) Fremdes Verschulden 163
3. Erfüllung einer Verbindlichkeit 165

III. Vorvertragliches Schuldverhältnis mit Dritten (§ 311 III) 169
1. Entstehung 169
2. Voraussetzungen 169
a) Die Inanspruchnahme besonderen Vertrauens durch Dritte 169
b) Das besondere wirtschaftliche Eigeninteresse von Dritten 170
c) Sachwalterhaftung 170

IV. Vertrag zugunsten Dritter 171
1. Beteiligte 172
2. Rechtsbeziehungen der Beteiligten 172
a) Deckungsverhältnis 173
b) Valutaverhältnis 173
3. Echter und unechter Vertrag zugunsten Dritter 173
a) Echter Vertrag zugunsten Dritter 173
b) Unechter Vertrag zugunsten Dritter 174

V. Übertragung (Abtretung) von Forderungen 175
1. Voraussetzungen 175
2. Rechtsfolgen 177
3. Schuldnerschutz 177
VI. Factoring 181
VII. Schuldübernahme 182
VIII. Mehrheit von Schuldnern und Gläubigern 184
1. Gesamtschuldnerschaft 185
2. Gesamtgläubigerschaft 186

Sachverzeichnis 187

Verzeichnis der Übersichten

1: System (Arten) der Rechtsgeschäfte 8
2: Geltung und Überprüfung von Allgemeinen Geschäftsbedingungen nach den §§ 305–310 (Prüfungsschema) 24
3: Auszug aus AGB einer Bank 25
4: Entstehung von vertraglichen und gesetzlichen Schuldverhältnissen . . . 41
5: Haupt- und Nebenleistungspflichten in vertraglichen Schuldverhältnissen 58
6: Arten der Schuld 66
7: Erlöschen (Beendigung) von Schuldverhältnissen 75
8: Leistungsstörungen
(Teil 1) Grundfälle der Leistungsstörungen/Voraussetzungen und Rechtsfolgen des Schuldnerverzugs 88
(Teil 2) Rücktritt bei Schuldnerverzug im gegenseitigen Vertrag 94
(Teil 3) Gläubigerverzug (»Annahmeverzug«) 98
9: Schadensersatz wegen Pflichtverletzung 100
9a: Allgemeiner Überblick: Schadensersatz statt der Leistung 101
10: Leistungsstörungen – § 275 I – Ausschluss der Leistungspflicht 103
11: Leistungsstörungen – § 311a II – Anspruch auf Schadensersatz bei anfänglicher Unmöglichkeit 105
12: Leistungsstörungen – §§ 280 I und III iVm § 283 – Schadensersatz statt der Leistung wegen nachträglicher Unmöglichkeit 112
13: Leistungsstörungen – § 326 – Ausschluss der Leistungspflicht (Besondere Regelungen für gegenseitige Verträge) 120
14: Sachgefahr und Preisgefahr 127
15: Gegenleistung des Gläubigers (Käufers) im Kaufvertrag bei Ausschluss der Leistungspflicht des Schuldners (Verkäufers) 130
16: Leistungsstörungen – Schadensersatz bei Schlechtleistung 137
17: Leistungsstörungen: Schadensersatz statt der Leistung wegen Verletzung einer Pflicht aus § 241 II gem. § 280 I und III iVm § 282 139
18: Leistungsstörungen: Sonderregelungen für gegenseitige Verträge 144
19: Leistungsstörungen: Schadensersatz wegen Pflichtverletzung vor/bei Vertragsschluss gem. § 280 I iVm §§ 311 II, 241 II 148
20: Aufwendungsersatz gem. § 284 154
21: Störung der Geschäftsgrundlage – § 313 – 158
22: Haftung für Verschulden des Erfüllungsgehilfen 168
23: Schadensersatz aus vorvertraglichem Schuldverhältnis mit Dritten (§ 311 II und III) 171
24: Vertrag zugunsten Dritter 174
25: Übertragung (Abtretung) von Forderungen 180
26: Factoring 182
27: Schuldübernahme 184
28: Mehrheit von Schuldnern und Gläubigern 185

Abkürzungsverzeichnis*

aA	anderer Ansicht
Abs.	Absatz
Abschn.	Abschnitt
ABU	Allgemeine Bedingungen für das Bauwesenversicherung von Unternehmerleistungen
ABV	Allgemeine Bedingungen der Vertrauensschadenversicherung
AbzG	Abzahlungsgesetz
AcP	Archiv für die civilistische Praxis (Zeitschrift)
ADAC	Allggemeiner Deutscher Automobilclub
AEB	Allgemeine Einbruchdiebstahlversicherung
aF	alte Fassung
AFB	Allgemeine Feuerversicherungsbedingungen
AG	Aktiengesellschaft
AGB	Allgemeine Geschäftsbedingungen
AGG	Allgemeines Gleichbehandlungsgesetz
AHB	Allgemeine Versicherungsbedingungen für Haftpflichtversicherungen
AJP	Aktuelle Juristische Praxis (Zeitschrift, Schweiz)
AKB	Allgemeine Bedingungen für die Kraftverkehrsversicherung
AktG	Gesetz über Aktiengesellschaften und Kommanditgesellschaften auf Aktien (Aktiengesetz)
allg.	allgemein/e(s)/r
Anh.	Anhang
Anm.	Anmerkung
arg.	Argument (argumentum)
Art.	Artikel
AT	Allgemeiner Teil
AtomG	Gesetz über die friedliche Verwendung der Kernenergie und den Schutz gegen ihre Gefahren (Atomgesetz)
Aufl.	Auflage
AVB	Allgemeine Versicherungsbedingungen
AVK	Allg. Versicherungsbedingungen der privaten Krankenversicherung
BB	Betriebsberater (Zeitschrift)
BBauG	Bundesbaugesetz
BBergG	Bundesberggesetz
Bd./Bde.	Band/Bände
bes.	besonder/e/s
BeurkG	Beurkundungsgesetz
BGB	Bürgerliches Gesetzbuch
BGB-InfoV	BGB – Informationspflichten-Verordnung
BGBl.	Bundesgesetzblatt
BGH	Bundesgerichtshof
BGHZ	Entscheidungen des Bundesgerichtshofs in Zivilsachen
BR	Bürgerliches Recht
BRAO	Bundesrechtsanwaltsordnung
Bsp.	Beispiel
BT	Besonderer Teil
BT-Drs.	Bundestagsdrucksache
bzw.	beziehungsweise
c.i.c.	culpa in contrahendo

* Vgl. dazu *Kirchner* unter der nachfolgenden Literatur.

Chr.	Christus
DB	Der Betrieb (Zeitschrift)
dh	das heißt
d.J.	der Jüngere
ders.	derselbe
dies.	dieselbe
dtv	Deutscher Taschenbuch Verlag
EG	Europäische Gemeinschaften
EGHGB	Einführungsgesetz zum Handelsgesetzbuch
Einf.	Einführung
EnWG	Energiewirtschaftsgesetz
etc.	et cetera
EU	Europäische Union
EuGH	Europäischer Gerichtshof
EuZW	Europäische Zeitschrift für Wirtschaftsrecht
EV	Eigentumsvorbehalt
evtl.	eventuell
EWG	Europäische Wirtschaftsgemeinschaft
f.	folgende (Seite)
FAZ	Frankfurter Allgemeine Zeitung
FernAbsG	Fernabsatzgesetz
FernUSG	Fernunterrichtsschutzgesetz
ff.	folgende (Seiten)
Geb.	Gebühren
gem.	gemäß
G	Gesetz
ggf.	gegebenenfalls
GOA	Gebührenordnung für Architekten (s. HOAI)
GoA	Geschäftsführung ohne Auftrag
GOÄ	Gebührenordnung für Ärzte
GOI	Gebührenordnung für Ingenieure (s. HOAI)
GWB	Gesetz gegen Wettbewerbsbeschränkungen
HAR	Handwörterbuch des Agrarrechts
HaustürWG	Gesetz über den Widerruf v. Haustürgeschäften und ähnliche Geschäften
Hk	Handkommentar (vgl. Literatur: Schulze u.a.)
hM	herrschende Meinung
HGB	Handelsgesetzbuch
HOAI	Honorarordnung für Architekten u. Ingenieure
HpflG	Haftpflichtgesetz
Hrsg.	Herausgeber
hrsg.	herausgegeben
Hs.	Halbsatz
idF	in der Fassung
idR	in der Regel
iE	im Einzelnen
iSd	im Sinne der/des
iSv	im Sinne von
iVm	in Verbindung mit
inkl.	inklusive
insbes.	insbesondere

it.	italienisch
JA	Juristische Arbeitsblätter (Zeitschrift)
JherJb.	Jherings Jahrbücher für die Dogmatik des bürgerlichen Rechts
JR	Juristische Rundschau (Zeitschrift)
Jura	Juristische Ausbildung (Zeitschrift)
JuS	Juristische Schulung (Zeitschrift)
JZ	Juristenzeitung
Kap.	Kapitel
Kfz.	Kraftfahrzeug
KompaktKom	Kompaktkommentar (vgl. Literatur: Kothe u.a.)
lat.	lateinisch
Lit.	Literatur
Lstg.	Leistung
LuftVG	Luftverkehrsgesetz
MDR	Monatsschrift für Deutsches Recht
MDStV	Medienstaatsvertrag
mwN	mit weiteren Nachweisen
nF	neue Fassung
NJW	Neue Juristische Wochenschrift
NJW-RR	Neue Juristische Wochenschrift (Rechtsprechungs-Report Zivilrecht)
Nr.	Nummer
obj.	objektiv
OLG	Oberlandesgericht
OLGVertr-ÄndG	OLG-Vertretungsänderungsgesetz
PBefG	Personenbeförderungsgesetz
PdW	Prüfe Dein Wissen (= Buchreihe)
PflVG	Gesetz über die Pflichtversicherung für Kraftfahrzeughalter
Pkw	Personenkraftwagen
ProdHaftG	Gesetz über die Haftung für fehlerhafte Produkte (Produkthaftungsgesetz)
ProstG	Prostituiertengesetz
pVV	positive Vertragsverletzung
RE	Regierungsentwurf/ Referentenentwurf
RGBl.	Reichsgesetzblatt
RL	Richtlinie
Rn.	Randnummer/n
RÜ	Rechtsprechungsübersicht (Zeitschrift)
RVG	Rechtsanwaltsvergütungsgesetz
S.	Satz/Seite
SchuldR	Schuldrecht
sog.	sogenannt/e/r
Sp.	Spalte
StGB	Strafgesetzbuch
StPO	Strafprozessordnung
StVG	Straßenverkehrsgesetz
StVO	Straßenverkehrsordnung
s. unten	siehe unten
TDG	Teledienstgesetz
TMG	Telemediengesetz

TzWrG	Teilzeit-Wohnrechtegesetz
UKlaG	Unterlassungsklagengesetz
UmweltHG	Umwelthaftungsgesetz
usw.	und so weiter
Urt.	Urteil
v.	von/vom/vor
Var.	Variante
verb.	verbessert(e)
VerbrKrG	Verbraucherkreditgesetz
VerbrKrRL-UG	Gesetz zur Umsetzung der Verbraucherkreditrichtlinie, des zivilrechtlichen Teil der Zahlungsdiensterichtlinie sowie zur Neuordnung der Vorschriften über das Widerrufs- und Rückgaberecht
vgl.	vergleiche
Vorauss.	Voraussetzung/en
Vorb(em).	Vorbemerkung
VuR	Verbraucher und Recht (Zeitschrift)
VVG	Gesetz über den Versicherungsvertrag
WE	Willenserklärung
WGG	Wegfall der Geschäftsgrundlage
WHG	Gesetz zur Ordnung des Wasserhaushaltes (Wasserhaushaltsgesetz)
WM	Zeitschrift für Wirtschafts- und Bankrecht, Wertpapiermitteilungen, Teil IV
zB	zum Beispiel
ZGS	Zeitschrift für das gesamte Schuldrecht
Ziff.	Ziffer
ZIP	Zeitschrift für Wirtschaftsrecht
ZPO	Zivilprozessordnung
ZR	Zivilrecht (bei Gerichtsurteil: Zivilrechts-Senat)
ZRP	Zeitschrift für Rechtspolitik

Literaturverzeichnis

Aufsätze	werden mit **Titeln** nur in der **Literatur zur Vertiefung** am Ende der dargestellten Themenbereiche und in den Fußnoten mit Verfasser und Fundstelle zitiert.
Alpmann Brockhaus	Fachlexikon Recht, 2. Aufl. 2005
Alpmann und Schmidt	Schuldrecht AT 1, 19. Aufl. 2012 (von *J. A. Alpmann,* zit.: *Alpmann/Schmidt* SchuldR AT I); Schuldrecht AT 2, 19. Aufl. 2012 (von *Alpmann-Pieper/Pechstein/Veltmann,* zit.: *Alpmann/Schmidt* SchuldR AT II); Grundlagen Fälle, Schuldrecht AT, 2. Aufl. 2009 (von *Müller,* zit.: *Alpmann/Schmidt* Fälle SchuldR AT)
Aunert-Micus, S. und andere	Wirtschaftsprivatrecht, 4. Aufl. 2010 (zit.: *Aunert-Micus* WirtschaftsPrivR)
Bamberger, H.G./Roth, H. (Hrsg.)	Beck'scher Online-Kommentar BGB, Stand: 1.12.2012, Edition 22 (zit.: BeckOK BGB/*Bearbeiter*)
*Benning, A./Oberrath, J. D.**	Bürgerliches Recht, 4. Aufl. 2008 (zit.: *Benning/Oberrath* BürgerlR)
Benning, A./Oberrath, J. D.	Gestaltungsleitfaden AGB, 2. Aufl. 2010 (zit. *Benning/Oberrath* AGB)
Brox, H./Walker, W.-D.	Allgemeiner Teil des BGB, 36. Aufl. 2012 (zit.: *Brox/Walker* BGB AT)
Brox, H./Walker, W.-D.	Allgemeines Schuldrecht, 36. Aufl. 2012 (zit.: *Brox/Walker* SchuldR AT)
*Creifelds, C.**	Rechtswörterbuch, 20. Aufl. 2011 (zit.: *Creifelds*)
Dauner-Lieb, B./ Langen, W.	NK-BGB, Bd. 2/1 und 2/2: Schuldrecht, 2. Aufl. 2012 (zit.: NK-BGB/*Bearbeiter*)
*Däubler. W.**	BGB kompakt – allgemeiner Teil, Schuldrecht, Sachenrecht, 3. Aufl. 2008 (zit.: *Däubler* BGB kompakt)
Eckert, J.	Schuldrecht Allgemeiner Teil, 4. Aufl. 2004 (zit.: *Eckert* SchuldR AT)
Eisenmann, H./ Gnauk, H./Quittnat, T.	Rechtsfälle aus dem Wirtschaftsprivatrecht, 8. Aufl. 2007 (zit.: *Eisenmann/Gnauk/Quittnat* Fälle WirtschaftsPrivR)
Emmerich, V.	Das Recht der Leistungsstörungen, 6. Aufl. 2005 (zit.: *Emmerich* LeistungsstörungsR)
Esser, J./Schmidt, E.	Schuldrecht, Band I: Allgemeiner Teil, Teilband 1, 8. Aufl. 1995 (zit.: *Esser/Schmidt* SchuldR AT I)
Esser, J./Schmidt, E.	Schuldrecht, Band I: Allgemeiner Teil, Teilband 2, 8. Aufl. 2000 (zit.: *Esser/Schmidt* SchuldR AT II)
Fezer, K.-H.	Klausurenkurs zum Schuldrecht Allgemeiner Teil, 7. Aufl. 2011 (zit.: *Fezer* Klausurenkurs SchuldR AT)
Fikentscher, W./ Heinemann, A.	Schuldrecht, 10. Aufl. 2006 (zit.: *Fikentscher/Heinemann* SchuldR)
Fritzsche, J.	Fälle zum Schuldrecht I, 5. Aufl. 2013 (zit.: *Fritzsche* Fälle BGB AT)
*Führich, E.**	Wirtschaftsprivatrecht, 11. Aufl. 2012 (zit.: *Führich* WirtschaftsPrivR)
Grunewald, B.	Bürgerliches Recht, 8. Aufl. 2009 (zit.: *Grunewald* BürgerlR)
Großmann-Doerth, H.	Selbstgeschaffenes Recht und staatliches Recht, 1933

Güllemann, D. — Veranstaltungsmanagement und Recht, 5. Aufl. 2009 (zit.: *Güllemann* Veranstaltungsmanagement)

Harke, J. D. — Allgemeines Schuldrecht, 2010 (zit.: *Harke* SchuldR AT)

Herberger, M. und andere (Hrsg.) — juris Praxiskommentar BGB, Band 2 – Schuldrecht 5. Aufl. 2010 (zit.: jurisPK-BGB/*Bearbeiter*)

Hirsch, C. — Allgemeines Schuldrecht – systematisches Lehrbuch mit zahlreichen Fällen und Beispielen –, 6. Aufl. 2009 (zit.: *Hirsch* SchuldR AT)

Huber, C. — Das neue Schadensersatzrecht, 2003 (zit.: *Huber* SchadensersatzR)

Jauernig, O. (Hrsg.) — Bürgerliches Gesetzbuch, Kommentar, 14. Aufl. 2011 (zit.: Jauernig/*Bearbeiter* BGB)

Joussen, J. — Schuldrecht I – Allgemeiner Teil, 2008 (zit.: *Joussen* SchuldR I)

*Kaiser, G. A.** — Bürgerliches Recht, 12. Aufl. 2009 (zit.: *Kaiser* BürgerlR)

Kindl, J./Feuerborn, A. — Bürgerliches Recht für Wirtschaftswissenschaftler, 2. Aufl. 2012 (zit.: *Kindl/Feuerborn* BürgerlR WiWi)

Kirchner, H. — Abkürzungsverzeichnis der Rechtssprache, 7. Aufl. 2013

Kittner, M. — Schuldrecht, Rechtliche Grundlagen – Wirtschaftliche Zusammenhänge, 3. Auflage 2003 (zit.: *Kittner* SchuldR)

Köhler, H./Lorenz, S. — Schuldrecht I (PdW Band 2), 21. Aufl. 2010 (zit.: *Köhler/Lorenz* PdW SchuldR I)

*Korenke, T.** — Bürgerliches Recht, 2006 (zit.: *Korenke* BürgerlR)

Kothe, W. und andere — Das neue Schuldrecht – Kompaktkommentar 2003 (zit.: KompaktKom-BGB/*Bearbeiter*)

*Kropholler, J.** — Studienkommentar BGB, 13. Aufl. 2011 (zit.: *Kropholler* BGB)

Larenz, K. — Lehrbuch des Schuldrechts, Allgemeiner Teil, 14. Aufl. 1987 (zit.: *Larenz* SchuldR I)

Larenz, K. — Lehrbuch des Schuldrechts, Besonderer Teil, 1. Halbband, 13. Aufl. 1986 (zit.: *Larenz* SchuldR II 1)

Larenz, K./Canaris, C.-W. — Lehrbuch des Schuldrechts, Besonderer Teil, 2. Halbband, 13. Aufl. 1994 (zit.: *Larenz/Canaris* SchuldR II 2)

Looschelders, D. — Schuldrecht Allgemeiner Teil, 10. Aufl. 2012 (zit.: *Looschelders* SchuldR AT)

Marburger, P./Sutschet, H. — 20 Probleme aus dem Schuldrecht, Allgemeiner Teil, 8. Aufl. 2012 (zit.: *Marburger/Sutschet* SchuldR AT)

Medicus, D. — Allgemeiner Teil des BGB, 10. Aufl. 2010 (zit.: *Medicus* BGB AT)

Medicus, D. — Gesetzliche Schuldverhältnisse, 5. Aufl. 2007 (zit.: *Medicus* Gesetzl. Schuldverhältnisse)

*Medicus, D.** — Grundwissen zum Bürgerlichen Recht – Ein Basisbuch zu den Anspruchsgrundlagen, 9. Aufl. 2011 (zit.: *Medicus* Grundwissen)

Medicus, D./Lorenz, S. — Schuldrecht I, Allgemeiner Teil, 20. Aufl. 2012 (zit.: *Medicus/Lorenz* SchuldR AT)

Medicus, D./Petersen, J. — Bürgerliches Recht – Eine nach Anspruchsgrundlagen geordnete Darstellung zur Examensvorbereitung, 23. Aufl. 2011 (zit.: *Medicus/Petersen* BürgerlR)

*Metzler-Müller, K.** — Wie löse ich einen Privatrechtsfall?, 6. Aufl. 2011 (zit.: *Metzler-Müller* PrivatRFall)

Münchener Kommentar — zum Bürgerlichen Gesetzbuch,
Band 1: Allgemeiner Teil, §§ 1-240, ProstG, AGG, 6. Aufl. 2012;
Band 2: Schuldrecht, Allgemeiner Teil (§§ 241-432), 6. Aufl. 2012;
Band 3: Schuldrecht, Besonderer Teil, §§ 433-610, Finanzierungsleasing, HeizkostenV, BetriebskostenV, CISG, 6. Aufl. 2012;
Band 7, 1. Halbband: Familienrecht I, §§ 1297-1588, Gewaltschutzgesetz, 5. Aufl. 2010 (zit.: MüKoBGB/*Bearbeiter*)

Musielak, H.-J.	Grundkurs BGB, 12. Aufl. 2011 (zit.: *Musielak* GK BGB)
Nawratil, H. *	BGB leicht gemacht, 31. Aufl. 2011 (zit.: *Nawratil* BGB leicht gemacht)
Niebling, J.	Allgemeine Geschäftsbedingungen, 9. Aufl. 2011 (zit.: *Niebling* AGB)
Oetker, H./Maultzsch, F.	Vertragliche Schuldverhältnisse, 3. Aufl. 2007 (zit.: *Oetker/Maultzsch* Vertragl. Schuldverhältnisse)
Palandt, O.	Bürgerliches Gesetzbuch, Kommentar, 72. Aufl. 2013 (zit.: Palandt/*Bearbeiter*)
Petersen, J.	Examens-Repetitorium Allgemeines Schuldrecht, 5. Aufl. 2011 (zit.: *Petersen* ExamensRep SchuldR AT)
Randa, A.	Schuldrecht kompakt: Basisbuch zum Schuldrecht mit Beispielen und Schemata, 2. Aufl. 2008 (zit.: *Randa* SchuldR kompakt)
Schade, F.	Wirtschaftsprivatrecht – Grundlagen des Bürgerlichen sowie des Handels- und Wirtschaftsrechts, 2. Aufl. 2009 (zit.: *Schade* WirtschaftsPrivR)
Schellhammer, K.	Schuldrecht nach Anspruchsgrundlagen samt BGB Allgemeiner Teil, 8. Aufl. 2011 (zit.: *Schellhammer* SchuldR)
Schulze, R./Dörner, H./Ebert, I.	Bürgerliches Gesetzbuch – Handkommentar –, 7. Aufl. 2011 (zit.: HK-BGB/*Bearbeiter*)
Steckler, B.	Kompendium Wirtschaftsrecht, 7. Aufl. 2009 (zit.: *Steckler* WirtschaftsR)
Teichmann, A.	Vertragliches Schuldrecht, 4. Aufl. 2008 (zit.: *Teichmann* Vertragl. SchuldR)
Tonner, K.	Schuldrecht: Vertragliche Schuldverhältnisse, 2. Aufl. 2010 (zit.: *Tonner* Vertragl. SchuldR)
Ullrich, N.	Wirtschaftsrecht für Betriebswirte, 7. Aufl. 2012 (zit.: *Ullrich* WirtschaftsR Betriebswirte)
Unge, W.	Durchblick im BGB – für alle juristischen Anfänger, Band 2: Schuldrecht, 4. Aufl. 2006 = Interaktives Lernprogramm »jura § link«: http://www.juralink.de
Westermann, H. P./Bydlinski, P./Weber, R.	BGB – Schuldrecht, Allgemeiner Teil, 7. Aufl. 2010 (zit.: *Westermann/Bydlinski/Weber* SchuldR AT)
*Wörlen, R./Kokemoor, A.**	Sachenrecht, 8. Aufl. 2012 (zit.: *Wörlen/Kokemoor* SachenR)
*Wörlen, R./Kokemoor, A.**	Handelsrecht mit Gesellschaftsrecht, 11. Aufl. 2012 (zit.: *Wörlen/Kokemoor* HandelsR)
*Wörlen, R./Kokemoor, A.**	Arbeitsrecht, 10. Aufl. 2011 (zit.: *Wörlen/Kokemoor* ArbR)
*Wörlen, R./Metzler-Müller, K.**	BGB AT, Einführung in das Recht und Allgemeiner Teil des BGB, 12. Aufl. 2012 (zit.: *Wörlen/Metzler-Müller* BGB AT)
*Wörlen, R./Metzler-Müller, K.**	Schuldrecht BT, 10. Aufl. 2011 (zit.: *Wörlen/Metzler-Müller* SchuldR BT)
*Wörlen, R. /Schindler, S.**	Anleitung zur Lösung von Zivilrechtsfällen – Methodische Hinweise und Musterklausuren –, 9. Aufl. 2009 (zit.: *Wörlen/Schindler* Anleitung)
*Zerres, T.**	Bürgerliches Recht – Eine Einführung in das Zivilrecht und die Grundzüge des Zivilprozessrechts, 6. Aufl. 2009 (zit.: *Zerres* BürgerlR)

Die für Anfänger besonders geeigneten Werke sind mit einem »*« versehen.

1. Kapitel. Grundlagen und Regelungsbereich des Schuldrechts

I. Inhalt und Funktion des Schuldrechts

1 Das Schuldrecht ordnet privatrechtliche Beziehungen zwischen zwei oder mehreren Personen. Es dient, neben dem Handelsrecht, der Regelung des rechtsgeschäftlichen, wirtschaftlichen Güterverkehrs, dem Ausgleich ungerechtfertigter Vermögensverschiebungen sowie dem Ersatz von Schäden an Personen und Gütern.[4] Gegenstand des Schuldrechts ist namentlich die nähere Bestimmung der Entstehung (Begründung), der Ausgestaltung (des Inhalts) und der Abwicklung sowie des Erlöschens (der Beendigung) von Schuldverhältnissen.

II. Gesetzliche Regelung – Allgemeines und Besonderes Schuldrecht

2 Das Schuldrecht ist in Buch 2 des BGB enthalten und umfasst die §§ 241–853.[5] Wenn Sie den Aufbau des BGB kennen gelernt haben,[6] haben Sie anhand des Inhaltsverzeichnisses des BGB gesehen, dass Buch 2 in acht Abschnitte eingeteilt ist. Abschnitt 8, der mit der Überschrift »Einzelne Schuldverhältnisse« versehen ist, enthält eine Beschreibung der in der Rechts- und Wirtschaftspraxis am häufigsten vorkommenden typischen Schuldverhältnisse und ihrer Besonderheiten. Dieser Abschnitt 8 (§§ 433–853) wird als »Besonderes Schuldrecht« bezeichnet. Regelungen, die nicht nur für das jeweils in Abschnitt 8 angesprochene besondere Schuldverhältnis, sondern allgemein für alle Schuldverhältnisse gelten, sind in den Abschnitten 1–7 enthalten.

3 Diese Abschnitte 1–7 von Buch 2 des BGB stellen das sog. »Allgemeine Schuldrecht« dar. Da die Regelungen des »Allgemeinen Schuldrechts« für alle Schuldverhältnisse des »Besonderen Schuldrechts« (grundsätzlich aber nicht für das Sachenrecht, das Familienrecht und das Erbrecht!) gelten, ist es bei seiner Darstellung unumgänglich, hin und wieder auch schon Vorschriften von Abschnitt 8 aus Buch 2 heranzuziehen. Auch bei der Betrachtung des Allgemeinen Teils des BGB muss man bereits des Öfteren Vorschriften aus den nachfolgenden Büchern des BGB lesen: Das BGB ist nun einmal trotz seiner verschiedenen Regelungsbereiche ein einheitliches Gesetzeswerk, dessen Teilbereiche man niemals völlig isoliert erörtern kann.

4 Grundsätzlich sind das Allgemeine Schuldrecht und das Besondere Schuldrecht aber getrennt zu betrachten. Das systematische Verhältnis des Allgemeinen Schuldrechts zum Besonderen Schuldrecht entspricht innerhalb des zweiten Buchs des BGB dem Verhältnis des Allgemeinen Teils des BGB zu den nachfolgenden Büchern 2–5. Die Vorschriften des Allgemeinen Schuldrechts sind in Buch 2 des BGB »vor die Klammer gezogen«. Alles, was Sie in diesem Kapitel und in den nächsten Kapiteln dieses

---

4 Vgl. *Brox/Walker* SchuldR AT § 1 Rn. 12.

5 **Alle in diesem Buch ohne Gesetzesbezeichnung zitierten §§ sind solche des BGB!**

6 **Ggf. *Wörlen/Metzler-Müller* BGB AT Übersicht 9 Rn. 61 lesen!**

Buchs lernen, gilt also für alle besonderen Schuldverhältnisse, die in Abschnitt 8 geregelt sind.

III. Begriff des Schuldverhältnisses

5 Wenn Sie sich mit dem vielschichtigen und manchmal auch recht komplizierten (allgemeinen) Recht der Schuldverhältnisse beschäftigen, müssen Sie wissen, was sich hinter dem Begriff »Schuldverhältnis« verbirgt.

■[7] Wo wird man sinnvollerweise nach der Definition für diesen Begriff suchen?
▶ Im Gesetz, und zwar am Anfang des Allgemeinen Schuldrechts! Wenn Sie dies tun, stoßen Sie zwangsläufig auf § 241 I, den Sie nun lesen müssen.

■ Haben wir hier eine »Legaldefinition« des Begriffs »Schuldverhältnis«, wie wir sie in § 194 I für den Begriff des »Anspruchs« kennen?
▶ Eine ausdrückliche Definition wie in § 194 I, wo »das Recht, von einem anderen ein Tun oder Unterlassen zu verlangen«, in Klammern als »Anspruch« bezeichnet wird, findet sich in § 241 I nicht.
Wir haben aber eine Beschreibung des Wesens des Schuldverhältnisses, aus der wir eine Begriffsdefinition herleiten können (lesen Sie § 241 I noch einmal). Das Gesetz beschreibt, was die an einem Schuldverhältnis Beteiligten tun dürfen, wozu sie »kraft des Schuldverhältnisses« berechtigt sind. Aus dieser Beschreibung lässt sich folgende Definition herleiten:

»Unter einem Schuldverhältnis versteht man ein Rechtsverhältnis, in dem sich mindestens zwei Personen in der Weise gegenüberstehen, dass sie einander zu einer Leistung berechtigt oder verpflichtet sind.«

6 Das Gesetz nennt die Beteiligten an einem Schuldverhältnis »Gläubiger« und »Schuldner«. Der Gläubiger ist berechtigt, vom Schuldner etwas, nämlich eine Leistung, zu fordern. Ausdrücklich wird in § 241 I 2 erwähnt, dass diese Leistung auch in einem Unterlassen bestehen kann. Der Gläubiger hat, mit anderen Worten, das Recht, vom Schuldner ein Tun oder ein Unterlassen zu verlangen.

■ Woran erinnert Sie diese Formulierung?
▶ An die Definition des »Anspruchs« in § 194 I.

Man kann deshalb auch sagen: der Gläubiger eines Schuldverhältnisses hat gegen den Schuldner einen Anspruch auf eine bestimmte Leistung. Da die Rechte und Pflichten nur zwischen diesen beiden Parteien bestehen, kann man das Schuldverhältnis auch als **rechtliche Sonderverbindung**[8] bezeichnen.

■ Zur Wiederholung Ihres Wissens zu den Allgemeinen Begriffen aus dem Bürgerlichen Recht: Wie nennt man die nur zwischen diesen beiden Parteien bestehenden Rechte (und Pflichten)?
▶ Relative Rechte.

■ Und wie bezeichnet man die gegenüber jedermann wirkenden Herrschaftsrechte?

7 **»■« bedeutet im Folgenden immer, auch wenn das nicht ausdrücklich erwähnt wird: »Achtung, erst selbst nachdenken! Dann weiterlesen!« Der Pfeil (»▶«) weist auf die Antwort hin.**

8 *Medicus/Lorenz* SchuldR AT Rn. 1.

- Absolute Rechte.[9]

Letztgenannte sind im Sachenrecht zu finden. Dort ist unter anderem geregelt, dass zB der Eigentümer einer Sache diese vom Besitzer herausverlangen kann (bei Interesse § 985 lesen).

§ 241 II wurde mit der Schuldrechtsreform zum 1.1.2002 hinzugefügt (Vorschrift lesen!). Damit wurde die Rechtslage kodifiziert, die sich aus der umfangreichen Rechtsprechung zu § 242 (schon jetzt einmal lesen; wir kommen darauf → Rn. 64, nochmals zurück) ergeben hat. Danach haben beide Parteien sog. Schutz-, Rücksichtnahme- und Sorgfaltspflichten gegenüber ihrem Vertragspartner. 7

Literatur zur Vertiefung (→ Rn. 1–7): *Alpmann/Schmidt* SchuldR AT I Einl.; *Brox/Walker* SchuldR AT § 1; NK-BGB/*Dauner-Lieb* Einf.; *Coester-Waltjen*, Schuldverhältnis – Rechtsgeschäft – Vertrag, Jura 2003, 819; *Esser/Schmidt* SchuldR AT I § 1; *Fikentscher/Heinemann* SchuldR §§ 5–8; *Hirsch* SchuldR AT Rn. 1 ff.; *Larenz* SchuldR I §§ 1–3; *Looschelders* SchuldR AT § 1; *Medicus/Lorenz* SchuldR AT Rn. 1–40.

9 Falls nicht mehr gewusst: *Wörlen/Metzler-Müller* BGB AT Übersicht 6 Rn. 46 lesen.

2. Kapitel. Begründung von Schuldverhältnissen

I. Vorbemerkung

Abschnitt 2 von Buch 2 des BGB trägt seit der Schuldrechtsreform die amtliche Überschrift »Gestaltung rechtsgeschäftlicher Schuldverhältnisse durch Allgemeine Geschäftsbedingungen« (→ Rn. 32a). Titel 1 von Abschnitt 3 lautet nunmehr »Begründung, Inhalt und Beendigung« von Schuldverhältnissen. Dem entsprechen die Überschriften des 2.–4. Kapitels dieses Buchs. 8

Während diese Überschriften nach der Schuldrechtsreform beibehalten werden konnten, mussten diese drei Kapitel inhaltlich teilweise sehr verändert werden. Nicht nur das AGB-Gesetz wurde ins BGB integriert (→ Rn. 33 ff.); zum »Inhalt von Schuldverhältnissen« gehören nun auch gemäß Untertitel 2 »Besondere Vertriebsformen«. Unter dieser Überschrift hat der Gesetzgeber die Regelungen des ehemaligen Haustürwiderrufsgesetzes und des Fernabsatzgesetzes übernommen. Diese Regelungen wurden in das **Allgemeine** Schuldrecht integriert, da sie nicht vertragstyporientiert sind, während das vertragstyporientierte Teilzeitwohnrechtegesetz (§§ 481–487) und das ebenso spezielle Verbraucherkreditgesetz (§§ 501–504) im **Besonderen** Schuldrecht angesiedelt wurden.

II. Rechtsgeschäftliche (vertragliche) Schuldverhältnisse

Das BGB kennt zwei verschiedene Grundtypen von Schuldverhältnissen: 9

Schuldverhältnisse werden entweder durch ein Rechtsgeschäft, wobei dies im Regelfall[10] ein Vertrag ist, oder durch das Gesetz begründet.

Die vertraglichen Schuldverhältnisse sind die am häufigsten vorkommenden Schuldverhältnisse. Die grundsätzliche Notwendigkeit eines Vertrags als Voraussetzung zur Begründung eines Schuldverhältnisses hängt mit dem Grundsatz der Vertragsfreiheit zusammen, der sogleich noch dargestellt wird, und folgt aus § 311 I (lesen!).

Zur Begründung eines Schuldverhältnisses durch Rechtsgeschäft ist danach grundsätzlich ein **Vertrag** erforderlich, es sei denn, das Gesetz schreibt etwas anderes vor.

Gläubiger und Schuldner müssen, wie Sie bereits wissen sollten, durch Angebot (Antrag) und Annahme nach Maßgabe der §§ 145 ff. zusammenwirken, damit ein vertragliches Schuldverhältnis zustande kommt. Ist dies geschehen, entstehen aus diesem Schuldverhältnis, aus dem Vertrag, Ansprüche des Gläubigers gegen den Schuldner: Ansprüche, vom Schuldner als Vertragserfüllung eine Leistung zu fordern. Man nennt den Anspruch des Gläubigers gegen den Schuldner aus einem Schuldverhältnis deshalb »Erfüllungsanspruch«.

10 **Selten wird ein Schuldverhältnis durch ein einseitiges Rechtsgeschäft begründet, wie dies zB in § 657 (Auslobung) oder in § 2174 (Vermächtnis) der Fall ist. §§ zur ersten Information schon einmal lesen!**

10 Dazu zwei **Beispiele**:

Betrachten wir den Kaufvertrag.

Lesen Sie § 433 I 1!

■ Wer ist Gläubiger, wer ist Schuldner?
▶ Gläubiger ist der Käufer, Schuldner der Verkäufer.

■ Warum? Was kann der Käufer aufgrund des Vertrags vom Verkäufer verlangen?
▶ Der Käufer kann vom Verkäufer die Übergabe der Kaufsache und die Verschaffung des Eigentums daran verlangen.

Anders ausgedrückt: Der Käufer hat gegen den Verkäufer gem. § 433 I 1 einen Anspruch auf Erfüllung des Kaufvertrags, die darin besteht, dass der Verkäufer ihm die Kaufsache übergeben und ihm das Eigentum daran verschaffen muss.

Lesen Sie nun § 433 II!

■ Wer ist Gläubiger und wer Schuldner?
▶ Gläubiger ist jetzt der Verkäufer, und Schuldner ist der Käufer.

■ Warum? Wozu ist der Käufer als Schuldner verpflichtet?
▶ Zur Zahlung des Kaufpreises und zur Abnahme der Kaufsache!

Darauf richtet sich der Erfüllungsanspruch des Verkäufers gegen den Käufer.

1. Gegenseitige Verträge

11 Je nachdem, welcher Anspruch (aus der Sicht des Gläubigers) bzw. welche Verpflichtung (aus der Sicht des Schuldners) erfüllt werden soll, kann jede Vertragspartei einmal Gläubiger und einmal Schuldner sein. Man nennt solche Verträge mit gegenseitigen Verpflichtungen »gegenseitig verpflichtende« oder einfach »gegenseitige Verträge«.

Typisch für den gegenseitigen Vertrag ist, dass sich ein Vertragspartner dem anderen gegenüber verpflichtet, **weil** und **damit** auch der andere sich ihm gegenüber verpflichtet: Der Verkäufer zB verpflichtet sich gem. § 433 I 1 nur zur Übergabe der Sache und zur Eigentumsverschaffung, **damit** er den Kaufpreis erhält, und der Käufer verpflichtet sich gem. § 433 II zur Zahlung des Kaufpreises, **damit** er die Kaufsache bzw. das Eigentum daran bekommt!

12 Verdeutlichen wir uns dieses enge gegenseitige Verhältnis der Verpflichtungen beim gegenseitigen Vertrag, das auch mit dem Fremdwort »Synallagma«[11] bezeichnet wird, an einem weiteren

> **Beispiel**: Die Rechte und Pflichten der Parteien eines Mietvertrags sind in § 535 festgelegt.
> So wird in § 535 I 1 der Anspruch des Mieters (Gläubiger) gegen den Vermieter (Schuldner) auf Gewährung des Gebrauchs der Mietsache begründet.
> Andererseits hat der Vermieter (Gläubiger) gegen den Mieter (Schuldner) gem. § 535 II den Anspruch auf Zahlung der Miete.
> Die Verpflichtung des Vermieters, dem Mieter den Gebrauch der Mietsache zu gewähren, und die Verpflichtung des Mieters, die Miete zu zahlen, stehen in einem engen Gegenseitigkeitsverhältnis: Der Vermieter überlässt dem Mieter die Sache nur zum Gebrauch, weil und **damit** dieser die Miete zahlt, und der Mieter zahlt die Miete nur, weil und **damit** er die Mietsache gebrauchen darf.

11 Vgl. dazu BGHZ 161, 241 (251); *Brox/Walker* SchuldR AT § 13 Rn. 14; *Medicus/Lorenz* SchuldR AT Rn. 115 f.; *Duden*, Das Fremdwörterbuch, 10. Aufl. 2010.

Ähnliche gegenseitige Verpflichtungen[12] gibt es bei einer Vielzahl von Schuldverhältnissen, die in Abschnitt 8 von Buch 2 des BGB, im »Besonderen Schuldrecht« also, geregelt sind.

Schuldverhältnisse enthalten immer Verpflichtungen! Allerdings müssen das nicht jedes Mal gegenseitige Verpflichtungen sein; es genügen bekanntlich auch einseitige Verpflichtungen oder zweiseitige Verpflichtungen, die nicht unbedingt »gegenseitig« sind. **Eine** Verpflichtung ist jedenfalls dabei; deswegen enthalten Schuldverhältnisse stets »Verpflichtungsgeschäfte«. **13**

■ Wiederholungsfrage: Welche Geschäfte stehen den Verpflichtungsgeschäften gegenüber? (Antwort: Fußnote [13]!)

2. Unvollkommen zweiseitig verpflichtende Verträge

Solche Verträge haben ebenfalls Verpflichtungen beider Vertragsparteien zum Inhalt, doch stehen diese Verpflichtungen nicht in dem engen Gegenseitigkeitsverhältnis. So ist zB Gegenstand des Leihvertrages gem. § 598 (lesen!) zunächst nur die Pflicht des Verleihers zur unentgeltlichen Gebrauchsüberlassung. **14**

Eine gegenseitige Verpflichtung des Entleihers (wie sie für den Mieter in § 535 II der Verpflichtung des Vermieters aus § 535 I 1 gegenübergestellt ist) enthält § 598 nicht! Zwar ist der Entleiher gem. § 604 (Abs. 1 lesen) verpflichtet, die entliehene Sache nach Gebrauch wieder zurückzugeben, doch ist das keine gegenseitige Pflicht: Der Verleiher hatte die Sache nicht verliehen, **damit** er sie zurückbekommt, sondern **damit** der Entleiher sie unentgeltlich gebrauchen konnte.

3. Einseitig verpflichtende Verträge

Diese Verträge setzen, wie zB die Schenkung nach § 516 (Abs. 1 lesen), notwendigerweise Angebot und Annahme (gem. § 516 I müssen die Vertragspartner »einig« sein!) voraus, enthalten aber nur die Verpflichtung (vgl. Schenkungsversprechen, § 518 I – lesen!) **einer** Vertragspartei! **15**

Nachdem Sie die vertraglichen Schuldverhältnisse (Verträge) bezüglich der durch sie begründeten Verpflichtungen kennen gelernt haben, ist es angebracht, diese Verträge in das System der Rechtsgeschäfte einzuordnen.

Lesen Sie hierzu nun Übersicht 1 auf der nächsten Seite!

---

12 Die meisten schuldrechtlichen Verträge sind übrigens gegenseitige Verträge, wie Sie in *Wörlen/Metzler-Müller* Schuldrecht BT erfahren werden; außer dem Kauf- (§ 433) unter anderem auch der Tausch- (§ 480), Miet- (§ 535), Pacht- (§ 581), Dienst- (§ 611) und Werkvertrag (§ 631).

13 ▶ Die Verfügungsgeschäfte, durch die kein Schuldverhältnis begründet wird; Verfügungsgeschäfte werden vielmehr vorgenommen, um ein Schuldverhältnis zu erfüllen (vgl. Übersicht 22 Rn. 257 in *Wörlen/Metzler-Müller* BGB AT = nochmals lesen!).

16 Übersicht 1

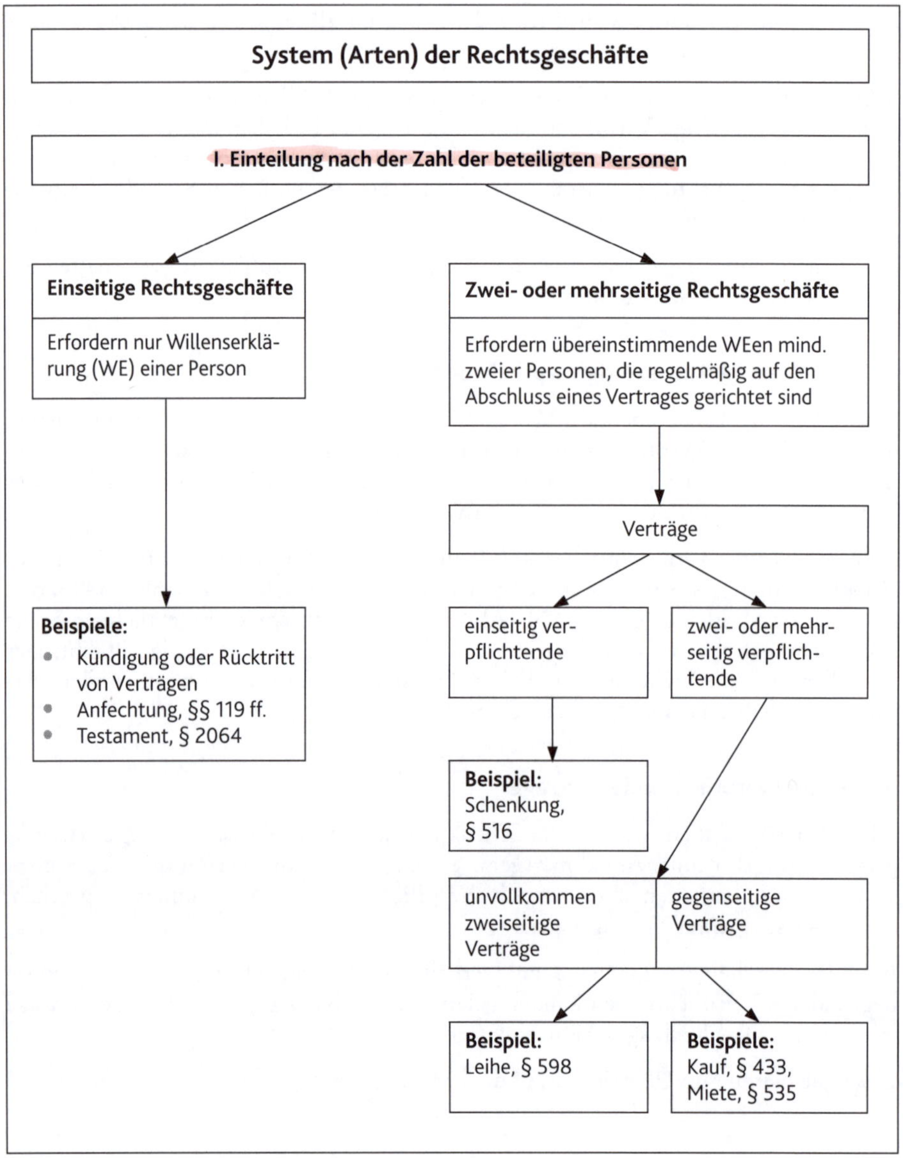

Übersicht 1 (Fortsetzung)

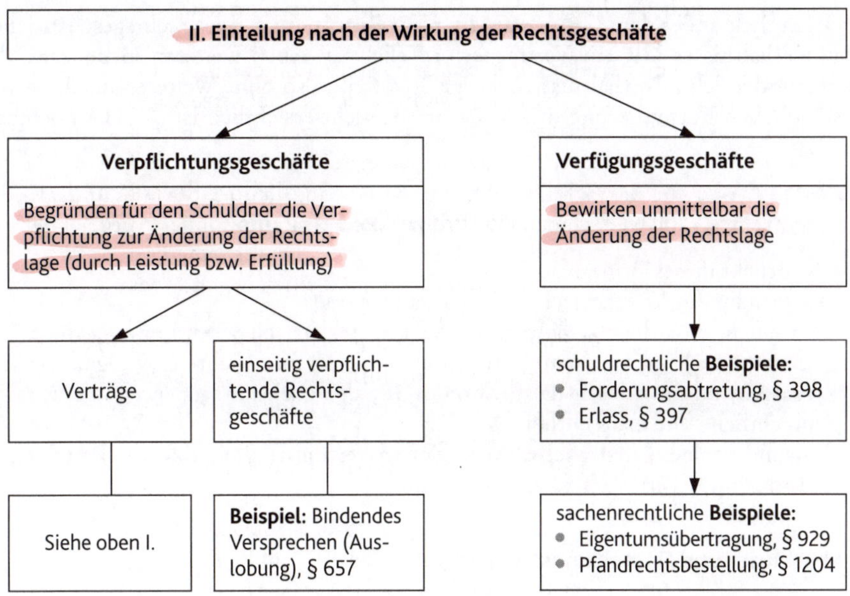

III. Die Vertragsfreiheit

1. Bedeutung und Inhalt

17 § 311 I enthält außer dem Grundsatz, dass zur Begründung eines rechtsgeschäftlichen Schuldverhältnisses idR ein Vertrag erforderlich ist, einen weiteren Grundsatz, der das Recht der Schuldverhältnisse beherrscht, der aber so ohne Weiteres aus der etwas umständlichen Formulierung dieser Vorschrift nicht ersichtlich ist (§ 311 I nochmals lesen!).

Aus § 311 I folgt für das Schuldrecht, wie bereits angedeutet, der **»Grundsatz der Vertragsfreiheit«**, bisweilen auch als »Prinzip der Privatautonomie«[14] bezeichnet.

18 ■ Was drückt dieses Prinzip aus?
▶ Das Prinzip der Vertragsfreiheit bedeutet zweierlei:
Zum einen, dass der Abschluss von Verträgen der freien Bestimmung durch die Parteien unterliegt; zu einem Vertragsschluss kann man nicht gezwungen werden! Dieser Grundsatz gilt für das gesamte BGB, also auch für sachenrechtliche, familienrechtliche und erbrechtliche Verträge.
Zum anderen gehört zur **schuldrechtlichen** Vertragsfreiheit, dass die Parteien Art und Inhalt des Vertrags frei gestalten können.

2. Abschluss- und Gestaltungsfreiheit

Aufgrund ihrer Privatautonomie haben die Parteien sowohl »Abschluss-« als auch »Gestaltungsfreiheit«.

■ Stimmt das mit der schuldrechtlichen Gestaltungsfreiheit auch tatsächlich? Denken Sie an § 433, in dem die Rechte und Pflichten der Vertragsparteien beim Kaufvertrag festgelegt sind. Widerspricht dies nicht dem Grundsatz der Gestaltungsfreiheit?

19 ▶ Da die im besonderen Teil des Schuldrechts geregelten Schuldverhältnisse (wie der Kauf- und Mietvertrag und andere) nur **typische Beispiele** für mögliche Vertragsschlüsse sind, können die Parteien ihre Beziehungen grundsätzlich frei gestalten. Sie können von den gesetzlichen Bestimmungen abweichen (man spricht dann von **»atypischen Verträgen«**), oder sie können Bestandteile von verschiedenen Vertragstypen kombinieren (»gemischte Verträge« oder »Kombinationsverträge«).

20 Möglich ist alles, was durch das Gesetz nicht ausdrücklich verboten ist. Die meisten Vorschriften des Schuldrechts sind »abdingbar« (= dispositiv).[15]

> **Beispiel:** A und B haben einen Darlehensvertrag geschlossen, wonach B das Darlehen nach einem Jahr zurückzahlen soll. Nach einem Jahr stundet A dem B die Schuld für weitere drei Monate, da B, der ein notorischer Spieler ist, gerade einmal wieder »pleite« ist.

Wir wollen uns anhand dieses kurzen Falls wieder in der Handhabung des Gesetzestextes üben. Sehen Sie nach, welche Verträge geschlossen wurden und in welchen Vorschriften darüber Regelungen enthalten sind ... (Tun Sie das, bevor Sie weiterlesen!)

---

14 Dieser Grundsatz stammt aus dem liberalen Rechtsdenken des 19. Jahrhunderts; siehe auch *Medicus/Lorenz* SchuldR AT Rn. 59.

15 Vgl. *Wörlen/Metzler-Müller* BGB AT Rn. 283 ff.

■ Welcher Vertrag wurde zuerst geschlossen?

▶ Der Darlehensvertrag iSv § 488 I (lesen!). Insofern haben A und B sich an den gesetzlich geregelten Vertragstyp gehalten. **21**

■ Wie steht es mit dem Stundungsvertrag? Wo ist dieser geregelt? Wo suchen Sie, wenn Sie nicht wissen, in welcher Vorschrift ein Vertrag geregelt ist?

▶ Im Index Ihrer Gesetzessammlung (hier: Beck-Texte im dtv Nr. 5001 = »BGB«).

■ Taucht dort das Stichwort »Stundungsvertrag« auf?

▶ Es erscheint nur der Begriff »Stundung« und die Unterbegriffe »Hemmung der Verjährung § 205; des Kaufpreises § 449, 468«.[16] »Stundung einer Darlehensforderung« steht nicht dabei. Ein Stundungsvertrag ist im Schuldrecht des BGB nicht ausdrücklich geregelt.

■ Ist deshalb der Stundungsvertrag zwischen A und B unwirksam?

▶ Gem. § 311 I gilt im Schuldrecht das Prinzip der Gestaltungsfreiheit. Somit ist der Vertrag gültig! Nicht für jeden Vertragstyp braucht eine besondere gesetzliche Beschreibung vorzuliegen.

Beispiel: V verkauft an K (beide sind private »Verbraucher«) einen Gebrauchtwagen, den K auf einer Probefahrt inspiziert hat. Der Wagen wird »gekauft wie besichtigt«; wegen etwaiger Mängel übernimmt V »keine Gewähr«. **22**

■ Ist dieser Haftungsausschluss zulässig?

▶ Nach dem Grundsatz der Vertragsfreiheit des § 311 I jedenfalls ja; es sei denn, dass das Gesetz etwas anderes vorschreibt. Erlaubt ist, wie bereits festgestellt wurde, alles, was nicht ausdrücklich verboten ist.

■ Erinnern Sie sich noch an zwei Vorschriften aus dem Allgemeinen Teil des BGB, die den Abschluss von bestimmten Rechtsgeschäften verbieten?

▶ Rechtsgeschäfte, die gegen ein gesetzliches Verbot oder gegen die guten Sitten verstoßen (vgl. §§ 134 und 138 – lesen!), sind nichtig!

Solche Vorschriften sind **nicht** abdingbar (dispositiv), sondern zwingendes Recht! Zwingendes Recht sind zB alle gesetzlichen Formvorschriften.

Ein Verstoß gegen diese Vorschriften liegt mit dem Haftungsausschluss nicht vor. Möglicherweise kommt ein Verstoß gegen andere Vorschriften des BGB in Betracht.

■ Unter welchem Stichwort würden Sie im Index Ihres Gesetzestexts nachsehen, falls Sie sich nicht an diese Vorschriften erinnern? **23**

▶ ZB unter »Haftung«. Dort finden Sie (Beck-Texte im dtv, Nr. 5001) sehr viel, zB auch »Haftung des Verleihers, des Verpächters, des Verwahrers«, aber leider nicht »des Verkäufers«. Hier muss ein Redaktionsversehen der Herausgeber vorliegen, die den »Verkäufer« im Index auch unter »V« ignorieren. »Haftungsausschluss« erscheint unter »H« gar nicht, die »Haftungsbeschränkung« führt auch nicht zum »Verkäufer«, sodass wir zum »Kauf« übergehen müssen. »Haftung« erscheint dort auch nicht, aber immerhin »Folgen bei Mängeln § 437«. § 437 (lesen) gibt dem Käufer für den Fall der Mangelhaftigkeit der Kaufsache eine Reihe von Gewährleistungsansprüchen, unter anderem auch einen Anspruch auf Schadensersatz.

16 Die Sammlung »Beck-Texte im dtv« enthält neben dem BGB noch einige Nebengesetze, die mit laufenden Nummern versehen sind. Das BGB trägt die Nr. **1**, auf die hier mit Fettdruck verwiesen wird. Die mager gedruckten Zahlen verweisen auf die Paragrafen.

(An dieser Stelle übrigens ein Tipp, den ich Ihnen nicht oft genug geben kann: Es ist zweckmäßig, wenn Sie sich bei jedem Paragrafen, der neu für Sie ist, ein Zeichen machen bzw. die Zahl der Bestimmung unterstreichen oder farbig markieren. Wenn Sie später etwas im Gesetz suchen, springen Ihnen die immer wiederkehrenden Paragrafen ins Auge, und Sie verschwenden keine Zeit mit dem Durchlesen seltener Vorschriften, die in Ihrer Ausbildung so gut wie nie vorkommen. Sie können zB die »Hausnummer« (= die Zahl der Bestimmung) der Anspruchsgrundlagen mit einem gelben Textmarker »leuchten lassen« – denn diese Rechtsgrundlagen benötigen Sie idR für das von Ihnen zu bearbeitende Gutachten.)

24 § 437 wird Ihnen noch öfter begegnen. Die Sachmängelhaftung werden wir im »Schuldrecht BT« ausführlich behandeln.

Jetzt wollen wir uns damit begnügen, festzustellen, ob V trotz der Formulierung von § 437 die Haftung ausschließen durfte.

■ Was meinen Sie?

► Da keine Vorschrift ersichtlich ist, die bestimmt, dass von § 437 abweichende Vereinbarungen verboten sind, ist der Haftungsausschluss aufgrund der Vertragsfreiheit des § 311 I zulässig.
Die Zulässigkeit des Haftungsausschlusses folgt übrigens auch aus § 444 (lesen!): Im Umkehrschluss ergibt sich aus der Formulierung dieser Vorschrift, dass Haftungsausschlüsse oder -beschränkungen wegen eines Mangels grundsätzlich zulässig sind; es sei denn, der Verkäufer hat den Mangel arglistig verschwiegen oder ... (mehr dazu in *Wörlen/Metzler-Müller* SchuldR BT).

Vertragsfreiheit im Schuldrecht bedeutet, wie gesagt, sowohl Abschlussfreiheit als auch Gestaltungsfreiheit.

Beispiel: Adelheid (A) und Balduin (B) errichten einen »Ehevertrag«, in den sie unter anderem folgende Vereinbarung aufnehmen: »Wir wollen eine moderne Ehe führen. Seitensprünge eines Partners sind ausdrücklich erlaubt.« Nach einiger Zeit legt sich B eine jüngere Freundin zu. Frage: Darf er das? Kann er sich auf den Ehevertrag berufen? (»Pacta sunt servanda«[17])[18]

25 Die Antwort steht im Familienrecht, und zwar in § 1353 I (lesen!).

Maßgeblich ist der zweite Satz, in dem von der Verpflichtung zur ehelichen Lebensgemeinschaft die Rede ist. Zur ehelichen Lebensgemeinschaft gehören von alters her Tisch **und** Bett. Die Frage ist, ob man diese Bestimmung durch eine vertragliche Vereinbarung ausgestalten bzw. abändern kann.

■ Wenn Sie sich an das erinnern, was wir über den Aufbau und den Geltungsbereich der verschiedenen Bücher des BGB gelernt haben, müssten Sie die Frage selbst beantworten können.
Was meinen Sie? (Überlegen Sie!)

26 ► Die Antwort folgt zwingend aus System und Aufbau des BGB: Wir hatten festgestellt, dass alle Vorschriften des Allgemeinen Teils des BGB auch für das 2.–5. Buch gelten, und wir hatten außerdem festgestellt, dass die Vorschriften des **Allgemeinen Schuldrechts** für alle **besonderen** Schuldverhältnisse gelten. Schließlich hatten wir festgestellt, dass die Vorschriften der Bücher 2–5 immer nur im Rahmen **des** Buchs gelten, in dem sie stehen.

17 Lat. = »Verträge sind zu halten«; → Rn. 254.

18 Beispiel nach *Nawratil*, BGB leicht gemacht, Fall 5.

■ In welchem Buch steht § 311 I, aus dem der Grundsatz der Vertragsfreiheit hergeleitet wird?

▶ In Buch 2, im Schuldrecht!

Der Grundsatz der Gestaltungsfreiheit gilt deshalb so **nur** im Schuldrecht. Andernfalls hätte der Gesetzgeber eine entsprechende Vorschrift in den Allgemeinen Teil, in Buch 1 des BGB, aufgenommen.

Im Familienrecht wie auch im Sachenrecht und Erbrecht gilt das Prinzip der Gestaltungsfreiheit nicht. Im Sachenrecht, Familienrecht und Erbrecht beschränkt sich die »Vertragsfreiheit« (insofern ist die amtliche Überschrift von § 1408 etwas missverständlich) der Parteien darauf, dass sie nur zwischen den dort vom Gesetzgeber zur Verfügung gestellten Vertragstypen wählen können. Es gilt der Grundsatz, dass alle Verträge verboten sind, die der Gesetzgeber in den Büchern 3, 4 und 5 des BGB nicht ausdrücklich vorgesehen hat. **27**

§ 1353 ist, im Gegensatz zu § 437 zB, nicht durch Vertrag abdingbar (dispositiv), sondern **zwingend**! **28**

■ Wie lautet die Antwort auf unsere Fallfrage? Darf sich unser Ehepartner B eine jüngere Freundin zulegen?

▶ Nein! Er darf nicht![19]

3. Einschränkungen

Grenzen der Vertragsfreiheit ergeben sich insbesondere aus dem Erfordernis, Störungen der Vertragsparität unter anderem aufgrund wirtschaftlichen und sozialen Ungleichgewichts auszugleichen.[20] **28a**

a) Abschlussfreiheit

Einschränkungen der Abschlussfreiheit sind zunächst in gesetzlichen Vorschriften enthalten, die einen Vertragsübergang anordnen, wie etwa § 566 I (»Kauf bricht nicht Miete«) und § 613a, der die Rechte und Pflichten von Arbeitgeber und Arbeitnehmer beim Betriebsübergang regelt.[21] **28b**

Auch im Fall der Forderungsabtretung nach § 398 (→ Rn. 279 ff.), die einen einseitigen Vertragseintritt ohne Zustimmung des Schuldners ermöglicht, ist die Abschlussfreiheit begrenzt.

Gleiches gilt für Vorschriften, die einem Gericht die zwangsweise Begründung von Vertragsbeziehungen gestatten (sog. »diktierter Vertrag«; zB ist in § 1568a V für den Fall der Ehescheidung eine (leistungssichernde) Verpflichtung zur Begründung eines

19 Allerdings ist nach der hM ein Vertrag über den Ausschluss des Geschlechtsverkehrs – sog. Josefsehe – zulässig (was mE nicht ganz konsequent ist); hierzu MüKoBGB/*Roth* § 1353 Rn. 41 mwN.

20 NK-BGB/*Krebs* § 311 Rn. 17.

21 **Die Vorschriften des BGB, dessen Text vor Ihnen liegt (?), sollten Sie zur ersten Information lesen!**

Mietverhältnisses zugunsten desjenigen Ehegatten verankert, der die Überlassung der Mietwohnung verlangen kann) oder eine Abschlussverpflichtung vorsehen.[22]

28c Die Vorschriften der letztgenannten Gruppe enthalten einen sog. **»Kontrahierungszwang«**, da entweder ein öffentliches Interesse am Vertragsschluss besteht oder die Wettbewerbsfreiheit einen Vertragsschluss erfordert.

aa) Kontrahierungszwang aufgrund öffentlich-rechtlicher Vorschriften

28d Beispiele hierfür finden sich im Recht der Strom- und Wasserversorgung, der Personenbeförderung und der privaten Pflichtversicherung:[23]

- So sind zB Energieversorgungsunternehmen, die ein bestimmtes Gebiet versorgen, gem. § 18 EnWG verpflichtet, mit jedermann zu den allgemeinen Bestimmungen einen Versorgungsvertrag zu schließen.
- Nach § 22 PBefG sind die Unternehmer, die entgeltliche oder geschäftsmäßige Beförderung von Personen mit Straßenbahnen, Bussen und Kraftfahrzeugen betreiben (§ 1 PBefG), verpflichtet, mit jedermann zu den geltenden Bedingungen einen Personenbeförderungsvertrag abzuschließen. Für Luftfahrtunternehmen ergibt sich Entsprechendes aus § 21 II 3 LuftVG.
- Nach § 5 II PflVersG sind Haftpflichtversicherungen verpflichtet, jedem Kraftfahrzeughalter Versicherungsschutz aufgrund des entsprechenden Versicherungsvertrags zu gewähren und nach § 1 PflVersG ist jeder Kraftfahrzeughalter seinerseits verpflichtet, einen Vertrag mit einer Haftpflichtversicherung zu schließen.

Für Anwälte besteht gem. §§ 48, 49 BRAO unter bestimmten Voraussetzungen ebenfalls Kontrahierungszwang (Pflichtverteidigung).[24]

bb) Kontrahierungszwang aufgrund des Gesetzes gegen Wettbewerbsbeschränkungen

28e Nach § 20 I GWB dürfen marktbeherrschende oder marktstarke Unternehmen andere Unternehmen im üblichen Geschäftsverkehr nicht unbillig behindern oder ohne sachlich gerechtfertigten Grund unterschiedlich behandeln.

Ein Verstoß gegen dieses »Diskriminierungsverbot« kann nach § 33 GWB Schadensersatz- oder Unterlassungsansprüche auslösen. Besteht die Diskriminierung etwa in einer Liefersperre, kann im Rahmen des Schadensersatzanspruchs aus § 33 GWB iVm § 249 I (Naturalrestitution)[25] der Abschluss eines Belieferungsvertrags gefordert werden.

cc) Allgemeiner Kontrahierungszwang

28f Ein allgemeiner (mittelbarer) Kontrahierungszwang ergibt sich zB aus § 826 (lesen!), wenn die Ablehnung eines Vertragsschlusses eine sittenwidrige, vorsätzliche Schädigung darstellt. Eine solche kann vorliegen, wenn jemand eine Leistung allgemein anbietet, sie aber einer einzelnen Person (oder Personengruppe) gegenüber verweigert. Ob die Verweigerung der Leistung sittenwidrig (§ 138) ist, hängt dann davon ab, welche Gründe für die Leistungsverweigerung geltend gemacht werden.

22 Hk-BGB/*Dörner* vor §§ 145–149 Rn. 4.
23 Die Vorschriften der folgenden Spezialgesetze brauchen Sie jetzt noch nicht lesen – ihr wesentlicher Inhalt ist hier beschrieben.
24 Weitere Beispiele für den Kontrahierungszwang aufgrund öffentlich-rechtlicher Vorschriften vgl. Palandt/*Ellenberger* Einf vor § 145 Rn. 8 f. sowie MüKoBGB/*Busche* vor § 145 Rn. 12 ff., Rn. 15.
25 → Rn. 253.

Dazu zwei **Beispiele:**

- Im Jahr 1931 untersagte die Bochumer Stadtverwaltung einem Theaterkritiker den Besuch des städtischen Theaters, weil ihr dessen Kritiken missfielen. Diese Maßnahme wurde vom Reichsgericht bestätigt.[26] Im Gegensatz zu der Entscheidung des Reichsgerichts sollte man hier die Sittenwidrigkeit der Verweigerung des Vertragsschlusses bejahen, da das Theater keinen sachlich rechtfertigenden Grund für die Ablehnung des Vertragsschlusses hatte. Darüber hinaus spricht für die Sittenwidrigkeit der Abschlussverweigerung zum einen die Tatsache, dass das Theater aus Steuermitteln subventioniert wurde, zum anderen widerspricht die Ablehnung des Vertragsschlusses der Gewährleistung der freien Meinungsäußerung (Art. 5 GG – lesen!) und der Berufsfreiheit (Art. 12 GG – ebenfalls lesen!).[27] **28g**
- Unternehmen, die Grundgüter des Lebensbedarfs bieten und eine faktische Monopolstellung besitzen, unterliegen dem Kontrahierungszwang, wenn der Anspruchsteller sein Bedürfnis anderweitig überhaupt nicht oder nur unter erheblichen Nachteilen befriedigen kann. Dies gilt insbesondere für Krankenhäuser, Schwimmbäder, Bibliotheken uÄ.

■ Ein Bäcker (B) weigert sich, der Hausfrau H weiterhin Brötchen zu verkaufen, weil er mit ihrem Ehemann verfeindet ist. Muss B den Vertrag abschließen (Kontrahierungszwang) oder kann er den Vertragsschluss aufgrund der schuldrechtlichen Vertragsfreiheit verweigern? Wie würden Sie entscheiden? (Machen Sie sich wieder einmal einige Notizen, bevor Sie weiterlesen!) **28h**

▶ Obwohl in der Ablehnung des Vertragsschlusses durch B durchaus eine Verletzung der Ehre der H zu sehen ist, liegt darin nur dann eine sittenwidrige Schädigung, wenn der H nicht zuzumuten ist, einen anderen Bäcker aufzusuchen, etwa weil dieser sich im 20 km entfernten Nachbardorf befindet.

Wird der Kontrahierungszwang aufgrund einer sittenwidrigen, vorsätzlichen Schädigung bejaht, richtet sich der Anspruch aus § 826 iVm § 249 I (Naturalrestitution → Rn. 253) auf Abschluss des verweigerten Vertrags.

dd) Allgemeines Gleichbehandlungsgesetz

Des Weiteren wird die Abschlussfreiheit auch durch das am 14.8.2006 in Kraft getretene **Allgemeine Gleichbehandlungsgesetz**, namentlich durch § 1 AGG eingeschränkt (Näheres dazu in *Wörlen/Kokemoor* ArbR Rn. 78a und 238). **28i**

b) Gestaltungsfreiheit

Einschränkungen der schuldrechtlichen Gestaltungsfreiheit ergeben sich aus allgemeinen Regelungen des BGB (zB »Typenzwang« bzw. »numerus clausus der Sachenrechte«[28]) oder aus zwingenden Rechtsvorschriften, wie zB §§ 134, 138 (die bereits bei → Rn. 22, erwähnt wurden). Einschränkungen der Gestaltungsfreiheit beziehen sich auf den **Inhalt von Schuldverhältnissen**, bilden also gleichermaßen Schranken der Inhaltsfreiheit, auf die unten (→ Rn. 60 f.) etwas ausführlicher eingegangen wird. **28j**

---

26 RGZ 133, 388.

27 So auch *Medicus/Lorenz* SchuldR AT Rn. 84.

28 Dazu *Wörlen/Kokemoor* SachenR Rn. 12.

IV. Allgemeine Geschäftsbedingungen

1. Begriff und Bedeutung

29 Aufgrund der schuldrechtlichen Vertragsfreiheit ist es möglich, Verträge zu schließen, die das Gesetz nicht ausdrücklich vorsieht, und es ist auch möglich, einem Vertragsschluss verschiedene Nebenabreden (Vereinbarungen) hinzuzufügen. Jeder Vertragspartner kann »Bedingungen«[29] stellen, die Vertragsbestandteil werden, wenn der andere Vertragspartner sich damit einverstanden erklärt. Derartige »Individualvereinbarungen« sind grundsätzlich wirksam, sofern sie nicht gem. § 134 gegen ein gesetzliches Verbot oder gem. § 138 gegen die guten Sitten[30] verstoßen.

Häufig kommt es vor, dass ein Vertragspartner seine Kunden mit vorgedruckten Vertragsformularen oder »Allgemeinen Geschäftsbedingungen« (»AGB«) konfrontiert, die nicht individuell ausgehandelt werden, sondern für alle Vertragspartner des Verwenders von Formularverträgen bzw. von AGB gleichermaßen gelten.

30 Wenn beide Vertragsparteien ihre Verpflichtungen erfüllen, erzeugt die Verwendung von »AGB« keine rechtlichen Probleme. Dann kommt es auf das »Kleingedruckte« regelmäßig nicht an. Kommt es indessen zu Streitigkeiten, besteht die Gefahr, dass der Kunde, der sich den AGB seines Vertragspartners ausgesetzt sieht, unangemessen benachteiligt wird. Dieser Benachteiligung hat die Rechtsprechung, namentlich des BGH, entgegengewirkt, indem sie die Geltung von AGB zum Teil einschränkte, sog. »Überraschungsklauseln« nicht zum Vertragsbestandteil werden ließ und vor allem die AGB einer recht strengen »Inhaltskontrolle« unterzog. Ursprünglich war es Sinn der AGB, das dispositive[31] Gesetzesrecht durch Regelungen zu ersetzen, die den Bedürfnissen desjenigen, der sich ihrer bediente, besser entsprachen. Häufig wurden AGB aber zu rücksichtsloser einseitiger Interessenverfolgung missbraucht:[32] Sie enthielten nicht unbedingt nur eine rationalisierende und zweckmäßigere Regelung als das BGB und seine Nebengesetze, was eigentlich ihr legitimer Sinn sein sollte, sondern sie stellten im Interesse ihres Verwenders die wohlerwogene Lastenverteilung des Gesetzgebers auf den Kopf.

31 Die Rechtsprechung hat systematisch das Ziel verfolgt, die Stellung des Vertragspartners zu verbessern, dem bei Vertragsschluss vorformulierte AGB vorgelegt werden, da man nicht gewährleistet sah, dass die vom BGB (§ 311 I) grundsätzlich gewährte Vertragsfreiheit noch zu einem angemessenen Interessenausgleich führte.

Der Interessenausgleich wird dadurch gestört, dass die Verwendung von AGB von dem üblichen Vertragsantrag im Sinne der §§ 145 ff. abweicht. Der Verwender von AGB, der typischerweise standardisierte Waren und Leistungen anbietet, strebt durch die Aufstellung oder Übernahme und gleichförmige Anwendung von AGB eine Rationalisierung seiner Geschäftsabwicklung an.

32 AGB betreffen eine Vielzahl von Geschäften und beziehen alle Eventualitäten der Vertragsabwicklung und deren Störungen ein. Dies führt regelmäßig zu einem un-

---

29 **Wobei dieser Begriff dem allgemeinen Sprachgebrauch entspricht und nicht mit den »Bedingungen« iSv § 158 verwechselt werden darf.**

30 Vgl. *Wörlen/Metzler-Müller* BGB AT Rn. 282 a–e.

31 *Wörlen/Metzler-Müller* BGB AT Rn. 283 f.

32 Vgl. *Medicus/Petersen* BürgerlR Rn. 67.

übersichtlichen Klauselwerk, dessen Bedeutung dem Vertragspartner, wenn überhaupt, nur nach sorgfältiger Lektüre klar werden kann. Dadurch wird es dem Verwender von AGB ermöglicht, den Rationalisierungszweck mit einer Machtverstärkung zu verbinden. Hinzu kommt, dass in vielen Branchen[33] von **allen** Anbietern AGB vorgelegt werden.

Selbst wenn diese AGB nicht gleichförmig bzw. brancheneinheitlich sein sollten, ist dem Vertragspartner ein Vergleich in der Regel nicht möglich, weil er dafür unangemessene Mühe oder Kosten aufwenden müsste. Schlimmstenfalls befindet sich der Kunde gegenüber dem gesamten für ihn erreichbaren Leistungsangebot in der Position des so genannten »take it or leave it«.[34] Diese Lage, die die Einführung von AGB als »selbstgeschaffenes Recht der Wirtschaft«[35] produziert, wenn nicht gar provoziert hat, wich so sehr von den vorausgesetzten Umständen einer freien vertraglichen Vereinbarung ab, dass man vielfach von einer »Unterwerfung unter eine fertig bereitliegende Rechtsordnung« des Verwenders von AGB gesprochen hat.

Diesem Missstand wurde mit dem »Gesetz zur Regelung der Allgemeinen Geschäftsbedingungen« (AGBG) vom 9.12.1976 abgeholfen, das am 1.4.1977 in Kraft trat und bis zum 31.12.2001 gegolten hat.

Mit dem In-Kraft-Treten des »Schuldrechtsmodernisierungsgesetzes« am 1.1.2002 wurden das AGBG und eine Vielzahl anderer schuldrechtlicher Sondergesetze aufgehoben und in das BGB integriert. Die Aufnahme dieser Gesetze, namentlich der Verbraucherschutzgesetze (neben dem AGBG zB auch das VerbrKrG, das HaustürWG, das FernAbsG und das TzWrG), in das BGB stärkt nach Auffassung des Gesetzgebers nicht nur seine Stellung als zentrale Zivilrechtskodifikation;[36] sie nutzt vielmehr die integrative Kraft des Bürgerlichen Gesetzbuchs, um die Einheit des Schuldrechts zu gewährleisten. **32a**

Diese Einheit drohte verloren zu gehen, da sich die einzelnen Sondermaterien immer mehr verselbstständigt hatten und das schuldrechtliche Vertragsrecht des BGB für die Massengeschäfte des täglichen Lebens immer mehr durch Sondergesetze (vgl. die eben genannten Verbraucherschutzgesetze) verdrängt wurde.[37]

Die »Gestaltung rechtsgeschäftlicher Schuldverhältnisse durch Allgemeine Geschäftsbedingungen« ist nunmehr im BGB in Buch 2, Abschnitt 2, in den §§ 305–310 geregelt; zum Teil endlos lange Paragrafen, die im Wesentlichen dem **materiellrechtlichen Teil** des (alten) AGBG wortgleich entsprechen. Für den **verfahrensrechtlichen Teil** wurde das – eigenständige – **Unterlassungsklagengesetz** (UKlG) erlassen.

---

33 So vor allem im Banksektor und Versicherungswesen; insbesondere letzteres überschüttet uns mit einer Flut von AGB, wie zB AVB, AHB, ABU, ABV, AFB, AKB, AVK, AEB usw.

34 Frei übersetzt: »Entweder Du schließt den Vertrag zu meinen Bedingungen, oder gar nicht«.

35 So bereits 1933 *Großmann-Doerth*.

36 Begründung des Entwurfs eines Gesetzes zur Modernisierung des Schuldrechts, BT-Drs. 14/6040, 79.

37 Begründung des Entwurfs eines Gesetzes zur Modernisierung des Schuldrechts, BT-Drs. 14/6040, 79., unter Hinweis auf Grundmann/Medicus/Rolland/*Medicus*, Europäisches Kaufgewährleistungsrecht, 2001, 219, wo *Medicus* auf die Aushöhlung (»Erosion«) des BGB hinweist.

2. Die wichtigsten Regelungen des allgemeinen Schuldrechts zur Überprüfung von AGB

33 AGB-Klauseln dienen häufig dazu, die Rechte des Vertragspartners ihres Verwenders einzuschränken oder ganz auszuschließen. In Abschnitt 2 von Buch 2 des BGB sind eine Reihe von Vorschriften enthalten, die es ermöglichen, AGB-Klauseln einer strengen Kontrolle zu unterwerfen. Bevor wir uns die systematische Anwendung dieser Vorschriften sogleich an einem Fallbeispiel verdeutlichen, müssen wir schon einen Blick ins »Besondere Schuldrecht« werfen; denn durch AGB-Klauseln sollen meist Rechte, die bei den besonderen Vertragstypen angesiedelt sind, ausgeschlossen werden. So etwa im Kaufrecht, das (→ Rn. 23 f.) in den §§ 437 ff. für den Käufer bestimmte Gewährleistungsansprüche zur Verfügung stellt.

Nach § 437 hat der Käufer bei Mängeln der Kaufsache folgende Rechte:

- Nacherfüllung (§ 437 Nr. 1; sie kann in der Lieferung einer mangelfreien Sache oder in Nachbesserung bestehen, vgl. § 439 I),
- Rücktritt (§ 437 Nr. 2, 1. Var.) **oder**
- Minderung des Kaufpreises (§ 437 Nr. 2, 2. Var.)
  und
- Schadensersatz **oder** Aufwendungsersatz (§ 437 Nr. 3).[38]

Allerdings handelt es sich bei den §§ 437 ff. um dispositives Recht; das heißt, die Haftung des Verkäufers kann durch vertragliche Vereinbarung grundsätzlich (Ausnahmen: §§ 444, 475; → Rn. 24) ausgeschlossen werden. Von dieser Möglichkeit machen Verkäufer, die AGB verwenden, regelmäßig Gebrauch.

34 Sofern die Rechte des Käufers, der sich den AGB unterworfen hat, zu stark eingeschränkt oder ihm gar gänzlich genommen werden, gewähren die §§ 305–310 Schutz.

Lesen Sie dazu nun Übungsfall 1.

Übungsfall 1

Privatier V hat sich zum Hobby gemacht, antike Möbel nachzubauen, die er hin und wieder auf dem »Schnäppchen-Markt« seiner Lokalzeitung zum Verkauf anbietet. Um Kaufinteressenten nicht immer wieder dasselbe erzählen zu müssen, entwirft er ein Kaufvertragsformular mit vorformulierten Vertragsbedingungen. Dort heißt es unter Ziffer 3: »Bei Mangelhaftigkeit der Kaufsache steht dem Käufer nur ein Recht auf Nacherfüllung[39] in Form der Nachbesserung zu«.

Nach der Lektüre vom »Schnäppchen-Markt« sucht der wohlhabende Kunststudent K den V im Mai in seiner Wohnung auf, um die neu hergestellte Imitation eines antiken Schreibtischs zu erwerben. K liest sich den Vertrag mit seinen Bedingungen durch, unterschreibt das Formular und bezahlt den Kaufpreis von 1.000 EUR im Voraus.

Als der Schreibtisch geliefert wird, muss K feststellen, dass sämtliche Schubladen klemmen. Aufgrund seines Nacherfüllungsrechts lässt er den Schreibtisch sofort wieder mitnehmen, damit der Mangel beseitigt wird. Als der »reparierte« Schreibtisch wiedergebracht wird, klemmen immer noch fünf von sechs Schubladen. Als K das moniert, wird ihm von V mitgeteilt, damit müsse er sich abfinden ... K ist »sauer«, erklärt den Rücktritt vom Vertrag und verlangt den Kaufpreis zurück. V weigert sich unter Berufung auf Ziff. 3 seiner AGB. Wer hat Recht?[40]

---

38 Mehr dazu in *Wörlen/Metzler-Müller* SchuldR BT Rn. 14 ff.

39 **Vgl. § 437 Nr. 1 iVm § 439 I.**

40 Die klausurmäßige Lösung dieses Falles finden Sie in *Wörlen/Schindler* Anleitung Fall 16.

Für eine klausurmäßige Prüfung müssten Sie die (unter → Rn. 33 genannten) Regelungen für die Schlechtleistung im Kaufrecht schon etwas genauer kennen. So weit werden Sie indessen erst nach der Lektüre eines Grundrisses zum »Besonderen Schuldrecht« (zB *Wörlen/Metzler-Müller* SchuldR BT) sein. Dann würden Sie das Vorliegen aller Voraussetzungen für den Rücktritt (nach §§ 437 Nr. 2, 1. Var., 323 I, 434 I 2 Nr. 2) durch K bis zu dem Punkt bejahen, dass K den Kaufvertrag rückgängig machen kann, sofern der Rücktritt nicht durch vertragliche Vereinbarung oder durch Gesetz ausgeschlossen ist. **35**

Hier könnte ein vertraglicher Ausschluss durch Ziff. 3 der AGB des V in Betracht kommen!

Dann müsste es sich bei dieser Regelung um eine allgemeine Geschäftsbedingung handeln, deren Wirksamkeit nach den §§ 305–310 zu überprüfen ist.

a) Allgemeine Voraussetzungen für die Überprüfung und Wirksamkeit von AGB

aa) Anwendbarkeit der Verbraucherschutzvorschriften (§§ 305–310)

(1) Vertragsbedingungen können nur dann nach diesen Vorschriften beurteilt werden, wenn es sich um echte AGB iSv § 305 I handelt, wobei ggf. § 306a (Umgehungsverbot) zu beachten ist. **36**

(2) Außerdem darf die Anwendbarkeit der §§ 305–309 nicht durch § 310 ausgeschlossen sein, der wesentliche Differenzierungen enthält. Danach ist insbesondere zu unterscheiden, ob AGB gegenüber einem Unternehmer (§ 14) verwendet werden – dann gelten Einschränkungen nach § 310 I –, oder ob ein Vertrag zwischen einem Unternehmer und einem Verbraucher (§ 13) vorliegt – dann greifen Verschärfungen zu Lasten des Unternehmers gem. § 310 III ein.

(3) Neben diesen Einschränkungen des persönlichen Anwendungsbereichs enthält § 310 Einschränkungen des sachlichen Anwendungsbereichs. Nach § 310 II gelten die §§ 308 und 309 (»Klauselverbote«, dazu → Rn. 42 ff.) für Verträge mit Versorgungsunternehmen nur bedingt und gem. § 310 IV 1 finden die §§ 305–309 keine Anwendung im Erb-, Familien- und Gesellschaftsrecht. Bei der Anwendung dieser Vorschriften auf Arbeitsverträge sind die in § 310 IV 2 und 3 genannten Besonderheiten zu berücksichtigen.

(4) Zu beachten ist ferner § 475 I (lesen!), der für den »Verbrauchsgüterkauf« die Bestimmungen über die Inhaltskontrolle von AGB (§§ 307–309, → Rn. 39 ff.) ergänzt und die **grundsätzliche Unabdingbarkeit** der §§ 433–435, 437, 439–443 zum Nachteil des Verbrauchers anordnet.[41]

Für die Lösung von Übungsfall 1 können wir daher folgendes Prüfungsschema anwenden:

(1) Echte AGB iSv § 305 I 1 sind vorformulierte Vertragsbedingungen, die für eine Vielzahl von Verträgen gelten, einseitig von ihrem Verwender der anderen Vertragspartei gestellt werden und nicht (vgl. § 305 I 3) zwischen den Vertragsparteien im Einzelnen ausgehandelt werden. Indem V dem K vorformulierte Vertragsbedingun-

41 Hk-BGB/*Saenger* § 475 Rn. 1; MüKoBGB/*Lorenz* § 475 Rn. 3.

gen mit der Klausel Ziffer 3 vorgelegt hat, sind die Voraussetzungen von § 305 I erfüllt.

(2) Da K nicht Unternehmer iSv § 14, sondern Verbraucher nach § 13 ist, ist auch der persönliche Anwendungsbereich gem. § 310 I nicht ausgeschlossen.

(3) Bei dem Kaufvertrag zwischen V und K handelt es sich um einen schuldrechtlichen Vertrag, der nicht unter § 310 IV fällt, sodass der sachliche Anwendungsbereich ebenfalls nicht eingeschränkt ist.

(4) Schließlich ist auch V, der den Schreibtisch als Privatier verkauft hat, nicht Unternehmer nach § 14. Somit liegt hier keine Einschränkung der Anwendbarkeit nach § 310 III und auch kein Verbrauchsgüterkauf iSd §§ 474 ff. vor. Folglich steht § 475 I der Berufung des V auf die Klausel Ziffer 3 seiner AGB nicht entgegen.

bb) AGB als »Vertragsbestandteil«

37 Ob AGB Bestandteil des jeweiligen Vertrags geworden sind, richtet sich nach den §§ 305 II und III, 305b, 305c I (lesen!).

Nach § 305 II werden Allgemeine Geschäftsbedingungen nur dann Bestandteil eines Vertrags, wenn der Verwender der AGB bei Vertragsschluss entweder die andere Vertragspartei ausdrücklich oder, wenn ein ausdrücklicher Hinweis wegen der Art des Vertragsschlusses nur unter unverhältnismäßigen Schwierigkeiten möglich ist, durch deutlich sichtbaren Aushang am Ort des Vertragsschlusses auf sie hinweist und der anderen Vertragspartei die Möglichkeit verschafft, in zumutbarer Weise von ihrem Inhalt Kenntnis zu nehmen, und wenn die andere Vertragspartei mit ihrer Geltung einverstanden ist. Dies gilt jedoch nur, falls der Einbeziehung in den Vertrag nicht eine überraschende oder mehrdeutige Klausel iSd § 305c oder eine »Individualabrede« (§ 305b) entgegenstehen.

■ Sind die Voraussetzungen von § 305 II in unserem Übungsfall erfüllt?

▶ K hat den vorformulierten Vertrag gelesen und unterschrieben. Die AGB von V sind Vertragsbestandteil geworden, falls nicht § 305c I (»Überraschende und mehrdeutige Klauseln«) oder § 305b (»Vorrang der Individualabrede«) entgegensteht. Beide Vorschriften greifen nicht ein.

Bei Vertragsschlüssen über das Internet reicht es nicht aus, die AGB nur im Hauptmenue auf der Homepage des Anbieters zu erwähnen. Es muss vielmehr ein ausdrücklicher Hinweis erfolgen, der praktisch nicht übersehen werden kann.[42] Dies ist der Fall, wenn die Bestellung erst ausgeführt werden kann, nachdem der Kunde zuvor eine Box angeklickt hat, in der auf die – herunterladbaren – AGB hingewiesen wurde.[43]

cc) Mehrdeutige Klauseln (§ 305c II)

38 Die AGB müssen klar verständlich sein. Unklarheiten (»Zweifel«) gehen zu Lasten des Verwenders: § 305c II (lesen!).

---

42 BGH NJW 2006, 2976 Tz. 16: Einbeziehungsvoraussetzungen erfüllt, wenn auf der Bestellseite das Wort »AGB« unterstrichen ist und durch Anklicken die einzelnen Klauseln aufgerufen und ausgedruckt werden können.

43 MüKoBGB/*Basedow* § 305 Rn. 69.

In Übungsfall 1 gibt es keinen Grund, die Verständlichkeit von Ziff. 3 der AGB des V in Frage zu stellen (wenngleich K sich sicherlich nicht über die von V beabsichtigten Folgen dieser Klausel im Klaren war).

b) Inhaltskontrolle von AGB-Klauseln

aa) Schranken der Inhaltskontrolle

Die Inhaltskontrolle von AGB nach den §§ 307–309 (durch die Gerichte) soll der **39** Überprüfung »vertraglicher« Regelungen dienen, die die gesamte **Rechtsstellung** der Beteiligten gegenüber der sonst (»objektiv«) bestehenden (dispositiven) Rechtslage **verändern** oder in einem auch durch die Rechtsprechung nicht geregelten Bereich festlegen.[44] Daraus ergeben sich zwei Einschränkungen, die im Wortlaut von § 307 III (lesen!) nur ungenau zum Ausdruck kommen:

(1) Von einer vertraglichen Regelung, die »vereinbart« wurde, kann man nicht sprechen, wenn AGB lediglich den Gesetzestext, ggf. nur sinngemäß, wiederholen. Die §§ 307 I und II, 308, 309 gelten in diesem Fall nicht, da sie nicht dazu dienen sollen, den Inhalt von Gesetzesvorschriften zu überprüfen! Deklaratorische Klauseln sind also nicht kontrollfähig.[45]

(2) Eine »rechtliche« Regelung liegt nicht vor, wenn die AGB die jeweiligen Vertragsleistungen nur tatsächlich beschreiben.[46]

Sog. »Leistungsbeschreibungen«, die Art, Umfang und Güte der geschuldeten Leis- **40** tung festlegen, aber die für die Leistung selbst geltenden gesetzlichen Vorschriften unberührt lassen, sind ebenfalls der Inhaltskontrolle entzogen.[47]

Beispiele sind Baubeschreibungen, Kataloge, Prospekte und Ähnliches.[48]

Die Kontrolle von AGB nach den §§ 307 I und II, 308, 309 ist nur angebracht und **41** möglich, soweit durch AGB-Klauseln dispositives Recht ausgeschlossen, geändert oder ergänzt werden soll.

■ Ist nach alledem in Übungsfall 1 die Inhaltskontrolle der AGB-Klausel Ziff. 3 von V möglich? (Überlegen Sie selbst, bevor Sie weiterlesen und versuchen Sie, Ihre Antwort kurz zu begründen.)

▶ Da durch Ziff. 3 der AGB von V die Vorschriften über die kaufrechtliche Gewährleistung ausgeschlossen werden, indem dem Käufer lediglich ein Nacherfüllungsrecht eingeräumt wird, ist die Inhaltskontrolle möglich, sodass wir prüfen können, ob diese Klausel gegen die §§ 307 I und II, 308, 309 verstößt.

---

44 Jauernig/*Stadler* § 307 Rn. 13.

45 MüKoBGB/*Wurmnest* § 307 Rn. 1.

46 Palandt/*Grüneberg* § 307 Rn. 41.

47 BGH NJW 2001, 2014; 2010, 1958; MüKoBGB/*Wurmnest* § 307 Rn. 1. Bei Risikobeschreibungen in AVB ist zu differenzieren und die Abgrenzung bisweilen schwierig. Ohne zu sehr ins Detail zu gehen, lässt sich aus der BGH-Rechtsprechung dazu folgende »Faustregel« herleiten:
(1) AVB unterliegen der richterlichen Inhaltskontrolle nicht, soweit sie die Art des versicherten Risikos bestimmen.
(2) Sie sind dagegen kontrollfähig, wenn sie das Deckungsversprechen verändern, ausgestalten oder modifizieren (vgl. Palandt/*Grüneberg* § 307 Rn. 45 mwN).

48 Hk-BGB/*Schulte-Nölke* § 307 Rn. 8 mit weiteren Beispielen.

Sinnvollerweise prüft man in der Reihenfolge § 309, § 308, § 307 I und II, da § 309 die speziellste und § 307 die allgemeinste dieser Vorschriften ist.

bb) Klauselverbote ohne Wertungsmöglichkeit (§ 309)

42 Lesen Sie § 309! Diese Vorschrift enthält einen Katalog von 13 Ziffern mit Beispielen für AGB-Klauseln (inklusive verschiedener Nebenklauseln), die unwirksam sind, ohne dass eine Prüfung bzw. eine »Wertung« erfolgen muss, ob die Klausel im Einzelfall noch angemessen ist.

■ Beim Lesen dieser Vorschrift haben Sie sicher die Ziffer und den Buchstaben gefunden, die auf unseren Übungsfall anwendbar sind? (Falls nicht, überfliegen Sie die Zifferüberschriften in § 309 noch einmal!)

▶ Da es sich bei Ziff. 3 der AGB von V um einen Haftungsausschluss für Lieferung einer mangelhaften Sache handelt, ist § 309 Nr. 8b) bb) zu prüfen (lesen!).

■ Überlegen Sie, ob die AGB-Klausel des V nach dieser Vorschrift wirksam ist oder nicht!

▶ Da dem K nicht ausdrücklich das Recht eingeräumt worden ist, bei Fehlschlagen der Nacherfüllung nach seiner Wahl zu mindern (§ 437 Nr. 2, 2. Var. iVm § 441) oder vom Vertrag zurückzutreten (§§ 437 Nr. 2, 1. Var., 323 I), ist Ziff. 3 der AGB von V unwirksam!

Rechtsfolge ist, dass der Vertrag gem. § 306 I »im Übrigen« grundsätzlich wirksam bleibt und anstelle der unwirksamen AGB-Klausel die gesetzliche Regelung eingreift, sodass K gem. § 437 Nr. 2, 2. Var. iVm § 441 mindern oder gem. §§ 437 Nr. 2, 1. Var., 323 I vom Vertrag zurücktreten kann. Dies ergibt sich aus § 306 II (§ 306 ganz lesen!).

Eine sog. **geltungserhaltende Reduktion**, nach der einzelne unwirksame Klauseln auf ihren gerade noch zulässigen Inhalt zurückgeführt werden, ist **unzulässig**[49]. Die Klausel ist also grundsätzlich im Ganzen unwirksam.

Damit ist Übungsfall 1 gelöst. K kann sein Rücktrittsrecht ausüben (§ 349) und den Kaufpreis nach § 346 I zurückverlangen (lesen Sie dazu auch § 323 II Nr. 1). In anderen Fällen wäre die Prüfung wie folgt fortzusetzen:

cc) Klauselverbote mit Wertungsmöglichkeit (§ 308)

43 Ist eine AGB-Klausel nicht schon nach § 309 unwirksam, ist ihre Wirksamkeit gem. § 308 (lesen!) zu überprüfen. Für die Verbote in § 308 ist charakteristisch, dass sie »unbestimmte Rechtsbegriffe« enthalten; zB ist in § 308 Nr. 1 und 2 von »unangemessen langen« Fristen die Rede. Unbestimmte Rechtsbegriffe sind inhaltlich nicht durch einen fest umschriebenen Sachverhalt ausgefüllt, sondern bedürfen bei der Rechtsanwendung auf einen konkreten Fall einer gesonderten Fixierung,[50] die insbesondere in einer Wertausfüllung bestehen kann. Auf eine entsprechende AGB-Klausel bezogen bedeutet das, dass die Feststellung ihrer Unwirksamkeit einer richterlichen Wertung bedarf.[51] Ob eine Nachfrist iSv § 308 Nr. 2 noch »angemessen« oder »unangemessen lang« ist, richtet sich nach dem einzelnen Vertrag. Aus diesem Grunde gibt § 308 für die Länge einer Nachfrist keinen festen Zeitraum an. Der Richter

49 StRspr: unter anderem BGH NJW 1993, 1135; 2000, 1110 (1113); siehe auch Palandt/*Grüneberg* § 306 Rn. 6.

50 Vgl. *Creifelds* »Unbestimmte Rechtsbegriffe«.

51 Palandt/*Grüneberg* § 308 Rn. 1.

muss unter Berücksichtigung der Umstände des Einzelfalles nach seiner Überzeugung entscheiden. Der BGH[52] hat zB eine Klausel in den AGB des Möbelhandels, die die Überschreitung der Lieferzeit von vier Wochen gestattete, als unwirksam iSd damals geltenden § 10 Nr. 2 AGBG (dem § 308 Nr. 2 entspricht) erklärt, da die Frist »unangemessen lang« gesetzt wurde.

dd) Generalklausel (§ 307 I und II)

Sofern eine AGB-Klausel nicht schon nach §§ 309 oder 308 unwirksam ist, kann sich die Unwirksamkeit aus § 307 I und II ergeben (lesen!). § 307 I 1 und II Nr. 1 und 2 entsprechen wörtlich dem alten § 9 I und II Nr. 1 und 2 AGBG. **44**

§ 307 I legt den grundlegenden Wertmaßstab für die richterliche Inhaltskontrolle von AGB fest[53] mit dem Ziel, dass niemand durch das »Kleingedruckte« unangemessen benachteiligt werden darf. Eine den Kunden unangemessen benachteiligende Klausel, auch wenn sie nicht unter § 309 oder § 308 fällt, ist unwirksam. Eine formularmäßige Vertragsbestimmung ist unangemessen iSv § 307 I 1, wenn der Verwender durch einseitige Vertragsgestaltung missbräuchlich eigene Interessen auf Kosten seines Vertragspartners durchzusetzen versucht, ohne von vornherein auch dessen Belange hinreichend zu berücksichtigen und ihm einen angemessenen Ausgleich zuzugestehen.[54] Zur Beurteilung bedarf es der umfassenden Würdigung der Interessen beider Parteien.

> **Beispiele**: Endrenovierungsklauseln, die den Mieter verpflichten, die Mieträume bei Beendigung des Mietverhältnisses unabhängig vom Zeitpunkt der Vornahme der letzten Schönheitsreparaturen renoviert zu übergeben, sind nach ständiger Rechtsprechung des BGH gemäß § 307 unwirksam. Klauseln, die den Mieter verpflichten, bei Vertragsende alle von ihm angebrachten oder vom Vormieter übernommenen Bodenbeläge sowie Wand- und Deckentapeten zu beseitigen und die durch die Anbringung oder Beseitigung verursachten Schäden an Unterböden sowie Wand- oder Deckenputz zu beheben, sind ebenfalls unwirksam. Auch in dieser Klausel liegt eine unangemessene Benachteiligung des Mieters.[55]

Die praktische (und auch »klausurrelevante«) Anwendung der neuen Vorschriften zur Gestaltung rechtsgeschäftlicher Schuldverhältnisse durch AGB, namentlich von § 307 I und II, verdeutlicht auch Übungsfall 2 (vor → Rn. 47). **44a**

Bevor wir diesen Fall lesen und lösen, wollen wir das, was wir über die AGB gelernt haben, in ein Prüfungsschema einordnen, das wir in den Vorüberlegungen[56] zu einer Klausur anwenden können (= Übersicht 2, → Rn. 45).

Im Anschluss an diese Übersicht finden Sie (→ Rn. 46) einen Auszug aus den AGB der Deutschen Bank.[57]

---

52 NJW 1985, 323.

53 jurisPK-BGB/*Lapp/Salamon* § 307 Rn. 1.

54 MüKoBGB/*Wurmnest* § 307 Rn. 31.

55 BGH Urt. v. 5.4.2006 – VIII ZR 152/05, WuM 2006, 308 ff.

56 **Vgl. dazu *Wörlen/Metzler-Müller* BGB AT Rn. 180–195 sowie *Wörlen/Schindler* Anleitung Rn. 24–49.**

57 Neufassung zum 22.5.2012.

Übersicht 2

45

Geltung und Überprüfung von Allgemeinen Geschäftsbedingungen nach den §§ 305–310

Prüfungsschema

I. Anwendbarkeit von §§ 305–310

1. AGB iSv § 305 I (evtl. § 306a: Umgehungsverbot) – Voraussetzungen:
   a) Vorformulierte Vertragsbedingungen
   b) für eine Vielzahl von Verträgen,
   c) die einseitig vom Verwender der anderen Vertragspartei gestellt worden sind und
   d) sich nicht als das Ergebnis beiderseitiger Vertragsverhandlungen darstellen.
2. Kein Ausschluss der Anwendbarkeit nach § 310 oder § 475 I.

II. AGB müssen Vertragsbestandteil geworden sein

1. Einbeziehung in den Vertrag nach § 305 II und III – Voraussetzungen:
   a) Verwender hat ausdrücklich auf die zugrunde gelegten Vertragsbedingungen hingewiesen (ausnahmsweise genügt Hinweis auf einen Aushang – zB in Banken).
   b) Der anderen Vertragspartei wurde die Möglichkeit gegeben, in zumutbarer Weise vom Inhalt der AGB Kenntnis zu nehmen (zB Abdruck der AGB auf den Rückseiten des Vertrags).
   c) Die andere Vertragspartei erklärt sich mit der Geltung der AGB einverstanden (zB durch Unterschrift nach Lektüre der AGB).
2. Keine überraschende Klausel nach § 305c I.
3. Kein Vorrang einer Individualvereinbarung, § 305b.

III. Eindeutigkeit der AGB – § 305c II

(Unklarheiten gehen zu Lasten des AGB-Verwenders)

IV. Keine Unwirksamkeit von AGB-Klauseln nach §§ 307–309

1. Voraussetzung für Inhaltskontrolle:
   Abänderung oder Ergänzung dispositiven Rechts durch AGB – § 307 III.
2. Verstoß der AGB-Klausel gegen § 307 I und II, 308 oder 309?
   a) § 309 – Dort erwähnte Klauseln sind unwirksam, ohne dass Angemessenheitsprüfung im Einzelfall (»ohne Wertungsmöglichkeit«) erfolgt.
   b) § 308 – Angemessenheit der Klausel ist im Einzelfall ausnahmsweise wertend zu prüfen (»mit Wertungsmöglichkeit«).
   c) § 307 I und II – »Generalklausel« – Falls AGB-Klausel nicht nach §§ 309 oder 308 unwirksam, ist Klausel nach § 307 I oder II unwirksam, wenn sie Vertragspartner gegen Treu und Glauben unangemessen benachteiligt.

V. Rechtsfolgen fehlender Einbeziehung (§ 306)

1. Bei Unwirksamkeit einer Klausel bleibt der Vertrag im Übrigen wirksam (§ 306 I).
2. An die Stelle der unwirksamen Klausel treten die gesetzlichen Regelungen (§ 306 II).
3. Falls Anwendung der gesetzlichen Regelung unzumutbare Härte für eine Vertragspartei darstellt, ist der ganze Vertrag unwirksam (§ 306 III).

Übersicht 3 46

Auszug aus den AGB einer Bank

Grundregeln für die Beziehung zwischen Kunde und Bank

1. Geltungsbereich und Änderungen dieser Geschäftsbedingungen und der Sonderbedingungen für einzelne Geschäftsbeziehungen

(1) Geltungsbereich
Die Allgemeinen Geschäftsbedingungen gelten für die gesamte Geschäftsverbindung zwischen dem Kunden und den inländischen Geschäftsstellen der Bank (im folgenden Bank genannt). Daneben gelten für einzelne Geschäftsbeziehungen (zum Beispiel für das Wertpapiergeschäft, den Zahlungsverkehr und für den Sparverkehr) Sonderbedingungen, die Abweichungen oder Ergänzungen zu diesen Allgemeinen Geschäftsbedingungen enthalten; sie werden bei der Kontoeröffnung oder bei Erteilung eines Auftrages mit dem Kunden vereinbart. Unterhält der Kunde auch Geschäftsverbindungen zu ausländischen Geschäftsstellen, sichert das Pfandrecht der Bank (Nummer 14 dieser Geschäftsbedingungen) auch die Ansprüche dieser ausländischen Geschäftsstellen.

(2) Änderungen
Änderungen dieser Geschäftsbedingungen und der Sonderbedingungen werden dem Kunden spätestens zwei Monate vor dem vorgeschlagenen Zeitpunkt ihres Wirksamwerdens in Textform angeboten. Hat der Kunde mit der Bank im Rahmen der Geschäftsbeziehung einen elektronischen Kommunikationsweg vereinbart (zB das Online Banking), können die Änderungen auch auf diesem Wege angeboten werden. Die Zustimmung des Kunden gilt als erteilt, wenn er seine Ablehnung nicht vor dem vorgeschlagenen Zeitpunkt des Wirksamwerdens der Änderungen angezeigt hat. Auf diese Genehmigungswirkung wird ihn die Bank in ihrem Angebot besonders hinweisen.
Werden dem Kunden Änderungen von Bedingungen zu Zahlungsdiensten (zB Überweisungsbedingungen) angeboten, kann er den von der Änderung betroffenen Zahlungsdiensterahmenvertrag vor dem vorgeschlagenen Zeitpunkt des Wirksamwerdens der Änderungen auch fristlos und kostenfrei kündigen. Auf dieses Kündigungsrecht wird ihn die Bank in ihrem Angebot besonders hinweisen.

2. Bankgeheimnis und Bankauskunft

(1) Bankgeheimnis
Die Bank ist zur Verschwiegenheit über alle kundenbezogenen Tatsachen und Wertungen verpflichtet, von denen sie Kenntnis erlangt (Bankgeheimnis). Informationen über den Kunden darf die Bank nur weitergeben, wenn gesetzliche Bestimmungen dies gebieten oder der Kunde eingewilligt hat oder die Bank zur Erteilung einer Bankauskunft befugt ist.

(2) Bankauskunft
Eine Bankauskunft enthält allgemein gehaltene Feststellungen und Bemerkungen über die wirtschaftlichen Verhältnisse des Kunden, seine Kreditwürdigkeit und Zahlungsfähigkeit; betragsmäßige Angaben über Kontostände, Sparguthaben, Depot- oder sonstige der Bank anvertraute Vermögenswerte sowie Angaben über die Höhe von Kreditinanspruchnahmen werden nicht gemacht.

(3) Voraussetzungen für die Erteilung einer Bankauskunft
Die Bank ist befugt, über juristische Personen und im Handelsregister eingetragene Kaufleute Bankauskünfte zu erteilen, sofern sich die Anfrage auf ihre geschäftliche Tätigkeit bezieht. Die Bank erteilt jedoch keine Auskünfte, wenn ihr eine anders lautende Weisung des Kunden vorliegt. Bankauskünfte über andere Personen, insbesondere über Privatkunden und Vereinigungen, erteilt die Bank nur dann, wenn diese generell oder im Einzelfall ausdrücklich zugestimmt haben. Eine Bankauskunft wird nur erteilt, wenn der Anfragende ein berechtigtes Interesse an der gewünschten Auskunft glaubhaft dargelegt hat und kein Grund zu der Annahme besteht, dass schutzwürdige Belange des Kunden der Auskunftserteilung entgegenstehen.

(4) Empfänger von Bankauskünften
Bankauskünfte erteilt die Bank nur eigenen Kunden sowie anderen Kreditinstituten für deren Zwecke oder die ihrer Kunden.

Übersicht 3 (Fortsetzung)

3. Haftung der Bank; Mitverschulden des Kunden

(1) Haftungsgrundsätze
Die Bank haftet bei der Erfüllung ihrer Verpflichtungen für jedes Verschulden ihrer Mitarbeiter und der Personen, die sie zur Erfüllung ihrer Verpflichtungen hinzuzieht. Soweit die Sonderbedingungen für einzelne Geschäftsbeziehungen oder sonstige Vereinbarungen etwas Abweichendes regeln, gehen diese Regelungen vor. Hat der Kunde durch ein schuldhaftes Verhalten (zum Beispiel durch Verletzung der in Nr. 11 dieser Geschäftsbedingungen aufgeführten Mitwirkungspflichten) zu der Entstehung eines Schadens beigetragen, bestimmt sich nach den Grundsätzen des Mitverschuldens, in welchem Umfang Bank und Kunde den Schaden zu tragen haben.

(2) Weitergeleitete Aufträge
Wenn ein Auftrag seinem Inhalt nach typischerweise in der Form ausgeführt wird, dass die Bank einen Dritten mit der weiteren Erledigung betraut, erfüllt die Bank den Auftrag dadurch, dass sie ihn im eigenen Namen an den Dritten weiterleitet (weitergeleiteter Auftrag). Dies betrifft zum Beispiel die Einholung von Bankauskünften bei anderen Kreditinstituten oder die Verwahrung und Verwaltung von Wertpapieren im Ausland. In diesen Fällen beschränkt sich die Haftung der Bank auf die sorgfältige Auswahl und Unterweisung des Dritten.

(3) Störung des Betriebs
Die Bank haftet nicht für Schäden, die durch höhere Gewalt, Aufruhr, Kriegs- und Naturereignisse oder durch sonstige von ihr nicht zu vertretende Vorkommnisse (zum Beispiel Streik, Aussperrung, Verkehrsstörung, Verfügungen von hoher Hand im In- oder Ausland) eintreten.

4. Grenzen der Aufrechnungsbefugnis des Kunden

Der Kunde kann gegen Forderungen der Bank nur aufrechnen, wenn seine Forderungen unbestritten oder rechtskräftig festgestellt sind.[58]

5. Verfügungsberechtigung nach dem Tod des Kunden

Nach dem Tod des Kunden kann die Bank zur Klärung der Verfügungsberechtigung die Vorlegung eines Erbscheins, eines Testamentsvollstreckerzeugnisses oder weiterer hierfür notwendiger Unterlagen verlangen; fremdsprachige Urkunden sind auf Verlangen der Bank in deutscher Übersetzung vorzulegen. Die Bank kann auf die Vorlage eines Erbscheins oder eines Testamentsvollstreckerzeugnisses verzichten, wenn ihr eine Ausfertigung oder eine beglaubigte Abschrift der letztwilligen Verfügung (Testament, Erbvertrag) nebst zugehöriger Eröffnungsniederschrift vorgelegt wird. Die Bank darf denjenigen, der darin als Erbe oder Testamentsvollstrecker bezeichnet ist, als Berechtigten ansehen, ihn verfügen lassen und insbesondere mit befreiender Wirkung an ihn leisten. Dies gilt nicht, wenn der Bank bekannt ist, dass der dort Genannte (zum Beispiel nach Anfechtung oder wegen Nichtigkeit des Testaments) nicht verfügungsberechtigt ist, oder wenn ihr dies infolge Fahrlässigkeit nicht bekannt geworden ist.

6. Maßgebliches Recht und Gerichtsstand bei kaufmännischen und öffentlich-rechtlichen Kunden

(1) Geltung deutschen Rechts
Für die Geschäftsverbindung zwischen dem Kunden und der Bank gilt deutsches Recht.
(2) Gerichtsstand für Inlandskunden
Ist der Kunde ein Kaufmann und ist die streitige Geschäftsbeziehung dem Betriebe seines Handelsgewerbes zuzurechnen, so kann die Bank diesen Kunden an dem für die kontoführende Stelle zuständigen Gericht oder bei einem anderen zuständigen Gericht verklagen; dasselbe gilt für eine juristische Person des öffentlichen Rechts und für öffentlich-rechtliche Sondervermögen. Die Bank selbst kann von diesen Kunden nur an dem für die kontoführende Stelle zuständigen Gericht verklagt werden.

58 »Früher war der Kunde König, heute ist er den AGB unterworfen …«.

Übersicht 3 (Fortsetzung)

> (3) Gerichtsstand für Auslandskunden
> Die Gerichtsstandsvereinbarung gilt auch für Kunden, die im Ausland eine vergleichbare gewerbliche Tätigkeit ausüben, sowie für ausländische Institutionen, die mit inländischen juristischen Personen des öffentlichen Rechts oder mit einem inländischen öffentlich-rechtlichen Sondervermögen vergleichbar sind.
> ....

Übungsfall 2

Privatier V, der alte Autos sammelt, verkauft dem K einen gebrauchten BMW 520i, der einen Kilometerstand von knapp 50.000 km aufweist, für 15.000 EUR. Bei den Verkaufsverhandlungen bringt V zum Ausdruck, dass es sich um einen günstigen Kauf handele; der Wagen sei vom Vorbesitzer sehr gepflegt worden und in der Garage untergestellt gewesen. Das vorgedruckte Vertragsformular von V, das K gelesen und unterschrieben hat, enthält folgende Bestimmung: »Das Kraftfahrzeug wird unter Ausschluss der Sachmängelhaftung verkauft.«. Ist dieser Ausschluss wirksam, wenn sich später herausstellt, dass der Vorbesitzer mit dem Wagen einen Unfall hatte, was dem V aber nicht bekannt war?

Wir können diese Frage anhand unseres Prüfungsschemas (zum Teil stichwortartig) 47
beantworten.

- (1a) Sind die §§ 305–310 anwendbar bzw. liegen überhaupt AGB iSv § 305 I (lesen! Antwort suchen und begründen!) vor?
- ▶ V benutzt ein vorgedrucktes Vertragsformular, das auf eine Vielzahl von Fällen Anwendung findet. Antwort: ja!
- (1b) Ist die Anwendbarkeit nach § 310 oder § 475 I (Verbrauchsgüterkauf?) ausgeschlossen?
- ▶ Da es sich um einen schuldrechtlichen Vertrag zwischen zwei Verbrauchern handelt, liegen die Voraussetzungen dieser beiden Vorschriften nicht vor. Antwort: nein!
- (2) Ist die AGB-Klausel durch Einbeziehung nach § 305 II und III Vertragsbestandteil geworden?
- ▶ Dem Sachverhalt ist zu entnehmen, dass K Kenntnis genommen und sich durch seine Unterschrift auf dem Vertragsformular mit der Geltung der AGB-Klausel einverstanden erklärt hat. Antwort: ja!

Anhaltspunkte für ein Eingreifen von § 305c I oder § 305b sind nicht ersichtlich.

(3) Die Klausel ist auch eindeutig, sodass man auf § 305c II nicht einzugehen braucht.

(4) Da durch den Ausschluss der Haftung das geltende Recht (hier: das kaufrechtliche Gewährleistungsrecht) abgeändert wurde, sind die Voraussetzungen nach § 307 III für eine Inhaltskontrolle der Klausel nach den §§ 307 I und 2, 308, 309 gegeben.

- Welche Vorschrift ist bei der Überprüfung der Wirksamkeit des Haftungsaus- 48
  schlusses für eine Pflichtverletzung, zu der auch die Lieferung einer mangelhaften Sache gehört, zunächst gedanklich zu berücksichtigen?
- ▶ Wiederum § 309 Nr. 8b (genau lesen!).
- Passt diese Vorschrift auf unseren Fall? (Überlegen Sie!)

▶ § 309 Nr. 8b) bezieht sich nur auf Verträge über Lieferungen »neu« hergestellter Sachen; hier handelt es sich aber um einen Gebrauchtwagen!
§ 308 passt ebenfalls nicht, da dort von Haftungsausschluss überhaupt nicht die Rede ist!

49 In Betracht kommt deshalb eine Unwirksamkeitsfeststellung über die allgemeinen Bestimmungen des § 307 I und II.

■ Welches ist die Voraussetzung für die Unwirksamkeit nach § 307 I und II?
▶ K müsste entgegen den Geboten von Treu und Glauben unangemessen benachteiligt sein.

■ Zu welchem Ergebnis würden Sie in unserem Fall intuitiv neigen? Ist der Ausschluss jeglicher Haftung für Mängel an einem Gebrauchtwagen wirksam oder nicht?
▶ Um das Ergebnis vorwegzunehmen: Nach der hM in der Literatur und nach der gängigen Rechtsprechung ist ein vollständiger Haftungsausschluss im Gebrauchtwagenhandel grundsätzlich zulässig.[59] § 307 I und II greifen zugunsten des K nicht ein!

50 Zur Begründung wird ausgeführt, dass der Verkäufer eines Gebrauchtwagens, insbesondere, wenn dieser bereits durch die Hände mehrerer Voreigentümer gegangen ist, nur beschränkte Möglichkeiten hat, sich über den Zustand des von ihm zu verkaufenden Autos genau zu informieren. Mangels besonderer Anhaltspunkte ist er auch nicht verpflichtet, das Fahrzeug eingehend zu untersuchen! Deshalb ist es nicht »unangemessen«[60] iSv § 307 II, wenn der Verkäufer die Haftung für eine Schlechtleistung abbedingt und das Risiko der Mangelhaftigkeit dem Käufer auferlegt. Diese Risikoverteilung ist nach der Rechtsprechung des BGH[61] »geradezu ein Gebot wirtschaftlicher Vernunft«.

Außerdem hat der Käufer die Möglichkeit, mit dem Verkäufer zu vereinbaren, dass dieser für die Unfallfreiheit und die Unversehrtheit des Fahrzeugs eine Garantie (§ 443 – lesen!) übernimmt. In diesem Fall könnte sich der Verkäufer auf den Haftungsausschluss nicht berufen (§ 444 Hs. 2, 2. Var.).

In Übungsfall 2 liegt keine Garantie vor, sondern eine bloße Anpreisung. Hat der Käufer sich bestimmte Eigenschaften nicht garantieren lassen, muss er das Risiko für verborgene Mängel tragen, von denen der Verkäufer nichts weiß.

Kennt der Verkäufer einen Mangel und verschweigt er ihn, hat er arglistig gehandelt. In diesem Fall kann sich der Verkäufer auf den Haftungsausschluss ebenfalls nicht berufen (§ 444 Hs. 2, 1. Var.).

In unserem Fall hatte V von dem Unfall keine Kenntnis. Sein Haftungsausschluss ist daher wirksam. K kann sich wegen des Mangels nicht vom Vertrag lösen.

---

59 **Tipp für die alltägliche Praxis: Besorgen Sie sich vom ADAC ein Formular für den Verkauf/Kauf eines Gebrauchtwagens. Dort finden Sie auch die Klausel, die unser Übungsfall enthält.**
60 Unbestimmter Rechtsbegriff, → Rn. 43.
61 BGH NJW 1966, 1070 und 1978, 261.

3. Verfahrensrechtliche Regelungen

Der verfahrensmäßige Teil des bisherigen AGB-Rechts war in den §§ 13 ff. AGBG geregelt. Mit Wegfall des AGBG durch die Schuldrechtsnovelle wurde der verfahrensrechtliche Teil gesondert geregelt und ist nicht – wie der materielle Teil des AGBG – Bestandteil des BGB geworden. In Art. 3 des Schuldrechtsmodernisierungsgesetzes wurde ein über den Bereich von AGB hinausgehendes Unterlassungsklagengesetz (UKlaG)[62] verkündet, das sich in § 1 auf AGB und in § 2 auch auf Verstöße gegen sonstige Verbraucherschutzgesetze bezieht. Das AGB-Recht wurde somit in zwei Teile gespalten, was der Übersichtlichkeit schadet, inhaltlich aber keinerlei Vorteile für das AGB-Recht bringt. Gegenüber den bisherigen Vorschriften der §§ 13 ff. AGBG sind keine wesentlichen inhaltlichen Änderungen erfolgt. 51

Die Regelung der Klagebefugnis findet sich nunmehr in § 3 UKlaG, die Zuständigkeit in § 6 UKlaG, der Klageantrag in § 8 UKlaG, die Urteilsformel in § 9 UKlaG.

Kernpunkte des verfahrensrechtlichen Teils des AGB-Rechts sind unter anderem:

- Wenn ein Kaufmann in seinen AGB eine oder mehrere unzulässige Klauseln verwendet, kann gegen ihn Unterlassungsklage erhoben werden (§ 1 UKlaG).
- Klagebefugnis haben nur qualifizierte Einrichtungen, rechtsfähige Verbände, nicht aber der einzelne Vertragspartner (§ 4 UKlaG).
- Klageberechtigte Verbände sind: Verbraucherzentralen, öffentlich geförderte Verbraucherverbände, Industrie- und Handelskammern sowie Handwerkskammern (§ 3 UKlaG).
- Klagegegner ist in der Regel der Verwender der AGBs.
- Das Landgericht ist zuständig (§ 6 UKlaG). Auf das Verfahren finden – mit wenigen Ausnahmen – die Vorschriften der ZPO Anwendung (§ 5 UKlaG).
- Mit dem Urteil wird nicht nur die beanstandete Klausel in bestimmten AGBs erfasst, sondern der Beklagte darf auch inhaltsgleiche Bestimmungen in anderen AGBs nicht verwenden (§ 9 UKlaG).
- Eine Liste der qualifizierten Einrichtungen wird beim Bundesverwaltungsamt geführt und mit Stand 1. Januar im Bundesanzeiger veröffentlicht.[63]

V. Haustürgeschäfte

Unter dem Begriff »Haustürgeschäfte« sind Vertragsabschlüsse zu verstehen, die mit Verbrauchern (lesen Sie § 13!) in der Privatwohnung, auf der Straße, am Arbeitsplatz oder auf sog. Kaffeefahrten oder ähnlichen Freizeitveranstaltungen getätigt werden. 51a

Um den Verbraucher vor übereilten und unüberlegten Geschäften und Überrumpelung zu schützen, wurde das »Gesetz über den Widerruf von Haustürgeschäften und ähnlichen Geschäften« initiiert, das am 1.5.1986 in Kraft trat. Im Rahmen der Schuldrechtsreform wurde dieses neun Paragrafen enthaltende, nicht vertragstyporientierte (→ Rn. 8) Gesetz in das Allgemeine Schuldrecht integriert (lesen Sie dazu § 312).

§ 312 formuliert nunmehr das Widerrufs- und Rückgaberecht des Verbrauchers in Übereinstimmung mit den neuen §§ 355 und 356 (lesen!) und § 312a regelt das Ver-

62 Vgl. Beck-Texte im dtv, Nr. 5001, Gesetz-Nr. 6.
63 Ausführlich hierzu: *Niebling* AGB 157 ff.

hältnis zu anderen Verbraucherschutzgesetzen, die für Haustürgeschäfte vorrangig anzuwenden sind.

1. Widerrufsrecht

51b Gem. § 312 I 1 steht einem **Verbraucher**, der mit einem **Unternehmer** (lesen Sie § 14!) einen Vertrag schließt, welcher eine **entgeltliche** Leistung zum Gegenstand hat, unter bestimmten Voraussetzungen ein Widerrufsrecht nach § 355 zu.

a) Voraussetzungen

51c Voraussetzungen für das Widerrufsrecht gem. § 312 I 1 sind, dass der Verbraucher zum Abschluss dieses Vertrags

(1) durch mündliche Verhandlungen an seinem Arbeitsplatz oder im Bereich einer Privatwohnung (zB bei Verkaufspartys – erinnern Sie sich an Ihre letzte Tupperparty?[64]) oder
(2) anlässlich einer vom Unternehmer oder von einem Dritten zumindest auch im Interesse des Unternehmens durchgeführten Freizeitveranstaltung (zB Kaffeefahrt mit Verkaufsveranstaltung) oder
(3) im Anschluss an ein überraschendes Ansprechen in Verkehrsmitteln oder im Bereich öffentlich zugänglicher Verkehrsflächen

bestimmt worden ist (»Haustürgeschäft«). Diese abschließende Aufzählung enthält besondere Situationen, in denen eine gesteigerte **Überrumpelungsgefahr** besteht. § 312 gilt vor allem für gegenseitige Verträge – meist: Kaufverträge –, was aus dem Merkmal der »entgeltlichen Leistung« folgt.[65]

b) Rechtsfolgen

51d Unter den vorgenannten Voraussetzungen ist der Verbraucher gem. § 355 I 1 an seine gegenüber dem Unternehmer (oder Dritten) abgegebene Willenserklärung nicht mehr gebunden, wenn er sie fristgerecht widerrufen hat.

Der Widerruf bedarf keiner Begründung und ist in **Textform** (§ 126b, die auch bei elektronischen Willenserklärungen eingehalten ist) oder durch Rücksendung der Sache (vgl. im Einzelnen § 355 I 2) **innerhalb von zwei Wochen** zu erklären.

Zur Wahrung der Frist genügt die rechtzeitige Absendung des Widerrufs. Die Frist beginnt mit dem Zeitpunkt, in welchem dem Verbraucher eine Belehrung über sein Widerrufsrecht in Textform mitgeteilt worden ist. Der Inhalt dieser notwendigen Belehrung ist in § 355 II 1 geregelt.

---

64 Solche Werbeveranstaltungen fallen unter Abs. 1 S. 1 Nr. 1. Das gilt auch für den Fall, dass dem Verbraucher der Zweck der Verkaufsparty bekannt war, er also durch das Werbeangebot in der Privatwohnung nicht überrascht wurde. Die Schutzbedürftigkeit ergibt sich hier wie bei anderen »Haustür«-Situationen aus der mit der Party-Atmosphäre im Freundes- oder Bekanntenkreis verbundenen Gefahr der Beeinträchtigung der rechtsgeschäftlichen Entscheidungsfreiheit. HM, siehe unter anderem MüKoBGB/*Masuch* § 312 Rn. 64; Palandt/*Grüneberg* § 312 Rn. 15 mwN.

65 BGHZ 167, 40 (45).

Wird diese Belehrung **nach** Vertragsschluss mitgeteilt, beträgt die Frist einen Monat (§ 355 II 3).

Spätestens sechs Monate nach Vertragsschluss erlischt das Widerrufsrecht (§ 355 IV 1). Dies jedoch nur, wenn der Verbraucher ordnungsgemäß über sein Widerrufsrecht belehrt worden ist (§ 355 IV 3, der durch das OLGVertrÄndG eingeführt wurde[66]).

Die Folgen des wirksamen Widerrufs sind in § 357 unter Verweisung auf das gesetzliche Rücktrittsrecht (§§ 346 ff.) geregelt.

c) Ausschluss

Das Widerrufsrecht besteht nicht bei Versicherungsverträgen oder bei Vertragsschlüssen auf vorhergehende Bestellung des Verbrauchers oder bei Bargeschäften bis zu 40 EUR oder wenn die Willenserklärung des Verbrauchers durch einen Notar[67] beurkundet wurde (§ 312 III Nr. 1–3). **51e**

In diesen Fällen wird vom Gesetzgeber ein Schutzbedürfnis des Verbrauchers verneint.

Dies mag namentlich bei Versicherungsverträgen erstaunen. Diese werden dem Verbraucher oft unter Ausnutzung seiner Furcht vor dem versicherten Risiko, das dann aufgrund einer hinterhältigen Klausel der AVB doch nicht unter den Versicherungsfall fällt, gerade »an der Haustür« aufgeschwätzt. Diese Ausnahme wird jedoch kompensiert durch § 8 I VVG, der dem Versicherungsnehmer ein spezielles, ähnlich wie in § 355 ausgestaltetes Widerrufsrecht mit einer 14-Tage-Frist einräumt.

2. Rückgaberecht

Gem. § 312 I 2 kann dem Verbraucher anstelle des Widerrufsrechts ein Rückgaberecht nach § 356 eingeräumt werden, wenn ... (§ 312 I 2 zu Ende lesen!). **51f**

a) Voraussetzungen

Neben den Zulassungsvoraussetzungen für das Widerrufsrecht gem. § 312 I 1 Nr. 1–3 müssen für das Rückgaberecht gem. § 356 I folgende Voraussetzungen erfüllt sein: **51g**

(1) Im **Verkaufsprospekt** muss eine deutlich gestaltete Belehrung über das Rückgaberecht enthalten sein und **51h**
(2) der Verbraucher muss den Verkaufsprospekt in Abwesenheit des Unternehmers **eingehend zur Kenntnis nehmen können**.

b) Rechtsfolgen

Auch für das Rückgaberecht verweist § 357 I auf die entsprechende Anwendung der Vorschriften über das gesetzliche Rücktrittsrecht (§§ 346 ff.). **51i**

66 Durch das VerbrKrRL-UG wurde Abs. 4 (früher Abs. 3) redaktionell angepasst. Dazu NK-BGB/*Ring* § 355 Rn. 96.

67 Da dieser nach § 17 BeurkG eine Belehrungspflicht hat, besteht keine Überrumpelungsgefahr.

Vom Widerrufsrecht unterscheidet sich das Rückgaberecht insbesondere dadurch, dass es bei Sachen, die durch Pakete versandt werden können, ausschließlich durch Rücksendung der Ware und bei nicht paketversandfähigen Sachen innerhalb der Widerrufsfrist (die nicht vor Erhalt der Sache beginnt) durch Rücknahmeverlangen ausgeübt werden kann (§ 356 II). Ist der Verbraucher zur Rücksendung verpflichtet, erfolgt diese auf Kosten und Gefahr des Unternehmers (§ 357 II 1 und 2 – lesen! Auch: Satz 3).

3. Subsidiarität

51j Das Konkurrenzverhältnis der Vorschriften über Haustürgeschäfte zu anderen Verbraucherschutzvorschriften, die dem Verbraucher ein Widerrufsrecht einräumen, wird durch die Subsidiaritätsklausel von § 312a geregelt. Danach tritt das auf die Vertrags**abschluss**situation bezogene »Haustür«-Widerrufsrecht aus § 312 zurück, wenn dem Verbraucher ein anderweitiges (regelmäßig auf vertrags**inhalts**typische Gefährdungen abstellendes) Widerrufsrecht zusteht.[68]

Vorrang genießen also die anderweitigen Widerrufs- und Rückgaberechte unter anderem aus Verbraucherdarlehensverträgen (§ 495), Finanzierungshilfen, bei Teilzeitwohnrechteverträgen[69] nach § 485, bei Fernabsatzverträgen (→ Rn. 51 k ff.) nach § 312d und bei Fernunterrichtsverträgen nach § 4 I FernUSG.[70] Es kommt für den Vorrang dieser Rechte allein auf das Bestehen und die Möglichkeit ihrer Ausübung an. Wenn das anderweitige Widerrufsrecht nicht innerhalb der Fristen des § 355 I 2, III ausgeübt wird und deshalb erlischt, lebt das Widerrufsrecht des § 312 nicht auf.[71]

VI. Fernabsatzverträge

1. Vorbemerkung

51k Wie das »alte« AGBG und das HaustürWG wurde auch das nicht vertragstyporientierte FernAbsG in das allgemeine Schuldrecht integriert (→ Rn. 8). Eine Meisterleistung des Gesetzgebers, nachdem er gerade einmal eineinhalb Jahre zuvor zum 30.6.2000 das FernAbsG aus dem Boden gestampft und die §§ 361a und b (= mittlerweile weggefallen) eingeführt hatte.

Die §§ 312b ff. regeln den Umstand, dass ein Vertrag mit einem »Profi« (= einem Unternehmer iSv § 14 I) im Rahmen eines organisierten Systems unter ausschließlicher Verwendung von Fernkommunikationsmitteln geschlossen wird. Dies bedeutet also, dass sich die Vertragspartner weder im Zeitraum der Vertragsanbahnung noch im Zeitpunkt des Vertragsschlusses persönlich begegnen.

68 So auch Jauernig/*Stadler* § 312a Rn. 1.

69 Vgl. dazu *Wörlen/Metzler-Müller* SchuldR BT Rn. 137.

70 **Sie brauchen diese der vollständigen Information halber mitgeteilten Vorschriften jetzt nicht zu lesen!**

71 Allerdings ist das Widerrufsrecht zB in folgendem Fall nicht nach § 312a ausgeschlossen: Ein Verbraucher nimmt »an der Haustüre« unter den Voraussetzungen des § 312 I ein Verbraucherdarlehen in Höhe von 150 EUR auf. In diesem Fall besteht wegen § 491 II Nr. 1 kein Widerrufsrecht nach § 495.

Dieser Umstand weicht vom Normalfall des Vertragsschlusses so sehr ab, dass die vom Gesetzgeber im BGB normierte Vertragsfreiheit (→ Rn. 17 ff.), die das Aushandeln von Verträgen durch zwei gleich starke Partner voraussetzt, gestört ist.

2. Anwendungsbereich der §§ 312b ff.

Die Vorschriften über Fernabsatzverträge setzen als Vertragspartner **Verbraucher** (§ 13) und **Unternehmer** (§ 14) voraus (vgl. § 312b I – lesen!). Sie sind nur anzuwenden auf Verträge über die **Lieferung von Waren oder die Erbringung von Dienstleistungen**. Die Verträge müssen unter ausschließlicher Verwendung von **Fernkommunikationsmitteln** (vgl. dazu die Legaldefinition in § 312b II) abgeschlossen sein, und zwar im Rahmen eines für den Fernabsatz organisierten Vertriebs- oder Dienstleistungssystems (§ 312b I). **51l**

Ausnahmen des Anwendungsbereichs der Vorschriften über Fernabsatzverträge sind in § 312b III enumerativ geregelt.

3. Informationspflichten des Unternehmers

a) Vor Vertragsschluss

Der Gesetzgeber gibt dem Unternehmer bei Fernabsatzverträgen **umfangreiche Informationspflichten** bereits im Stadium der Vertragsanbahnung auf (§ 312c[72]) – das zentrale Mittel zum Schutz des Verbrauchers. Diesem sollen dadurch die notwendigen Grundlagen für die Ausübung des Widerrufs- oder Rückgaberechts verschafft werden. Der Unternehmer muss den Verbraucher rechtzeitig vor Vertragsschluss klar und verständlich sowie in einer dem eingesetzten Fernkommunikationsmittel entsprechenden Weise (zB telefonisch, per E-Mail oder postalisch) über den geschäftlichen Zweck des Vertrags informieren. Bei vom Unternehmer veranlassten Telefongesprächen muss dieser seine Identität und den geschäftlichen Zweck des Kontakts bereits zu Beginn eines jeden Gesprächs offen legen (§ 312c II). Hierbei handelt es sich um eine eigenständige Rechtspflicht, deren Verletzung zu einem Schadensersatzanspruch aus § 280 I (ggf. iVm §§ 311 II, 241 II) führen kann. **51m**

Die in Art. 246 §§ 1 und 2 EGBGB bestimmten Einzelheiten betreffen zB den Zweck und die Identität des Unternehmers (unter anderem: Firmensitz), den Preis und wesentliche Merkmale der Ware oder Dienstleistung, Lieferkosten, Garantiebedingungen, Liefervorbehalte, Zahlungsmodalitäten und das Widerrufs- oder Rückgaberecht. Es reicht also nicht aus, alles virtuell im Internet aufzubereiten (vgl. im Einzelnen Art. 246 §§ 1 und 2 EGBGB).

b) Nach Vertragsschluss

Spätestens bis zur vollständigen Erfüllung des Vertrags, bei Waren spätestens bei Lieferung an den Verbraucher, müssen die Informationen dem Kunden nochmals in **51n**

72 § 312c wurde durch das VerbrkrRL-UG mit Wirkung vom 11.6.2010 neu gefasst. In dem neuen Abs. 1 sind die bisherigen Abs. 1 und 2 zusammengefasst und vereinfacht worden. Vor diesem Zeitpunkt waren die Informationspflichten in der BGB-InfoV geregelt. Dort finden Sie nur noch die Informations- und Nachweispflichten von Reiseveranstaltern.

Textform mitgeteilt werden (vgl. Art. 246 § 2 EGBGB), Ausnahme: Art. 246 § 2 II EGBGB!

4. Widerrufs- und Rückgaberecht

51o Der Schutz des Verbrauchers besteht bei Fernabsatzverträgen gem. § 312d I 1 in dem gesetzlich eingeräumten Widerrufsrecht nach § 355. Dabei ist das Widerrufsrecht hinsichtlich der **Widerrufsfrist** abweichend von § 355 II 1 gestaltet. So beginnt die zweiwöchige Frist von § 355 I 2 **nicht vor Erfüllung der Informationspflichten durch den Unternehmer** und bei der Lieferung von Waren **nicht vor Empfang der Ware** (§ 312d II).

Unter bestimmten Voraussetzungen ist das Widerrufsrecht gem. § 312d IV Nr. 1–7 und V (lesen) ausgeschlossen. § 312d IV Nr. 5 hat als Ausschlusstatbestand besondere Bedeutung erlangt, da hiernach das Widerrufsrecht grundsätzlich nicht bei Fernabsatzverträgen besteht, die in Form von Versteigerungen (§ 156) geschlossen worden waren. Lange Zeit war heftig umstritten, ob diese Ausnahmeregel bei **Internetauktionen** eingreift.[73] Nach mittlerweile hM fallen Online-Auktionen nicht in den Anwendungsbereich des § 156. Denn bei diesen Auktionen kommt der Vertrag nicht durch Zuschlag des Auktionators, sondern unmittelbar durch das Höchstgebot des Ersteigerers und Zeitablauf (Ende der Laufzeit der Auktion) zustande[74]. Bei Verkäufen im Rahmen einer Internet-Auktion zwischen einem gewerblichen Anbieter und einem Verbraucher ist folglich das Widerrufsrecht des Verbrauchers gemäß § 312d I 1 nicht ausgeschlossen.[75]

Bei Verträgen über die Lieferung von Waren kann dem Verbraucher anstelle des Widerrufsrechts ein Rückgaberecht nach § 356 eingeräumt werden (§ 312d I 2).

§ 312, der durch das »Gesetz zur Anpassung der Vorschriften über den Wertersatz bei Widerruf von Fernabsatzverträgen und über verbundene Verträge« vom 27.7.2011[76] eingefügt wurde, enthält Sonderregelungen, die die Wertersatzpflicht des Verbrauchers für Nutzungen bei Widerruf eines Fernabsatzvertrages – entgegen den in § 357 I enthaltenen allgemeinen Regeln – einschränken. Hingegen ist die Wertersatzpflicht wegen Verschlechterungen der Sache für alle Fälle des Widerrufs einheitlich in § 357 III geregelt.

Die Muster für die Widerrufs- und Rückgabebelehrung (die bisher in der BGB-InfoV geregelt waren) haben seit 11.6.2010 Gesetzesrang. Denn mit dem »Gesetz zur Umsetzung der Verbraucherkreditrichtlinie, des zivilrechtlichen Teils der Zahlungsdienstrichtlinie sowie zur Neuordnung der Vorschriften über das Widerrufs- und Rückgaberecht« (nachgezählt? Der Titel umfasst 20 Wörter!) vom 29.7.2009[77] –

73 Ausführlich hierzu *Alpmann/Schmidt* SchuldR AT II Rn. 394 ff. mwN.

74 Siehe dazu auch *Wörlen/Metzler-Müller* BGB AT Rn. 288c mit Hinweis auf den »VW-Passat-Fall« und BGH NJW 2002, 363.

75 BGH Urt. v. 3.11.2004 – VIII 375/03, NJW 2005, 53 (54), MüKoBGB/*Busche* § 156 Rn. 3 sowie MüKoBGB/*Wendehorst* § 312 d Rn. 43 jeweils mwN.

76 BGBl. I 1600.

77 BGBl. I 2335; Gesetzesmaterialien: BT-Drs. 16/11643 (RE) und BT-Drs. 16/13669 (Beschlussempfehlung und Bericht Rechtsausschuss). Bei Interesse den Aufsatz von *Schröder* (Gesetz … zur Neuordnung der Vorschriften über das Widerrufs- und Rückgaberecht, NJW 2010, 1933) lesen.

VerbrKrRL-UG – wurden die bisherigen Muster in ein formelles Gesetz übernommen (vgl. § 360 III) und als Standort hierfür das EGBGB gewählt.

Die parallelen Regelungen in § 355 II 2 und § 357 III 2 können als »leges ebay« bezeichnet werden und sollen sicherstellen, dass Fernabsatzgeschäfte über eine Internetauktionsplattform und solche, die sich in einem »normalen« Internetshop vollziehen, rechtlich nicht unterschiedlich behandelt werden.[78]

5. Verbundene Verträge

Bei verbundenen Verträgen schließt der Verbraucher zwei Verträge ab, die als wirtschaftliche Einheit anzusehen sind: 51p

- Einen Vertrag über die Lieferung einer Ware oder die Erbringung einer anderen Leistung

und

- einen Verbraucherdarlehensvertrag iSd § 491, mit dem das Geschäft finanziert wird.

Das auf den einen Vertrag bezogene Widerrufsrecht kann dem Verbraucher allerdings nur dann einen effektiven Schutz gewähren, wenn es Auswirkungen auf den anderen Vertrag hat. Gleiches gilt für Einwendungen aus dem finanzierten Geschäft; denn diese helfen dem Verbraucher nur dann, wenn er sie auch den Ansprüchen aus dem Darlehensvertrag entgegenhalten kann. Deshalb sind in den §§ 358 ff. Sondervorschriften zum Schutz des Verbrauchers bei verbundenen Verträgen normiert.[79]

Die Voraussetzungen für verbundene Verträge (§ 358 III lesen!) sind:

a) Finanzierungsfunktion des Darlehens

Das Darlehen muss ganz oder zum Teil der Finanzierung des anderen Vertrages dienen. Es kann zunächst dem Verbraucher ausgezahlt und von diesem an den Unternehmer, mit dem der verbundene Vertrag geschlossen wurde, weitergeleitet oder unmittelbar von dem Kreditinstitut an den Unternehmer gezahlt werden.

b) Wirtschaftliche Einheit

Beide Verträge müssen sich aus der Sicht des Verbrauchers als eine wirtschaftliche Einheit darstellen. Nach § 358 III 2 wird eine solche Einheit unwiderlegbar vermutet, wenn der Darlehensgeber sich bei der Vorbereitung oder dem Abschluss des Verbraucherdarlehensvertrags der Mitwirkung des Unternehmers bedient.

Die **Rechtsfolgen** des verbundenen Vertrages bestehen in

- dem **Widerrufsdurchgriff** nach § 358 I, II: Der Widerruf des einen Vertrages hat zur Folge, dass der Verbraucher auch nicht mehr an den anderen Vertrag gebunden ist

sowie

---

78 BT-Drs. 16/11643, 70 (72).

79 Ausführlich hierzu (mit Beispielen): *Looschelders* SchuldR AT Rn. 149 ff.

- dem **Einwendungsdurchgriff** gem. § 359: alle rechtshindernden, rechtsvernichtenden und rechtshemmenden Einwendungen und Einreden aus dem verbundenen Vertrag können zukünftig dem Darlehensgeber als Einrede entgegengehalten werden.

VII. Pflichten im elektronischen Geschäftsverkehr

51q In § 312g wurden die Art. 10 und 11 der sog. E-Commerce-Richtlinie[80] umgesetzt, wonach die Mitgliedstaaten der EU unter anderem darauf zu achten hatten, dass ihre Rechtsvorschriften den Abschluss elektronischer Verträge ermöglichen. Diese Richtlinie schaffte die wesentlichen wirtschafts- bzw. zivilrechtlichen Rahmenbedingungen für den elektronischen Geschäftsverkehr (Internet und andere neue Informations- und Kommunikationsdienste). Neben der Rechtssicherheit für die Anbieter soll sie auch einen effektiven Schutz für die Kunden gewährleisten, die vom Unternehmer (§ 14) auf elektronischem Weg angebotene Waren oder Dienstleistungen bestellen.

1. Anwendungsbereich von § 312g

51r § 312g regelt den Fall, dass sich ein Unternehmer beim Vertragsschluss eines elektronischen Geschäftsverkehrs bedient. Mit Wirkung zum 1.8.2012 wurde diese Vorschrift durch das »Gesetz zur Änderung des Bürgerlichen Gesetzbuchs zum besseren Schutz der Verbraucherinnen und Verbraucher vor Kostenfallen im elektronischen Geschäftsverkehr und zur Änderung des Wohnungseigentumsgesetzes»[81] neugefasst. Der bisherige Abs. 1 (der nur redaktionell angepasst wurde) sowie die bisherigen Abs. 2 und 3 (= neue Abs. 5 und 6) regeln allgemeine Pflichten des Unternehmers im elektronischen Geschäftsverkehr. Die neu eingefügten Abs. 2–4 enthalten **besondere Pflichten des Unternehmers** im elektronischen Geschäftsverkehr **mit Verbrauchern.**[82]

In § 312g I Hs. 1 (lesen) wird der Anwendungsbereich von § 312g definiert, der immer dann eingreift, wenn sich ein Unternehmer zum Zwecke des Abschlusses eines Vertrages über die Lieferung von Waren oder über die Erbringung von Dienstleistungen der »**Telemedien**[83]« bedient. Der Begriff der »**Telemedien**« ist in § 312g nicht definiert. Er fällt allerdings unter den Oberbegriff »Telemediendienste«. Dieser wird in § 1 TMG von den Telekommunikationsdiensten und dem Rundfunk abgegrenzt, aber nicht mehr – wie im früheren § 2 TDG und § 2 MDStV – gesetzlich definiert. Bei den für § 312g relevanten Verträgen mittels Telemedien handelt es sich vor allem um Angebote im Bereich der Individualkommunikation und Angebote von Waren und

---

80 Vom 8.6.2000 = RL 2000/31/EG (ehemals § 312e, geändert in § 312g durch Gesetz v. 27.7.2011, BGBl. I 1600).

81 BGBl. I 1084.

82 Die Neuregelung des § 312g beruht inhaltlich auf den Vorgaben von Art. 8 II RL 2011/83 EU über die Rechte der Verbraucher, welche gemäß deren Art. 28 I bis zum 31.12.2013 in nationales Recht umgesetzt werden muss. Der Gesetzgeber hielt es jedoch für geboten, den **Schutz der Verbraucher vor Kostenfallen im Internet** bereits vor diesem Zeitpunkt gesetzlich zu regeln; vgl. Begründung zum Regierungsentwurf, BT-Drs. 17/7745, 9.

83 Durch die vorgenannte Neuregelung zum 1.8.2012 wurde in § 312g I der frühere Begriff des »Tele- und Mediendienstes« durch den neuen Begriff der »**Telemedien**« ersetzt. Hiermit sollte jedoch keine inhaltliche Änderung, sondern lediglich eine Anpassung an die Terminologie des Telemediengesetzes (TMG) und des Rundfunkstaatsvertrags (RStV) erfolgen; vgl. *Alexander* NJW 2012, 1985 (1987).

Dienstleistungen in elektronisch abrufbaren Datenbanken mit interaktivem Zugriff und unmittelbarer Bestellmöglichkeit (wie zB Onlineshopping, Tele- und Internetbanking, Teleshopping, Podcasts, Chatrooms). Nicht unter § 312g fallen hingegen Telemediendienste, die nicht der Vorbereitung eines Vertragsschlusses dienen, sondern nur »Verteildienste« erbringen.[84]

Wenn § 312g I Hs. 1 voraussetzt, dass sich ein Unternehmer »**zum Zwecke des Vertragsschlusses**« der Telemedien bedient, bedeutet dies, dass unter § 312g nur solche Telemedien fallen, die der Nutzer individuell elektronisch zum Zweck einer Bestellung abrufen kann. **51s**

Die Beschränkung von § 312g auf den elektronischen Geschäftsverkehr bedeutet, dass normaler Briefverkehr oder Telefonverkehr von dieser Vorschrift nicht erfasst wird.[85]

Welche Pflichten der Unternehmer gegenüber dem Kunden im Einzelnen hat, ist in § 312g I 1 Nr. 1–4 (lesen!) enumerativ aufgeführt. **51t**

Durch die Einfügung der Abs. 3 und 4 wurden für Verträge im elektronischen Geschäftsverkehr die bereits umfangreichen **Informationspflichten** nach Art. 246 §§ 1–3 EGBGB **gegenüber Verbrauchern erweitert**. Nach § 312g III muss der Bestellvorgang nun so gestaltet werden, dass der Verbraucher auf der letzten Seite des Bestellvorgangs, auf der er seine Bestellung an den Unternehmer abschickt, ausdrücklich bestätigt, sich zu einer Zahlung zu verpflichten. Wird für den Bestellvorgang eine Schaltfläche verwendet, was regelmäßig der Fall ist, muss die Schaltfläche gut lesbar und mit nichts anderem als den Wörtern »zahlungspflichtig bestellen« beschriftet sein (sog. »**Button-Lösung**«). Es kann auch eine andere eindeutige Formulierung verwendet werden, die einen entsprechenden Wortlaut hat.

Der neue Button ist keine bloße Formvorschrift. Wird die Vorschrift nicht eingehalten, kommt es zu keinem rechtswirksamen Vertrag – § 312g IV lesen!

§ 312g V 1 schränkt den Anwendungsbereich von Abs. 1 S. 1 Nr. 1–3 ein; § 312g V 2 legt fest, inwieweit eine vertragliche Abbedingung der Regelungen von Abs. 1 zulässig ist. Unabdingbar ist, da in Abs. 5 nicht genannt, die Pflicht des Unternehmers aus Abs. 1 S. 1 Nr. 4, wonach er dem Kunden die Vertragsbestimmungen bei Vertragsschluss in abrufbarer und speicherbarer Form zur Verfügung stellen muss.

In § 312g ist für Verträge im elektronischen Geschäftsverkehr kein eigenständiges Widerrufsrecht geregelt. Da allerdings bei Verbraucherverträgen über die Lieferung von Waren oder die Erbringung von Dienstleistungen im elektronischen Geschäftsverkehr auch die Voraussetzungen des § 312b vorliegen, besteht ein Widerrufsrecht nach § 312d. Darüber hinaus kann auch ein Widerrufsrecht nach den Regeln über Verbraucherkredite (§ 495) einschlägig sein. In all diesen Fällen beginnt die Widerrufsfrist – abweichend von § 355 III 1 – nach § 312g VI 2 nicht vor Erfüllung der in § 312g I 1 geregelten Pflichten.

Zum Schutz des Kunden, insbesondere des Verbrauchers, bestimmt § 312i, dass von den Bestimmungen der §§ 312–312h – soweit nichts anderes bestimmt ist – nicht zum Nachteil des Kunden abgewichen werden darf.

---

84 Siehe hierzu jurisPK-BGB/*Junker* § 312g Rn. 30; NK-BGB/*Ring* § 312g Rn. 19.

85 Palandt/*Grüneberg* § 312g Rn. 2.

- ■ Zum Abschluss dieser Regelungen zu »Besonderen Vertriebsformen«[86] eine Verständnisfrage: Wenn Sie die §§ 312–312g (vor allem: § 312g I) lesen – fällt Ihnen etwas zum persönlichen Anwendungsbereich dieser Vorschriften auf?
- ▶ Die §§ 312–312f setzen stets einen Vertragsschluss zwischen einem **Unternehmer** iSd § 14 und einem »**Verbraucher**« iSd § 13 voraus. Der § 312g I enthält nicht den Begriff des »Verbrauchers«, sondern den des »**Kunden**«.
- ■ Was ist der Unterschied?
- ▶ »**Kunde**« kann sowohl ein Verbraucher iSd § 13 als auch ein Unternehmer iSd § 14 sein.[87] **Jeder** »Kunde« ist hier also geschützt.

2. Rechtsfolgen von Pflichtverletzungen

a) Anfechtung durch den Kunden

51u Die Verletzung von Pflichten im elektronischen Geschäftsverkehr durch den Unternehmer kann in extremen Fällen dazu führen, dass der Kunde sich gar nicht bewusst ist, überhaupt eine verbindliche Willenserklärung abgegeben zu haben.

Sofern man mit einer Mindermeinung[88] das »Erklärungsbewusstsein« als Bestandteil einer wirksamen Willenserklärung voraussetzt, liegt in diesem Fall gar keine Willenserklärung vor, sodass der Kunde zu nichts verpflichtet ist.

Folgt man der hM,[89] die eine Willenserklärung auch ohne Erklärungsbewusstsein annimmt, muss der Kunde den Vertrag wegen Erklärungsirrtums gem. § 119 I, 2. Var. anfechten.

b) Haftung des Unternehmers

51v Verletzt der Unternehmer im E-Commerce Pflichten aus § 312g, wird darin regelmäßig die Verletzung von Schutz- und Rücksichtnahmepflichten iSv § 241 II zu sehen sein.

Sofern dies zu einem Schaden des Kunden führen sollte, könnte dies zu einer Haftung des Unternehmers aus § 280 I (dazu ausführlicher → Rn. 247 ff.) iVm §§ 311 II, 241 II führen.

VIII. Gesetzliche Schuldverhältnisse

52 Nachdem Sie erfahren haben, dass zur Begründung bzw. Entstehung von vertraglichen Schuldverhältnissen ein Vertrag und damit Willenserklärungen der Beteiligten erforderlich sind, können Sie den Grund für die Entstehung eines gesetzlichen Schuldverhältnisses selbst herausfinden. Denken Sie ein wenig nach!

- ■ Wodurch wird man Beteiligter eines gesetzlichen Schuldverhältnisses?
- ▶ Durch die Verwirklichung eines bestimmten gesetzlichen Tatbestands:

---

86 So die Überschrift von Untertitel 2, der die §§ 312–312 i umfasst.
87 Palandt/*Grüneberg* § 312g Rn. 3. Auch B2B-Geschäft (**Business-to-Business-Geschäft**) genannt, vgl. MüKoBGB/*Wendehorst* § 312g Rn 13; BeckOK BGB/*Mausch* § 312g Rn. 3.
88 Vgl. dazu *Wörlen/Metzler-Müller* BGB AT Rn. 131 ff.
89 Vgl. dazu *Wörlen/Metzler-Müller* BGB AT Rn. 131 ff.

Gesetzliche Schuldverhältnisse entstehen unabhängig von einem darauf gerichteten rechtsgeschäftlichen Willen der Beteiligten kraft Gesetzes durch die Verwirklichung eines bestimmten gesetzlich geregelten Tatbestands.

Die beiden wichtigsten gesetzlichen Schuldverhältnisse sind das der »ungerechtfertigten Bereicherung« (§§ 812 ff.) und das der »unerlaubten Handlung« (§§ 823 ff.). **53**

Sie brauchen diese und die folgenden Paragrafen ausnahmsweise nicht zu lesen; wir kommen darauf an anderer Stelle ausführlicher zu sprechen.[90]

Bei der »**ungerechtfertigten Bereicherung**« durch den Schuldner hat der Gläubiger kraft Gesetzes einen Anspruch auf **Herausgabe** bzw. Erstattung dessen, was der Schuldner ohne rechtlichen Grund erlangt hat.

Beim zweiten großen Komplex der gesetzlichen Schuldverhältnisse aus »**unerlaubter Handlung**« ist der Schuldner dem Gläubiger per Gesetz zur Schadensersatzleistung verpflichtet.

Zu nennen sind weiterhin das gesetzliche Schuldverhältnis der »**Geschäftsführung ohne Auftrag**«, bei dem jemand für einen anderen tätig wird, ohne dazu verpflichtet gewesen zu sein (§§ 677 ff.), und das der »**Haftung des Gastwirts**« (Beherbergungswirt) für eingebrachte Sachen (§§ 701 ff.). Auch bei diesen Schuldverhältnissen geht es namentlich um Schadensersatzansprüche.[91] **54**

Schließlich kann bereits die Aufnahme geschäftlicher Kontakte zur Begründung eines Schuldverhältnisses gem. § 311 II (lesen!) führen. Der Gesetzgeber bezeichnet dieses als »rechtsgeschäftsähnliches« Schuldverhältnis, obwohl es eigentlich auch ein gesetzliches Schuldverhältnis ist:[92] Durch die Aufnahme geschäftlicher Kontakte, wie in § 311 II Nr. 1–3 beschrieben, werden den Beteiligten die Pflichten nach § 241 II (lesen!) auferlegt, ohne dass es auf einen entsprechenden Willen der Beteiligten ankommt. – Lesen Sie abschließend Übersicht 4 (→ Rn. 55)!

Literatur zur Vertiefung (→ Rn. 8–55): *Alexander*, Neuregelungen zum Schutz vor Kostenfallen im Internet, NJW 2012, 1985; *Alpmann/Schmidt* SchuldR AT I 1. Teil 1. Abschnitt, SchuldR AT II, 3. Teil sowie BGB AT II 2. Teil; *Benning/Oberrath* AGB Rn. 4 ff.; *Blank*, Das Gebot der Rücksichtnahme nach § 241 Abs. 2 BGB im Mietrecht, ZGS 2004, 104; *Boente/Riehm*, Besondere Vertriebsformen im BGB, Jura 2002, 222; *Brox/Walker* BGB AT § 10; *dies.* SchuldR AT § 3 und § 4 Rn. 1–69; *Coester/Servatius*, Der verschenkte Computer (Zwischenprüfungsklausur: Zustandekommen eines Kaufvertrages mittels Fernkommunikationsmittel), Jura 2006, 296; *Coester-Waltjen*, Die Grundsätze der Vertragsfreiheit, Jura 2006, 436; *Dethloff*, Anbieterpflicht im E-Commerce, Jura 2003, 798; *dies.*, Vertragsschluss, Widerrufs- und Rückgaberecht im E-Commerce, Jura 2003, 730; *Esser/Schmidt* SchuldR AT I § 11; *Fikentscher/Heinemann* SchuldR §§ 16–24; *Grünberger*, Der Anwendungsbereich der AGB-Kontrolle, Jura 2009, 249; *Hansen*, ebay & Co. – Verbraucherschutz und Wettbewerbsrecht bei Internet-Auktionen, ZGS 2004, 455; *Habersack/Mayer*, Der Widerruf von Haustürgeschäften nach der »Heiniger-Entscheidung« des EuGH, WM 2002, 253; *Henssler/Graf von Westphalen*, Praxis der Schuldrechtsreform, Teil 4, §§ 305–310; *Hoeren/Müller*, Widerrufsrecht bei ebay-Versteigerungen, NJW 2005, 948; *Kittner* SchuldR 21. Kapitel; *Kötz*, Der Schutzzweck der AGB-Kontrolle – Eine rechtsökonomische Skizze, JuS 2003, 209; *Larenz* SchuldR AT § 29a; *Lettl*, Die wirksame Ausübung eines Widerrufsrechts nach

90 Vgl. *Wörlen/Metzler-Müller* SchuldR BT Rn. 360–386 (§§ 812 ff.) und Rn. 387–428 (§§ 823 ff.).
91 Weitere gesetzliche Schuldverhältnisse s. *Looschelders* SchuldR AT Rn. 229 mwN.
92 Wie hier: Hk-BGB/*Schulze* § 311 Rn. 12; Jauernig/*Stadler* § 311 Rn. 34; vgl. auch MüKoBGB/*Emmerich* § 311 Rn. 39.

§§ 312 ff. BGB und dessen Rechtsfolgen (§§ 355, 357 BGB), JA 2011, 9; *ders.*, Haustürgeschäft (§ 312 I 1 BGB) und Fernabsatzvertrag (§ 312d I 1 BGB), JA 2010, 694; *Löhnig/Gietl*, Grundfälle zum Recht der Allgemeinen Geschäftsbedingungen, JuS 2012, 393, 494; *Looschelders* SchuldR AT §§ 5–9, 18; *Medicus* BGB AT §§ 27 f.; *Medicus/Petersen* BürgerlR Rn. 67 ff.; *Medicus/Lorenz* SchuldR AT §§ 8–11; *Meinhof*, Neuerungen im modernisierten Verbrauchervertragsrecht durch das OLG-Vertretungsänderungsgesetz, NJW 2002, 2273; *Niebling* AGB 17 ff.; *Neideck*, Die Einbeziehung von AGB in der Fallbearbeitung, JA 2011, 492; *Paal*, Internetrecht – Zivilrechtliche Grundlagen, JuS 2010, 953; *Petersen*, Die Einbeziehung Allgemeiner Geschäftsbedingungen, Jura 2010, 667; *ders.*, Die Privatautonomie und ihre Grenzen, Jura 2011, 184; *Rott*, Heininger und die Folgen für das Widerrufsrecht, VuR 2002, 49; *Schlosser/Thewalt/Zirngibl*, Die AGB des Aufführungsveranstalters, Jura 2003, 118; *Schröder*, Gesetz … zur Neuordnung der Vorschriften über das Widerrufs- und Rückgaberecht, NJW 2010, 1933; *Steins*, Entwicklung der Informationspflichten im E-Commerce durch Rechtsprechung und Schuldrechtsreform, WM 2002, 53; *Timmerbeil*, Der neue § 355 III BGB – ein Schnellschuss des Gesetzgebers?, NJW 2003, 569; *Westermann/Bydlinski/Weber* SchuldR AT § 1 II.

Übersicht 4

Entstehung von vertraglichen und gesetzlichen Schuldverhältnissen 55

Gesetzliche Regelung des Rechts der Schuldverhältnisse:

§§ 241 – 853
(Buch 2 des BGB)

Definition Schuldverhältnis:

Unter einem Schuldverhältnis versteht man ein Rechtsverhältnis, in dem sich mindestens zwei Personen (Gläubiger und Schuldner) in der Weise gegenüberstehen, dass sie einander zu einer Leistung berechtigt oder verpflichtet sind.

Vertragliche Schuldverhältnisse . . .

entstehen durch sich deckende Willenserklärungen der Beteiligten (Angebot und Annahme). Zu ihrer Begründung ist regelmäßig ein **Vertrag** erforderlich (§ 311 I). Vertragliche Schuldverhältnisse sind immer Verpflichtungsgeschäfte (vgl. Übersicht 1, → Rn. 16).

§ 311 I

Aus § 311 I folgt neben der grundsätzlichen Notwendigkeit des Vertrags auch die

↓

Vertragsfreiheit

↙ ↘

Dazu gehören die **Abschlussfreiheit** und die **Gestaltungsfreiheit**. Die Verträge des Besonderen Schuldrechts stellen nur gesetzlich geregelte Typen vertraglicher Schuldverhältnisse dar. Sie können, sofern nicht ausdrücklich Gesetzesvorschriften (zB §§ 134, 138) entgegenstehen, beliebig modifiziert werden (gemischte Verträge; atypische Verträge = dispositives Recht!)

Gesetzliche Schuldverhältnisse . . .

entstehen unabhängig von einem darauf gerichteten Willen der Beteiligten kraft Gesetzes durch die Verwirklichung eines bestimmten Tatbestands. Das BGB kennt insbesondere folgende gesetzliche Schuldverhältnisse:

- Geschäftlicher Kontakt – § 311 II
- Geschäftsführung ohne Auftrag – §§ 677 ff.
- Haftung des Gastwirts – §§ 701 ff.
- Ungerechtfertigte Bereicherung – §§ 812 ff.
- Unerlaubte Handlung – §§ 823 ff.

3. Kapitel. Inhalt von Schuldverhältnissen

I. Vorbemerkung

Nachdem Sie gelesen haben, dass im Besonderen Teil des Schuldrechts mehrere gesetzliche Schuldverhältnisse und eine ungleich höhere Zahl von (typischen) vertraglichen Schuldverhältnissen angesprochen werden, wundert es Sie sicherlich nicht, dass sich das Allgemeine Schuldrecht vornehmlich mit Regelungen für die vertraglichen Schuldverhältnisse befasst. Das Schuldrecht wird von der Vertragsfreiheit beherrscht, und diese ermöglicht es – innerhalb der gesetzlichen Grenzen –, neben den gesetzlich typisierten Schuldverhältnissen eine Vielzahl weiterer rechtsgeschäftlicher Schuldverhältnisse zu begründen. **56**

Wenn die Parteien ein vertragliches Schuldverhältnis begründen wollen, müssen sie sich vor allem über den **Inhalt** dieses Schuldverhältnisses im Klaren sein. Dazu gehört unter anderem, dass sie sich über ihre jeweiligen **Leistungspflichten** und über die **Art** der geschuldeten Leistung geeinigt haben. Eine Einigung kommt, wie wir wissen, regelmäßig nach den §§ 145 ff. zustande. Zur Begründung eines vertraglichen Schuldverhältnisses sind bekanntlich **Angebot und Annahme** erforderlich, die sich decken müssen. **57**

Dies ist regelmäßig der Fall, wenn sich die Vertragsparteien über die **wesentlichen Vertragsbestandteile** einig sind. Zu den wesentlichen Bestandteilen eines Vertrags gehört zunächst die Festlegung der einander geschuldeten **Leistungen**.

Darüber hinaus können die Vertragsparteien sich insbesondere über die »Leistungsmodalitäten«, dh zB über die Beschaffenheit des Vertragsgegenstands sowie über Ort und Zeit der Leistung einigen; sie können bestimmen, welche Rechtsfolgen für den Fall der Nichterfüllung der Vertragspflichten eintreten sollen, unter welchen Voraussetzungen eine Partei vom Vertrag zurücktreten oder die Kündigung aussprechen darf und vieles andere mehr. **58**

II. Schranken der Inhaltsfreiheit

1. Gesetzliches Verbot oder Verstoß gegen gute Sitten

Welches der **Inhalt** der jeweilig geschuldeten Leistung ist, bestimmen grundsätzlich die Vertragspartner (vgl. »Vertragsfreiheit«, insbesondere Gestaltungsfreiheit → Rn. 17 ff.). **59**

Dabei ist im Prinzip alles erlaubt, was nicht verboten ist (→ Rn. 22 sowie *Wörlen/Metzler-Müller* BGB AT Rn. 282a–e). Gem. § 134 ist ein Rechtsgeschäft, das gegen ein gesetzliches Verbot, gem. § 138 ein solches, das gegen die guten Sitten verstößt, nichtig. Ein Verstoß im Sinne dieser Vorschriften liegt insbesondere dann vor, wenn ein Rechtsgeschäft zu einer verbotenen oder zu einer sittenwidrigen Leistung verpflichten soll (eine Vielzahl von Beispielen für Verbotsgesetze finden Sie bei Palandt/*Ellenberger* § 134 Rn. 14–25). Ein sittenwidriges Rechtsgeschäft liegt nach ständiger Rechtsprechung vor, wenn es gegen das Anstandsgefühl aller billig und gerecht Denkenden verstößt.[93] Forderungen auf eine verbotene oder sittenwidrige Leistung können folglich nicht durch ein vertragliches Schuldverhältnis begründet werden (zB Forderungen aufgrund von Schwarzarbeit oder von dienstpflichtwidrigen Handlungen von Beamten;[94] »Lohn«-Forderungen von Prostituierten sind dagegen nicht mehr sittenwidrig – vgl. § 1 ProstG, mit dessen Abkürzungen man durchaus andere Assoziationen verbinden könnte).

2. Konkrete Beschränkung für Schuldverhältnisse

60 Das in den §§ 134 und 138 ausgedrückte Prinzip erfährt für schuldrechtliche Verträge in den §§ 311b II und IV (zur Erinnerung: alle Vorschriften lesen!) noch zwei Konkretisierungen:

Nach § 311b II ist ein Vertrag, durch den sich ein Vertragspartner verpflichtet, sein künftiges Vermögen oder einen Bruchteil davon zu übertragen oder mit einem Nießbrauch[95] zu belasten, nichtig. Der Grund dafür ist, dass ein solcher Vertrag den Schuldner in eine zu weitgehende Abhängigkeit bringen würde.[96]

61 Nach § 311b IV ist ein schuldrechtlicher Vertrag, der sich auf den erbrechtlichen Erwerb aus dem Vermögen eines noch lebenden Dritten bezieht, ebenfalls nichtig. Hierfür wird als Grund angeführt, dass die in einem solchen Vertrag liegende Spekulation auf den Tod eines Dritten als anstößig erscheint. Zudem soll verhindert werden, dass jemand leichtsinnig einen möglichen künftigen Erwerb verschleudert.

Nach § 276 III kann dem Schuldner bei Pflichtverletzungen die Haftung wegen Vorsatzes nicht im Voraus erlassen werden, da ihm der Gläubiger damit schutzlos ausgeliefert wäre.[97]

III. Leistungspflicht

Entscheidend für die Charakterisierung des Schuldverhältnisses ist diejenige Leistungspflicht (§ 241 I), an deren Erfüllung der Gläubiger das stärkste Interesse hat.

1. Hauptleistungspflichten und Nebenleistungspflichten

62 Nehmen wir als Beispiel erneut den Kaufvertrag. Lesen Sie nochmals § 433 II! Gläubiger ist in Abs. 2 der Verkäufer, Schuldner ist der Käufer.

■ Wozu ist der Käufer als Schuldner verpflichtet, worin besteht seine Leistungspflicht?

▶ Der Käufer ist verpflichtet, den vereinbarten Kaufpreis zu zahlen und die gekaufte Sache abzunehmen. Darin bestehen seine Leistungspflichten.

■ An der Erfüllung welcher Leistungspflicht hat der Gläubiger, der Verkäufer, im Normalfall das größere Interesse?

---

93 So unter anderem BGH Urt. v. 19.7.2004 – II ZR 217/03, NJW 2004, 2668 (2670); ständige Rechtsprechung seit RGZ 48, 114 (124).

94 *Medicus/Lorenz* SchuldR AT Rn. 128.

95 Lesen Sie § 1030 – dazu *Wörlen/Kokemoor* SachenR Rn. 366–377.

96 Vgl. *Medicus/Lorenz* SchuldR AT Rn. 129.

97 Vgl. *Alpmann/Schmidt* SchuldR AT I Rn. 19.

▶ Im Normalfall an der Zahlung des Kaufpreises!

Auch an der Abnahme ist er interessiert, vor allem, wenn es sich um große sperrige Gegenstände handelt, die in seinem Warenlager sehr viel Platz beanspruchen, oder wenn es sich um verderbliche Ware handelt.

Die Zahlung des Kaufpreises ist beim Kaufvertrag die **Hauptleistungspflicht** des Käufers.

■ Wie würden Sie im Gegensatz zu dieser Hauptleistungspflicht die Pflicht des Käufers zur Abnahme der Sache bezeichnen? 63

▶ Man spricht von einer »Nebenleistungspflicht« des Schuldners. Haupt- und Nebenleistungspflichten gibt es nicht nur beim Kaufvertrag, sondern in jedem vertraglichen Schuldverhältnis. Wenngleich das, wie beim Kaufvertrag in § 433 II mit der Abnahmepflicht des Käufers, nicht in jedem einzelnen der im Besonderen Teil des Schuldrechts gesetzlich typisierten Schuldverhältnisse ausdrücklich festgelegt ist, gibt es dennoch zwei Vorschriften, aus der sich solche Nebenleistungspflichten (auch: »Nebenpflichten«) des Schuldners für jeden Vertrag herleiten lassen.

■ Wo würden Sie solche Vorschriften suchen?

▶ Im Allgemeinen Teil des Schuldrechts, der ja für alle besonderen Schuldverhältnisse gilt! Sofern Sie dem Hinweis, alle zitierten Vorschriften sogleich im Gesetz nachzulesen, gefolgt sind, haben Sie die beiden Paragrafen dazu schon einmal gelesen.[98]

2. Der Grundsatz von Treu und Glauben

Lesen Sie § 242 BGB (nochmals?). 64

In dieser Vorschrift ist der »Grundsatz von Treu und Glauben« festgeschrieben, der alle Schuldverhältnisse bzw. das gesamte Verhalten der an einem Schuldverhältnis Beteiligten beherrscht.

§ 242 ist so etwas wie eine juristische Zauberformel! Wenn auf irgendeinen Sachverhalt keine Vorschrift mehr passt: mit den scheinbar schwammigen Begriffen »Treu und Glauben« und »Rücksicht auf die Verkehrssitte« lässt sich fast jeder Fall lösen.

Was es zu diesen Begriffen an Theorien gibt, ist kaum vorstellbar. Dazu ein Beispiel, das für sich spricht: Es gibt zum BGB sehr viele Kommentare verschiedenen Umfangs. Ein Standardwerk zB,[99] das mit Sicherheit in jeder Rechtsabteilung eines wirtschaftlichen Unternehmens zu finden ist, ist der Kommentar von *»Palandt«*, ein Werk von 2528 (betr. das BGB) winzig bedruckten Seiten. Wenn Sie berücksichtigen, dass das BGB 2385 Paragrafen hat und allein 13 Seiten dieses Kommentars § 242 gewidmet sind, können Sie sich vorstellen, wie wichtig diese Vorschrift genommen wird. Ein auf ca. 70 Bände konzipierter Kommentar (*Staudinger*), von dem jeder Band gut 1000–1500 Seiten hat, enthält sogar einen Band allein über § 242! Da Sie aber nicht ausgebildet werden, um juristisches »Erbsenzählen« zu lernen, brauchen Sie sich mit solchen Wälzern als Wirtschaftswissenschaftler oder juristischer Studienanfänger nicht aufzuhalten.

---

98 **→ Rn. 7 = §§ 241 II und 242.**

99 **Vgl. oben »Vorwort zur ersten Auflage«.**

Sie müssen aber wissen, dass es das Prinzip von Treu und Glauben im Allgemeinen Schuldrecht gibt.

Dieses Prinzip beruht im Wesentlichen auf dem Grundsatz des Vertrauens in ein bestimmtes faires und rechtmäßiges Verhalten der an einem Schuldverhältnis Beteiligten. Aus diesem Grundsatz hat die Rechtsprechung unter anderem hergeleitet, dass die Vertragspartner außer ihren Hauptleistungspflichten auch Nebenleistungspflichten und schließlich sog. »Rücksichtnahme-, Schutz- und Sorgfaltspflichten« haben.[100]

Mit der Schuldrechtsreform wurde dieses Prinzip in § 241 II (lesen!) konkretisiert (→ Rn. 7).

3. Arten der Nebenleistungspflichten

Die Nebenleistungspflichten sind auf die Hauptleistungspflichten bezogen; sie sollen deren Erfüllung unterstützen und fördern. Sie haben also eine **»dienende Funktion« und verfolgen keinen eigenständigen Zweck**.[101]

a) Selbstständige und unselbstständige Nebenleistungspflichten

65 Grundsätzlich unterscheidet man nach hM zwischen **selbstständigen und unselbstständigen Neben(leistungs)pflichten**, wobei sich die Unterscheidung vor allem auf die Klagbarkeit bezüglich der Erfüllung dieser Nebenpflichten bezieht.[102]

aa) Selbstständige, leistungsbezogene Nebenpflichten

65a Selbstständige Nebenpflichten dienen der Vorbereitung, Durchführung und Sicherung der Hauptleistung[103] durch eigene Zwecksetzung. Hierbei handelt es sich insbesondere um Anzeige-, Auskunfts- oder Rechenschaftspflichten. Der Gläubiger kann vom Schuldner die Erfüllung dieser Nebenpflichten verlangen und den Anspruch selbstständig einklagen.[104]

65b **Beispiel:** Für die Abtretung von Forderungen (→ Rn. 279 ff.) bestimmt § 402, dass der bisherige Gläubiger einer abgetretenen Forderung verpflichtet ist, dem neuen Gläubiger die zur Geltendmachung der Forderung nötige Auskunft zu erteilen und die zum Beweis der Forderung dienenden Urkunden auszuliefern. Erfüllt der bisherige Gläubiger seine Auskunfts- und Auslieferungspflicht nicht, kann der neue Gläubiger auf Erfüllung dieser selbstständigen Nebenpflicht klagen.

bb) Unselbstständige, nicht leistungsbezogene Nebenpflichten

65c Auf die Erfüllung unselbstständiger Nebenpflichten besteht kein selbstständiger, einklagbarer Anspruch. Die Verletzung solcher Nebenpflichten kann jedoch Schadensersatzansprüche auslösen. Hierzu gehören insbesondere Rücksichtnahmepflichten

100 Eine etwas ausführlichere und wissenschaftlichere Darstellung von »Treu und Glauben als allgemeines Prinzip« findet sich bei *Medicus/Lorenz* SchuldR AT Rn. 138–155. Der Beginn seines Hinweises auf einschlägige Literatur lautet: »fast unübersehbar, vgl. die riesigen Literatur-Übersichten bei MüKoBGB/*Roth* und Staudinger/*J. Schmidt* zu § 242 sowie …«.

101 So *Looschelders* SchuldR AT Rn. 12.

102 *Brox/Walker* SchuldR AT § 2 Rn. 8, 11 f.; MüKoBGB/*Bachmann/Roth* § 241 Rn. 53.

103 Palandt/*Grüneberg* § 241 Rn. 5.

104 Hk-BGB/*Schulze* Vorbem. zu §§ 241–853 Rn. 21.

wie Fürsorge- und Obhutspflichten, Treuepflichten, Mitwirkungspflichten und Aufklärungspflichten,[105] auf die sogleich noch einzugehen ist.

Diese unselbstständigen Nebenpflichten dienen vor allem dem Schutz der Person und des Vermögens der anderen Partei (sog. »Integritätsinteresse«). Man bezeichnet diese Nebenpflichten daher allgemein auch als »Schutz- und Sorgfaltspflichten« oder »Verhaltenspflichten«.

Aufgrund dieser Verhaltenspflichten müssen beide Parteien darauf achten, bei der Vertragsabwicklung der anderen Partei keinen Schaden zuzufügen. Erleidet eine Partei aufgrund der Verletzung einer solchen Verhaltenspflicht durch die andere Partei dennoch einen Schaden, so ist von der verletzenden Partei konsequenterweise Schadensersatz zu leisten. Anspruchsgrundlage ist im Regelfall § 280 I, auf den wir unter anderem bei der Leistungsstörung »Schlechterfüllung« (→ Rn. 232 ff.) noch ausführlich eingehen werden.

> **Beispiel:** Der mit dem Streichen der Raufasertapeten im Zimmer des B beauftragte Malermeister U hat den Teppichboden des Raumes nicht richtig abgedeckt und hinterlässt auf diesem Farbkleckse. Die Reinigungskosten betragen 200 EUR.

b) Rechtsgrundlagen für Nebenpflichten

Nebenpflichten können sich, wie soeben (→ Rn. 63) gesehen, aus spezialgesetzlichen Regelungen (zB Abnahmepflicht des Käufers in § 433 II Hs. 2) oder aus den allgemeinen Regelungen (→ Rn. 64) von § 242 und § 241 II ergeben. 65d

Aufgrund ihrer Gestaltungsfreiheit (Vertragsfreiheit, → Rn. 17 ff.) steht es den Parteien darüber hinaus selbstverständlich frei, Nebenpflichten vertraglich zu vereinbaren.

aa) Vertragliche Vereinbarungen

Auch für die Vereinbarung von Nebenpflichten gilt der Grundsatz, dass alles erlaubt ist, was nicht verboten ist (→ Rn. 59). 65e

Sind die Vereinbarungen unklar oder unvollständig, sind Inhalt und Umfang der Nebenpflicht durch ergänzende Vertragsauslegung[106] zu ermitteln.

> **Beispiel:** K kauft von V eine vierteilige Stereoanlage. Die Parteien vereinbaren, dass V die Anlage an die bei K vorhandenen Lautsprecher anschließen soll, ohne die Art und Weise des Anschlusses näher festzulegen.
> Hier ist durch ergänzende Vertragsauslegung zu ermitteln, wie V die vereinbarte Nebenpflicht erfüllen muss, wobei die örtlichen Gegebenheiten zu berücksichtigen sind: Art der bereits bei K verwendeten Kabel, Verlegung durch Kabelkanäle, an Fußbodenleisten oder freie Verlegung uÄ.

Vertraglich vereinbarte Nebenpflichten sind grundsätzlich selbstständige Nebenpflichten.

bb) Spezialgesetzliche Regelungen

Auch spezialgesetzliche Regelungen enthalten regelmäßig selbstständige Nebenpflichten, wie (→ Rn. 65a) zB Anzeige-, Auskunfts- und Rechenschaftspflichten. 65f

---

105 *Esser/Schmidt* SchuldR AT I § 6 IV.

106 Vgl. *Wörlen/Metzler-Müller* BGB AT Rn. 146 ff., und zur Auslegung im Allgemeinen Rn. 155 ff.

Beispiele:
- Die oben (→ Rn. 65b) erwähnte Auskunfts- und Auslieferungspflicht nach § 402.
- Die Auskunfts- und Rechenschaftspflicht des Beauftragten gem. § 666 (lesen Sie zur ersten Information auch § 662, der das Wesen des Auftrags beschreibt), auf den in § 681 S. 2 und auch in § 713 verwiesen wird (die beiden letztgenannten Vorschriften »müssen« Sie jetzt nicht lesen . . .).[107]
- Für den Arbeitgeber als »Dienstberechtigten« iSv § 611 (lesen) ergibt sich aus § 617 eine Fürsorgepflicht (Pflicht zur Krankenfürsorge) und aus § 618 eine Pflicht zu Schutzmaßnahmen zum Schutze des Arbeitnehmers (»Dienstverpflichteter« iSv § 611).
- Beim Sachkauf ergeben sich spezialgesetzlich festgeschriebene Nebenpflichten des Käufers außer aus § 433 II Hs. 2 (→ Rn. 63, → Rn. 65d) auch aus § 446 S. 2 Hs. 2 (Lastentragung) und § 448 I Hs. 2 (Abnahme- und Transportkosten); der Verkäufer muss gem. § 448 I Hs. 1 die Kosten der Übergabe tragen.

cc) Die allgemeine Regelung gem. § 242

65g Dass der Schuldner auch ohne vertragliche Vereinbarung und spezialgesetzliche Regelung eine Vielzahl von Nebenpflichten haben kann, die sich aus § 242 ergeben können, wurde schon (→ Rn. 64) angedeutet. Aufgrund des Prinzips von Treu und Glauben kann der Inhalt des Schuldverhältnisses ergänzungsbedürftig sein, insbesondere durch die Begründung von Nebenpflichten wie Auskunfts-, Aufklärungs- und Mitwirkungspflichten bei der Vorbereitung, Durchführung und Sicherung der Hauptleistung.[108] Aus § 242 wurden vor der Schuldrechtsreform auch die oben (→ Rn. 64) genannten Schutz- und Sorgfaltspflichten hergeleitet, die nunmehr von § 241 II (→ Rn. 65m–66) erfasst werden. Was nicht unter § 241 II »passt« (weil der reformierte Gesetzeswortlaut nicht eindeutig und abschließend ist), »passt« allemal weiterhin unter § 242.

Überwiegend handelt es sich auch bei den aus § 242 hergeleiteten Nebenpflichten um (auf Erfüllung) einklagbare, selbstständige »leistungsbezogene« Nebenpflichten, während § 241 II sich auf unselbstständige, »nicht leistungsbezogene« Nebenpflichten bezieht.

(1) Auskunfts- und Rechenschaftspflichten

65h Auskunfts- und Rechenschaftspflichten sind selbstständig einklagbare Nebenpflichten. Sofern sie sich nicht aus spezialgesetzlichen Regelungen, von denen einige oben (→ Rn. 65f) genannt sind, ergeben, bestehen sie nach Treu und Glauben iSv § 242 unter folgenden Voraussetzungen:[109]

- Der **Auskunftsberechtigte** muss über das Bestehen seiner Rechte entschuldbar im Ungewissen sein.
- Der **Auskunftsberechtigte** darf **nicht** in der Lage sein, sich auf zumutbare Weise die Informationen anderweitig zu beschaffen, dh er ist auf die Informationen des Auskunftsverpflichteten angewiesen.
- Der **Auskunftsverpflichtete** muss die erforderliche Auskunft **unschwer** erteilen können, dh die Auskunftserteilung muss ihm zumutbar sein.

107 Weitere Beispiele: §§ 681, 687 II, 1379, 2057, 2127, 2130 II, 2218.
108 Hk-BGB/*Schulze* § 242 Rn. 2 sowie Rn. 65a.
109 Vgl. Hk-BGB/*Schulze* § 242 Rn. 19.

Der Umfang der Auskunftspflicht ist durch Abwägung der beiderseitigen Interessen im Einzelfall zu bestimmen. Die Auskunftspflicht kann zB dadurch eingeschränkt sein, dass die Parteien des Schuldverhältnisses Konkurrenten sind.[110]

(2) Mitwirkungspflichten

Mitwirkungspflichten bestehen aufgrund von Treu und Glauben für beide Vertragsparteien, wenn die Erreichung des Vertragszwecks ein Zusammenwirken bei der Vertragsdurchführung erfordert. Insbesondere sind eventuelle Erfüllungshindernisse zu beseitigen. Diese Nebenpflichten sind leistungsbezogen und ebenfalls selbstständig einklagbar. Häufig entstehen Mitwirkungspflichten bei genehmigungsbedürftigen Rechtsgeschäften (zB wenn die Durchführung des Vertrages eine behördliche Einfuhr-, Veräußerungs- oder Baugenehmigung erfordert).[111] **65i**

Dazu folgender Fall:

Übungsfall 3[112]

Mit notariellem Vertrag verkaufte V dem K ein im Außenbereich der Stadt liegendes ca. 7.300 qm großes Grundstück als »Industriebaugelände« und ließ es ihm auf[113] (vgl. § 925). Daraufhin versagte die Baubehörde die Genehmigung[114] zur Auflassung (nach dem früher – 1967 – geltenden § 19 II Nr. 1 BBauG . . .), weil noch kein genehmigungsfähiger Bebauungsplan vorliege; nach aufsichtsbehördlicher Genehmigung des für diesen Bereich aufgestellten Bebauungsplans könnte der Antrag erneut gestellt und genehmigt werden. Der Vertrag müsse aber durch Streichung der Worte »als Industriebaugelände« neu formuliert werden.

Hat K gegen V einen Anspruch auf Streichung der »Industriebaugelände-Klausel«, dh auf Zustimmung zur Änderung des Vertragsinhalts?

■ Es geht um die Erfüllung des Kaufvertrags K – V. Welchen Anspruch hat der Käufer gegen den Verkäufer?

▶ Gem. § 433 I 1 ist der Verkäufer verpflichtet, dem Käufer die Sache zu übergeben und ihm das Eigentum daran zu verschaffen.

Da man ein Grundstück schlecht »übergeben« kann[115], nachdem man sich über den Eigentumsübergang geeinigt hat, sieht § 873 I anstelle der Übergabe die Eintragung ins Grundbuch vor. Diese Einigung bedarf der Form des § 925 I 1 (Auflassung).[116] **65j**

Seine Auflassungserklärung hat V vor dem Notar abgegeben, doch steht der Vertragserfüllung die versagte behördliche Genehmigung entgegen, aufgrund derer der Verwendungszweck »Industriebaugelände« aus dem Vertragstext gestrichen werden muss. Die Zustimmung des V zur Vertragsänderung könnte eine Nebenleistungspflicht des V sein.

■ Woraus könnte sich diese Nebenleistungspflicht ergeben?

▶ Sie könnte sich aus § 433 I 1 iVm § 242 ergeben.

---

110 Hk-BGB/*Schulze* § 242 Rn. 19 unter Hinweis auf BGH MDR 1976, 119.

111 Hk-BGB/*Schulze* § 242 Rn. 17.

112 Nach BGHZ 67, 34 ff.

113 Lesen Sie § 873 I und § 925 I.

114 »Genehmigung« im öffentlichen Recht hat nicht die Bedeutung wie »Genehmigung« iSv § 184 BGB, dh, baurechtliche Genehmigungen müssen vorher erteilt werden.

115 Heben Sie das Grundstück einmal hoch und übergeben Sie es dem Käufer . . .

116 Dazu *Wörlen/Kokemoor* SachenR Rn. 211, 227 ff.

■ Welches sind die Voraussetzungen für einen Anspruch – zunächst – aus § 433 I 1?
▶ Ein wirksamer Kaufvertrag iSv § 433. Und, da es sich um einen Grundstückskaufvertrag handelt, iVm § 311b I 1 (lesen!).

65k Diese Voraussetzungen sind erfüllt. Der Kaufvertrag (Verpflichtungsgeschäft[117]) ist wirksam.

V kann seine Hauptleistungspflicht, dem K gem. §§ 873, 925 das Eigentum an dem Grundstück zu verschaffen, jedoch nicht erfüllen, solange die Baubehörde die Auflassungsgenehmigung nicht erteilt hat. Da dies nur geschehen wird, wenn die »Industriebaugelände«-Klausel gestrichen wird, kann sich aus dem Kaufvertrag gem. § 242 nach Treu und Glauben die Nebenleistungspflicht des V ergeben, sich mit der Streichung der Klausel einverstanden zu erklären, damit seine Hauptleistungspflicht erfüllt werden kann. Um festzustellen, ob eine Nebenleistungspflicht – hier: die Mitwirkungspflicht des V – besteht, müssen die Interessen der Vertragsparteien unter Berücksichtigung des Vertragszwecks abgewogen werden. Zum einen muss der Gläubiger zur Erreichung des Vertragszwecks auf die Mitwirkung (Nebenleistung) des Schuldners angewiesen sein. Zum anderen muss dem Schuldner die Erbringung der Nebenleistung zumutbar sein. Dies wäre zB nicht der Fall, wenn dem Schuldner nach Erfüllung seiner Nebenpflicht zusätzliche Verpflichtungen auferlegt würden oder sich der Vertragsinhalt bzw. -gegenstand wesentlich ändern würde.

■ Wie würden Sie unseren Fall nach Abwägung der Interessen von K und V entscheiden? (Überlegen Sie wieder selbst, machen Sie sich Notizen, bevor Sie weiterlesen.)
▶ Da die Hauptleistung des V, dem K das Eigentum an dem Grundstück zu übertragen, nur erbracht werden kann, wenn die von der Genehmigungsbehörde beanstandete Vertragsklausel mit Zustimmung des V gestrichen wird, ist K zur Erreichung des Vertragszwecks auf die Mitwirkung des V angewiesen. Diese Mitwirkung ist dem V auch zumutbar. Die Zustimmung zur Streichung der beanstandeten Klausel hätte keine neuen Verpflichtungen des V zur Folge, sondern würde gerade dazu führen, dass V seine gem. § 433 I 1 iVm § 311b I 1 bereits bestehende Verpflichtung zur Eigentumsverschaffung erfüllen kann.

Somit hat V gem. § 433 I 1 iVm § 242 die leistungsbezogene Nebenpflicht, bei der Änderung des Vertragstextes mitzuwirken,[118] damit er seine Hauptleistungspflicht erfüllen kann.

(3) Nachvertragliche Nebenpflichten

65l Nachvertragliche Nebenpflichten können nicht leistungsbezogene Nebenpflichten gem. § 241 II (→ Rn. 65m) oder sich aus § 242 ergebende selbstständig einklagbare Pflichten sein.[119]

Beispiele für Letztere sind:
- Konkurrenz- und Wettbewerbsverbote; so darf etwa der Verkäufer eines Unternehmens mit Kundschaft nicht in Wettbewerb zu dem Käufer treten.[120]

117 Vgl. »Abstraktionsprinzip« und *Wörlen/Metzler-Müller* BGB AT Rn. 243 ff.
118 BGHZ 67, 34 (35).
119 Hk-BGB/*Schulze* § 242 Rn. 20.
120 Palandt/*Grüneberg* § 242 Rn. 29 unter Hinweis auf Palandt/*Ellenberger* § 157 Rn. 17.

- Verpflichtung zur Verschwiegenheit nach Beendigung eines Dienstverhältnisses.[121]
- Gewährung von Einsicht in die Krankenunterlagen nach Beendigung der Behandlung.[122]
- Produktbeobachtung durch den Produzenten.[123]

Je nach Verstoß gegen diese Nebenpflichten durch den Schuldner kann der Gläubiger dagegen eine Unterlassungsklage[124] erheben und ggf. Schadensersatz nach § 280 I verlangen.

Schuldhafte Pflichtverletzungen bei leistungsbezogenen, selbstständigen Nebenpflichten können also zum **Schadensersatzanspruch nach § 280 I** führen.

dd) Die allgemeine Regelung gem. § 241 II

Gem. § 241 II »kann« ein Schuldverhältnis nach seinem Inhalt jeden Teil zur Rücksicht auf die Rechte, Rechtsgüter und Interessen des anderen Teils verpflichten. **65m**

Aus der Formulierung »kann« lässt sich schließen, dass der Gesetzgeber offenbar davon ausging, dass es auch Schuldverhältnisse gibt, die nicht zur Rücksichtnahme verpflichten. Ein solches Schuldverhältnis ist allerdings kaum vorstellbar, da der Grundsatz, dass die Parteien eines jeden Schuldverhältnisses verpflichtet sind, sich so zu verhalten, dass die Rechte und Rechtsgüter der anderen Partei nicht verletzt werden, bereits (vor der im Rahmen der Schuldrechtsreform vorgenommenen Normierung von § 241 II) durch die Rechtsprechung zu § 242 seit langem anerkannt war. Das Wort »**kann**« verweist deshalb lediglich auf die unterschiedliche Intensität der Rücksichtnahme und bringt darüber zum Ausdruck, dass Rücksichtnahme auch dann geschuldet ist, wenn sie nicht eigens vereinbart wurde[125]. Bei den in § 241 II angesprochenen Pflichten zur Rücksichtnahme handelt es sich um **Verhaltenspflichten** in Form von unselbstständigen, nicht leistungsbezogenen Nebenpflichten (→ Rn. 65c). Es besteht, wie gesagt, kein eigener, einklagbarer Anspruch auf Erfüllung dieser Pflichten, sondern ihre Verletzung kann Schadensersatzansprüche nach den §§ 280 ff. auslösen. Unter die von § 241 II erfassten Pflichten fallen vor allem **Aufklärungspflichten und Schutzpflichten,**[126] wobei die Abgrenzung nicht immer einheitlich ist.[127]

(1) Aufklärungspflichten

Aufklärungspflichten zielen darauf ab, dass jeder Vertragspartner den anderen über mögliche Gefahren bei der Durchführung des Vertrags aufklären muss. **65n**

Aufklärungspflichten (»Hinweis-, Anzeige-, Offenbarungs-, Mitteilungs- bzw. allgemeine Informationspflichten«[128]) bestehen nur dann, wenn die andere Partei des Schuldverhältnisses nach den im Geschäftsverkehr herrschenden Anschauungen eine

121 BGHZ 80, 28.
122 BGHZ 85, 331.
123 BGHZ 99, 173.
124 Hk-BGB/*Schulze* § 241 Rn. 11.
125 So MüKoBGB/*Bachmann/Roth* § 241 Rn. 48 mwN.
126 Palandt/*Grüneberg* § 241 Rn. 7.
127 Hk-BGB/*Schulze* § 241 Rn. 6 und 7 geht vom Oberbegriff »Schutzpflichten« aus und teilt diese in Hauptgruppen ein, unter die auch Aufklärungspflichten einzureihen sind; *Alpmann/Schmidt* SchuldR AT I 2. Teil 4. Abschn. stellt unter § 241 II neben die Aufklärungs- und Schutzpflichten noch sog. »Leistungstreuepflichten«, die den Schuldner verpflichten, alles zu unterlassen, was den Vertragszweck beeinträchtigen oder gefährden könnte.
128 Hk-BGB/*Schulze* § 241 Rn. 7.

Aufklärung erwarten darf. Die Annahme einer Aufklärungspflicht hängt danach von den Umständen und dem Inhalt des jeweiligen Schuldverhältnisses ab, insbesondere von der Art und dem Gegenstand des Geschäfts, wobei auch der unterschiedliche Erfahrungs- und Wissensstand zwischen den Parteien zu berücksichtigen ist.[129] Die Verletzung von Aufklärungspflichten betrifft vielfach die Phase der (vor)vertraglichen Verhandlungen und führt dann zu einer Haftung aus § 280 I iVm § 311 II (→ Rn. 247 ff.), der auf § 241 II verweist.

Beispiele[130]**:**
- Bei Verhandlungen über die Vertragsaufhebung muss der Kreditgeber darüber informieren, dass die vorgesehene, das Kündigungsrecht ausschließende Art der Refinanzierung nicht durchgeführt worden ist.
- Der Unternehmer muss den Handelsvertreter über mögliche Lieferschwierigkeiten oder eine beabsichtigte Betriebsstilllegung rechtzeitig informieren.
- Der Schuldner muss dem Gläubiger zumindest auf ausdrückliches Befragen den wirklichen Grund für das Ausbleiben seiner Leistung mitteilen.
- Der Verkäufer eines Gebrauchtwagens hat die Pflicht (die man auch als »Offenbarungspflicht« bezeichnet), den Käufer darauf hinzuweisen, dass das Auto bei einem Verkehrsunfall beschädigt wurde, sofern nicht lediglich ein Bagatellschaden vorlag.
- Der Veranstalter einer Flugpauschalreise ist verpflichtet, Reisende auf einen drohenden Hurrikan im Zielgebiet hinzuweisen.

(2) Schutzpflichten

65o Jedes Schuldverhältnis begründet für beide Parteien, wie bereits mehrfach angedeutet, umfangreiche Schutzpflichten (Verhaltenspflichten, → Rn. 65c). Unter einer Schutzpflicht versteht man die Pflicht, sich bei Abwicklung des Schuldverhältnisses so zu verhalten, dass Körper, Leben, Eigentum und sonstige Rechte und Rechtsgüter der anderen Partei nicht verletzt werden,[131] sofern eine Partei eine durch das Schuldverhältnis bedingte Einwirkungsmöglichkeit auf diese erhält.

Beispiele:
- Beim Werkvertrag (lesen Sie § 631 I) ist der Unternehmer verpflichtet, darauf zu achten, dass dem Besteller keine Schäden an seinem Eigentum (zB Brandschäden bei der Ausführung von Reparatur-/Schweißarbeiten) oder an seinem Körper (etwa Verbrennungen, wenn bei den Schweißarbeiten kein entsprechender Sicherheitsabstand eingehalten wurde) entstehen.
- Beim Mietvertrag haben Vermieter oder Mieter dafür einzustehen, wenn dem anderen Teil durch ihr Verschulden ein Wassereinbruchs- oder ein Brandschaden entsteht.[132]
  Der Mieter hat beim Umzug zB auch darauf zu achten, dass beim Transport der Möbel das Eigentum des Vermieters (Türen, Wände, Treppen, Geländer etc.) nicht beschädigt wird.[133]
- Ein Wirt hat darauf zu achten, dass er beim Servieren (zB) keinen Rotwein auf die Kleidung des Gastes schüttet. Passiert dieses Missgeschick dem vom Wirt mit dem Servieren beauftragten Kellner, muss der Wirt für diese Pflichtverletzung über § 278 (lesen; Näheres → Rn. 264 ff.) einstehen. Gleiches gilt, wenn der Gehilfe des Malermeisters mit seiner Leiter das Geschirr des Bestellers zertrümmert oder »dessen Ehefrau umarmt«.[134]
- Ein Rechtsanwalt verletzt seine Schutzpflicht bereits durch ein Verhalten, das den Verdacht der Unterschlagung von Mandantengeldern begründet.[135]

---

129 MükoBGB/*Bachmann/Roth* § 241 Rn. 141.

130 Nach Palandt/*Grüneberg* § 280 Rn. 30, BeckOK BGB/*Sutschet* § 241 Rn. 83 ff., JurisPK-BGB/*Alpmann* § 280 Rn. 49, wo weitere Einzelfälle genannt werden.

131 Palandt/*Grüneberg* § 241 Rn. 7.

132 Palandt/*Grüneberg* § 280 Rn. 28 a.

133 *Alpmann/Schmidt* SchuldR AT I 43.

134 *Medicus/Lorenz* SchuldR AT Rn. 415.

135 BGH NJW 1995, 1955.

- Der Veranstalter einer Sportveranstaltung ist zum Schutz der Besucher vor Körper- und Sachschäden verpflichtet, nicht mehr Eintrittskarten zu verkaufen als Plätze vorhanden sind. Er ist auch verpflichtet, dafür Sorge zu tragen, dass weder Sportler durch die Unsicherheit der Anlage (zB schmierige Radrennbahn oder Tartanlaufbahn) noch Zuschauer durch das Sportgeschehen (zB Eishockeyspiel, Formel-1-Rennen) verletzt werden können.[136]

Schuldhafte Pflichtverletzungen der in den Beispielen genannten Art können zu **Schadensersatzansprüchen gem. §§ 280 I und III, 282 und zum Rücktrittsrecht des Gläubigers nach § 324** führen.

Soweit innerhalb eines Schuldverhältnisses Schutzpflichten als unselbstständige Nebenpflichten mit einer Leistungspflicht (Hauptleistungspflicht) iSv § 241 I verbunden sind, kann in einzelnen Fällen die Abgrenzung Schwierigkeiten bereiten. Maßgeblich ist grundsätzlich, ob die jeweilige Pflicht der Erbringung der geschuldeten Leistung (**Leistungsinteresse**) oder dem Schutz der sonstigen Rechte, Rechtsgüter und Interessen der anderen Partei (**Integritätsinteresse**) dient. **66**

In einer auf die Erbringung der Leistung gerichteten Verhaltenspflicht kann unter Umständen aber zugleich eine Schutzpflicht hinsichtlich der (sonstigen) Rechte der anderen Partei oder Dritter liegen; zB kann die Pflicht des Verkäufers zur Aufklärung über die Bedienungsweise eines Geräts ebenso dazu dienen, die geschuldete Leistung (Lieferung eines sachgemäß verwendbaren Kaufgegenstands = Hauptleistungspflicht – vgl. dazu sogleich Übungsfall 4, → Rn. 68 ff.) zu erbringen, wie dazu, den Käufer oder seine Mitarbeiter vor Gesundheitsbeeinträchtigungen beim Gebrauch des Geräts zu schützen.[137] **67**

68

Übungsfall 4

»Ärger mit dem Computer«

Die »Kargus-Versicherungs-Gesellschaft« (K) bestellt bei der Computerherstellungsfirma »Vereinigte Big Brothers« (V) eine IT-Server-Anlage für 20.000 EUR, die die Geschäftsleitung der K zuvor bei V besichtigt hatte. Nachdem V das Equipment in das Gebäude der K gebracht und dort in der IT-Abteilung aufgestellt hat, ist keiner der Betriebswirte – und schon gar nicht der Hausjurist – in der Lage, das Gerät in Gang zu setzen. Die Bedienungsanleitung scheint in »Chinesisch« gefasst zu sein! K bittet die V um gesonderte Einweisung in die Bedienung des Geräts. V antwortet, sie habe ihre Verpflichtungen aus dem Kaufvertrag mit der Lieferung des Computers erfüllt; wenn K sich ein solch kompliziertes Gerät anschaffe, müssten ihre Leute auch damit fertig werden.

Hat K gegen V aufgrund des Kaufvertrags einen Anspruch auf Einweisung in die Bedienung des Computers?[138]

Versuchen wir, den Stoff, den uns dieser Fall vermitteln soll, »auf Gutachtenart« zu erarbeiten. **69**

■ Nach welchem Anspruch ist gefragt?

▶ Nach einem Anspruch des Käufers gegen den Verkäufer auf (vollständige) Erfüllung des Kaufvertrags!

---

136 Vgl. *Alpmann/Schmidt* SchuldR AT I 43. Weitere Einzelfälle finden Sie unter anderem bei Palandt/*Grüneberg* § 280 Rn. 28.

137 Hk-BGB/*Schulze* § 241 Rn. 8.

138 In Anlehnung an BGH NJW 1993, 461.

■ Welche Anspruchsgrundlage des Besonderen Schuldrechts, die Sie bereits gut kennen, enthält den Erfüllungsanspruch des Käufers gegen den Verkäufer? (Überlegen!)
▶ Antwort: s. unten.[139]

Vergessen Sie möglichst nicht, dass Paragrafen inhaltlich immer **genau** zitiert werden müssen! **Wiederholung**: In einem Gutachten wäre es zumindest ein Schönheitsfehler, wenn Sie von einem Anspruch des **Käufers** gegen den **Verkäufer** »gem. § 433« sprechen.

■ Warum?
▶ Weil § 433 – in Abs. 2 – auch einen Anspruch des **Verkäufers** gegen den **Käufer** enthält!

70 ■ Welche Leistungspflicht muss der Verkäufer nach § 433 I 1 erfüllen?
▶ Übergabe der Kaufsache und Verschaffung des Eigentums! Diese Pflicht, bei der es sich um die Hauptleistungspflicht des Verkäufers handelt, hat V erfüllt. Wie Sie eben gelesen haben, haben die Parteien eines Schuldverhältnisses neben den Hauptleistungspflichten auch Nebenleistungspflichten.

■ Beschreibt § 433 I 1 eine solche Nebenleistungspflicht? (Nachdenken!)
▶ Anders als in Abs. 2 ist in Abs. 1 S. 1 nur von der (gegenseitigen) Hauptleistungspflicht die Rede.

■ Aus welchen Vorschriften haben wir die allgemeinen Nebenleistungspflichten hergeleitet?
▶ Aus der Generalklausel des § 242 sowie insbesondere aus § 241 II (nochmals lesen!).

71 Wird aber die notwendige, verständliche Bedienungsanleitung für eine Maschine nicht ausgehändigt, so liegt in dem Unterbleiben der Aushändigung (Übergabe), wenn sie sich als unvollständige oder mangelhafte Erfüllung der Hauptleistungspflicht qualifizieren lässt, eine Pflichtverletzung iSv § 280 I 1!

Wir müssen uns also zunächst fragen, ob die verständliche Bedienungsanleitung in unserem Fall notwendig war und ihre Übergabe zur Hauptleistungspflicht von V gehörte.

Im »Normalfall« gilt für den Kaufvertrag, dass der Käufer(!) das Risiko dafür trägt, die Kaufsache auch zweckentsprechend verwenden zu können.

> **Beispiel:** Wer Austern kauft, kann vom Verkäufer nicht verlangen, dass dieser ihm bei der Zubereitung behilflich ist und ihn darüber aufklärt, wie man Austern verspeist!

■ Wie sieht das in unserem Fall aus?
Gilt der Grundsatz, dass der Käufer das Risiko tragen muss, auch insofern, dass er den hochkomplizierten Computer richtig verwenden bzw. bedienen kann?
▶ Wenn der Verkäufer einer Sache nach den gesamten Umständen damit rechnen muss, dass seine Käufer die Kaufsache erst nach sorgfältiger Unterrichtung durch ihn zweckentsprechend verwenden können, muss er Vorkehrungen treffen, die erforderlich sind, um einem durchschnittlichen Käufer den funktionsgerechten Einsatz der Sache zu ermöglichen.

139 § 433 I 1!

Die Antwort auf die eben gestellte Frage, ob der Käufer das »Verwendungsrisiko« tragen muss, ist in diesem Fall mit »nein« zu beantworten! (War das auch Ihre spontan gedachte Antwort?)

Die Übergabe der verständlichen Bedienungsanleitung für den Computer war also Teil der Hauptleistungspflicht der V, auf deren Erfüllung K einen Anspruch hat. 72

Angesichts der Tatsache, dass es sich um einen hochkomplizierten Computer handelt, der mit einer offenbar nur für versierte Spezialisten verständlichen Bedienungsanleitung versehen war, hatte V die vertragliche Hauptleistungspflicht, der K entweder eine klare und eindeutig verständliche Bedienungsanleitung zu überlassen oder sie in die Bedienung der Maschine einzuweisen.

Da V dies unterlassen hat, liegt eine Pflichtverletzung gem. § 280 I 1 (lesen) vor! Indem V der Meinung ist, dass K mit dem Computer auch ohne Bedienungsanleitung »klar kommen« müsste, hat V zumindest fahrlässig iSv § 276 I und II (lesen) gehandelt und muss diese Pflichtverletzung daher vertreten. Somit könnte K grundsätzlich gem. §§ 280 I, III, 281 I 1 Schadensersatz statt der Leistung verlangen. Dies allerdings nur – da V die Leistung »**nicht wie geschuldet**« (= mit Bedienungsanleitung) erbracht hat –, wenn K der V erfolglos eine angemessene Frist zur **Nacherfüllung** bestimmt hat (§ 281 I 1 – lesen).

Da K hier nichts anderes als Nacherfüllung in Form einer verständlichen Bedienungsanleitung (= Einweisung in die Handhabung des Computers) verlangt, stellt sich die Frage nach Schadensersatz in diesem Fall nicht. Wir kommen auf die Voraussetzungen des Schadensersatzanspruchs gem. § 280 I im Einzelnen noch ausführlicher (→ Rn. 197 ff.) zu sprechen.

V ist innerhalb einer angemessenen Frist zur (Nach)Erfüllung gem. § 433 I 1 verpflichtet. Da sich der Computer schon in den Räumen der K befindet, muss V entweder eine neue, verständliche Bedienungsanleitung nachliefern oder jemanden zu K schicken, der die Handhabung des Computers verständlich erklärt.

IV. Leistungsort

Übungsfall 5

In Fall 4 hatte K die V gebeten, ihr den Computer zu bringen. Beim Aufstellen des Geräts wird ein Mitarbeiter der K infolge einer Unachtsamkeit von den Leuten der V verletzt. V verlangt von K die Transportkosten; K verlangt von V Schadensersatz. Sind diese Ansprüche begründet?

Dies ist einer der nicht seltenen Fälle, in denen nicht nur nach **einem** Anspruch, sondern auch nach Gegenansprüchen des anderen Vertragspartners gefragt ist. 73

Wir trennen die beiden Fallfragen sorgfältig und prüfen zunächst die Ansprüche von V gegen K (weil danach zuerst gefragt wurde) und später (→ Rn. 234a) die Ansprüche von K gegen V.

Anspruch der V gegen K auf Ersatz der Transportkosten: 74

- Welche bisher vielzitierte Anspruchsgrundlage kommt möglicherweise in Betracht? Welcher Vertrag wurde zwischen K und V geschlossen?

▶ Ein Kaufvertrag! Anspruchsgrundlage könnte § 433 sein.

■ Welcher Absatz?

▶ Da es um einen Anspruch des Verkäufers gegen den Käufer geht, Abs. 2!

■ Ist in § 433 II etwas darüber gesagt, wer die **Transport**kosten tragen muss?

▶ In Abs. 2 ist nur vom Anspruch auf **Kaufpreiszahlung** die Rede. Nur diese ist die Hauptleistungspflicht des Käufers. Die Abnahme der gekauften Sache ist eine selbstständige Nebenpflicht, die für die Lösung unseres Falles »uninteressant« ist.

■ Welche Möglichkeiten gäbe es dennoch, eine Regelung über die Transportkosten zu treffen? Denken Sie an das im Schuldrecht geregelte Prinzip der Vertragsfreiheit!

▶ K und V könnten eine Vereinbarung darüber getroffen haben, wer diese Kosten zu tragen hat, und zwar in Form einer »vertraglichen Nebenabrede«.

■ Ist das geschehen?

▶ Es ist keine vertragliche Nebenabrede getroffen, sondern lediglich eine Bitte von K gestellt worden.
Also sind wir mit unserem »Latein« am Ende, sodass die Transportkosten von keinem getragen werden müssen?

■ Was macht der Jurist, wenn er eine Lösung sucht, momentan aber nicht weiter weiß?

▶ Er blättert bei der besonderen Vorschrift im Gesetz weiter (bevor er auf die allgemeinen Vorschriften von §§ 241 II und 242 zurückgreift!).

75 Blättern Sie einmal bei § 433 weiter, überfliegen Sie die Überschriften der Paragrafen des Titels, der mit »Kauf, Tausch« (Untertitel 1) überschrieben ist, und suchen Sie einen Paragrafen, der etwas über die Transport**kosten** sagen könnte.

■ Welche Vorschrift haben Sie gefunden?

▶ Antwort: siehe unten![140]
Demnach muss der Käufer unter anderem die Kosten der Abnahme und der Versendung (dazu gehören auch die Transportkosten) tragen, wenn der Verkäufer die Sache – wir ergänzen: auf Wunsch des Käufers – an einen anderen Ort als den **Erfüllungsort** bringt oder versendet.

76 ■ Was ist das: der Erfüllungsort?

▶ Wenn Sie sich an das kürzlich Erlernte zum Begriff des Schuldverhältnisses erinnern, wissen Sie, dass die Erfüllung des Schuldverhältnisses (Vertrags) bedeutet: Der Gläubiger kann vom Schuldner eine Leistung fordern, die der Schuldner erbringen muss. Wir hatten festgestellt, dass der Anspruch des Gläubigers, eine Leistung vom Schuldner zu verlangen, identisch ist mit dem »Erfüllungsanspruch«. Somit ist der »Erfüllungsort«, von dem in § 448 I die Rede ist, in der Regel auch identisch mit dem »Leistungsort«!

Lesen Sie nun § 269 I. Dass unsere beiden Vertragspartner über den Leistungsort bzw. den Erfüllungsort nichts vereinbart haben, hatten wir bereits festgestellt. Es gibt keine vertragliche Nebenabrede! Sie haben insofern von der Vertragsfreiheit keinen Gebrauch gemacht, die dazu berechtigt, einen anderen Leistungsort zu bestimmen, als er in § 269 festgelegt ist. Somit bleibt es bei der – ansonsten dispositiven (abdingbaren) – Regelung von § 269!

---

140 **Sie müssten § 448 I gefunden haben (lesen!).**

■ Welcher Ort ist danach Leistungs- bzw. Erfüllungsort?
▶ Der Wohnsitz des Schuldners!

■ Wer ist Schuldner? K oder V?
▶ Der Verkäufer V! Es geht um die Verpflichtung zur Übergabe der Sache, nicht um die Zahlung des Kaufpreises.

■ Somit ist welcher Ort Leistungs- oder Erfüllungsort?
▶ Der Wohnsitz (bzw. Ort der gewerblichen Niederlassung) des Verkäufers V!

■ Wenn Sie § 448 I nochmals lesen, müssten Sie die Frage beantworten können, wer 77
für die Versendungskosten bzw. die Transportkosten aufkommen muss?
▶ Der Käufer K; denn auf seinen Wunsch hat V die Ware an einen anderen als den Erfüllungsort gebracht.
Damit haben wir die erste Frage von Fall 5 beantwortet. Als Ergebnis können wir feststellen:
»V hat gegen K einen Anspruch auf Zahlung der Transportkosten gem. § 433 iVm § 448 I«.

Aus § 448 I folgt, dass die Zahlung der Transportkosten für die Lieferung an einen anderen Ort als den Erfüllungsort, sofern nichts anderes vereinbart ist, ebenso eine leistungsbezogene Nebenleistungspflicht des Käufers ist, wie zB die Abnahme der Kaufsache.

Einen Überblick über die wichtigsten vertraglichen Haupt- und Nebenleistungspflichten gibt Übersicht 5 (→ Rn. 78 ff.):

Übersicht 5

78

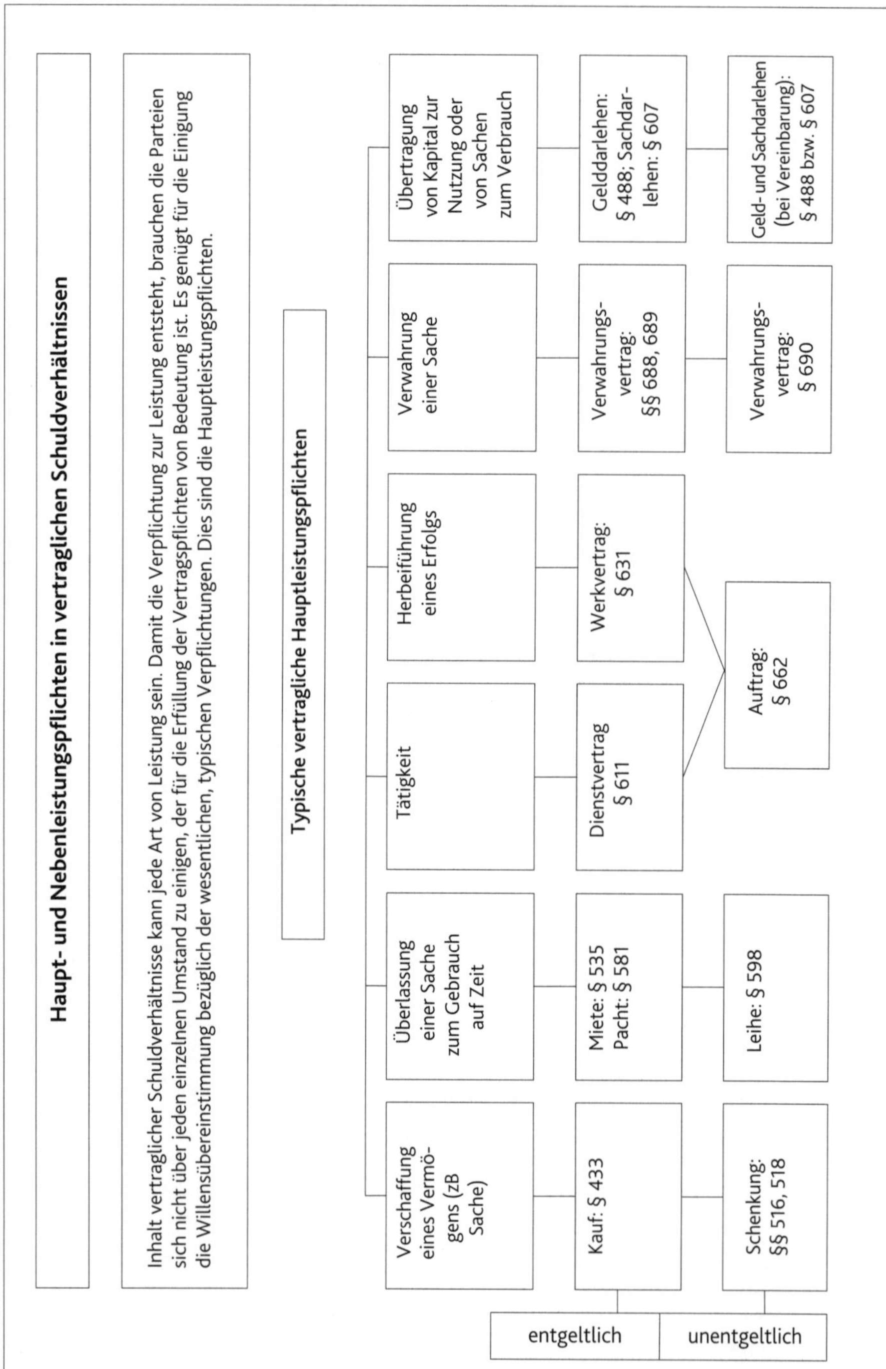

Übersicht 5 (Fortsetzung)

79

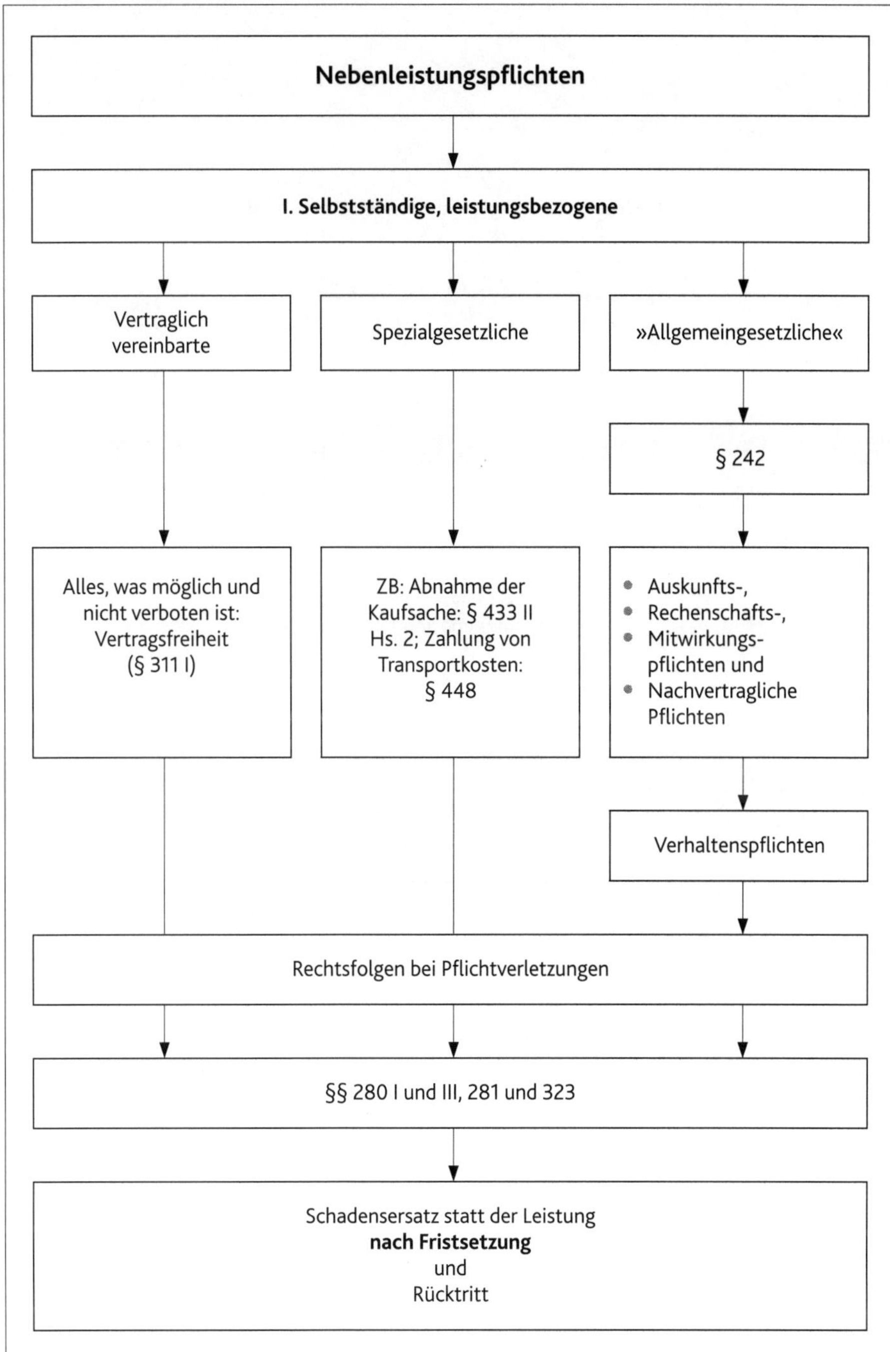

Übersicht 5 (Fortsetzung)

79a

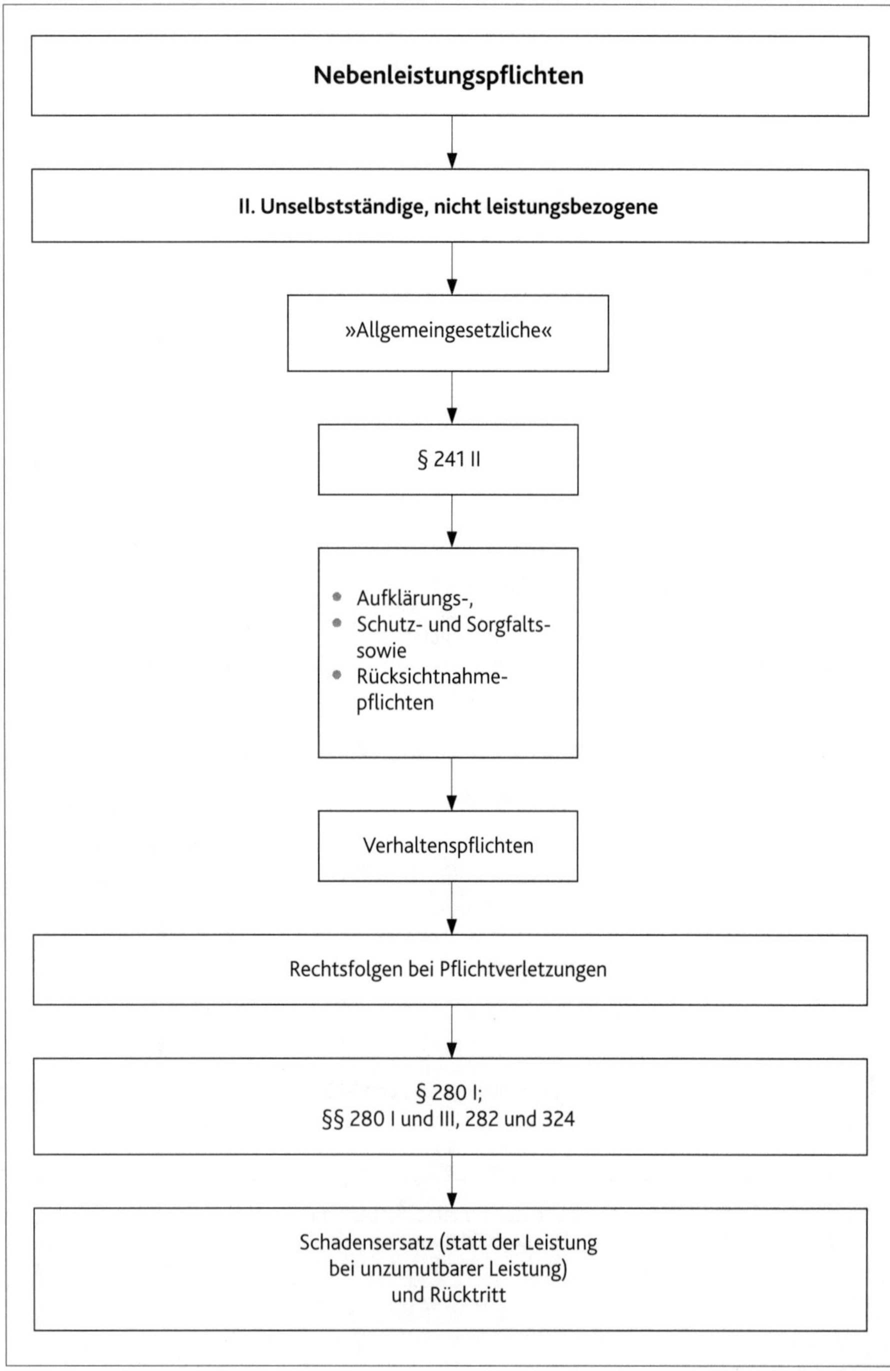

§ 269 haben wir entnommen, dass der Leistungsort der Ort ist, an dem der Schuldner seine Leistungshandlung zu erbringen hat. Damit hat der Schuldner seine vertragliche Verpflichtung erfüllt, sodass der Leistungsort insofern mit dem Erfüllungsort identisch ist; doch es ist möglich, dass der Erfolg, der Zweck des Vertrags, noch nicht erreicht wurde, obwohl der Schuldner seine Leistungshandlungspflicht erfüllt hat. 80

Man müsste eigentlich »Leistungsort« mit »Erfüllungsort« gleichsetzen und davon den Ort, an dem der Leistungserfolg tatsächlich eintritt, trennen und ihn als »Erfolgsort« bezeichnen.[141] Diesen »Erfolgsort« bezeichnet § 447 I (lesen!), wenn dort von »einem anderen Ort als dem Erfüllungsort« (= Leistungshandlungsort) die Rede ist.

Leistungs- bzw. Erfüllungsort iSd Gesetzes ist grundsätzlich der Ort, an dem der Schuldner alles zur Leistung seinerseits Erforderliche getan hat, während der Eintritt des Vertragserfolgs außerhalb seiner erfüllten Leistungsverpflichtung und seines Einflusses liegen kann.

Aufgrund der Vertragsfreiheit steht es den Parteien frei, einen anderen Leistungsort zu bestimmen, als er vom Gesetzgeber in § 269 I vorgesehen ist. Bezüglich des **Leistungsorts** unterscheidet die Rechtslehre drei verschiedene **Schuldarten**:

1. Holschuld

Aus § 269 I folgt, dass (wenn nichts anderes vereinbart ist) Leistungs- bzw. Erfüllungsort der Wohnsitz (bzw. Ort der gewerblichen Niederlassung, vgl. Abs. 2) des Schuldners ist. Der Verkäufer, der die Übergabe der Sache schuldet, hat seine vertragliche Leistungshandlung erbracht, wenn er die Sache bei sich für den Käufer **ausgesondert, bereitgestellt** und den **Gläubiger davon benachrichtigt hat**. 81

Der Gläubiger, zB ein Käufer, der eine Sache beim Verkäufer bestellt hat, muss sich die Sache an dem Wohnsitz des Schuldners (hier: Verkäufers) abholen.

Diese »Holschuld« ist, wie aus § 269 I folgt, der Regelfall.

2. Bringschuld

■ Wo bei der Bringschuld der Leistungsort ist und worin die Leistungshandlung des Schuldners besteht, bis er seinen Vertrag erfüllt hat, müssten Sie selbst herausfinden können (Überlegen Sie!). 82

▶ Bei der Bringschuld gehört zur Leistungshandlung des Schuldners, dass er die Sache zu dem Gläubiger **bringt** und sie ihm **anbietet**. Erst dann hat er seine Leistungshandlung erbracht. Leistungs- bzw. Erfüllungsort ist bei der Bringschuld der Wohnsitz des Gläubigers.

3. Schickschuld

Haben die Vertragspartner eine Schickschuld vereinbart, gehört zu der Leistungshandlung des Schuldners nicht nur das Bereitstellen und Anbieten des Leistungsgegenstands, zB der Kaufsache, sondern auch das ordnungsgemäße Absenden der Sache (zB Aufgabe bei Post oder Bahnhof) bzw. die Übergabe an eine zuverlässige Trans- 83

141 Ähnlich *Brox/Walker* SchuldR AT § 12 Rn. 11.

portperson (vgl. § 447 I). Damit hat der Schuldner alles getan, um seine Leistungspflicht zu erfüllen.

■ Wo ist deshalb bei der Schickschuld der Leistungsort (Ort der Leistungs**handlung**)?
▶ Wiederum am Wohnsitz des Schuldners, mit dem Unterschied, dass er dort diesmal mehr tun muss, als den Gegenstand zur Abholung bereitstellen; er muss auch für den Transport zum Gläubiger sorgen!

Welche dieser drei Schuldarten vorliegen soll, Hol-, Bring- oder Schickschuld, können die Parteien, wie gesagt, vereinbaren. Ist nichts anderes vereinbart, oder, wie es in § 269 I heißt, ist aus den Umständen, »insbesondere aus der Natur des Schuldverhältnisses«, nicht zu entnehmen, um welche Art der Schuld es sich handelt, ist Leistungsort immer der Wohnsitz des Schuldners.

84 ■ Versuchen Sie selbst, ein Beispiel dafür zu bilden, bei dem zwar nichts Besonderes zwischen den Parteien vereinbart ist, bei dem sich aber aus den Umständen, namentlich aus der Natur des Schuldverhältnisses, ein anderer Leistungsort als der Wohnsitz des Schuldners ergibt (alltäglicher Fall)!
▶ »Ganz einfach«: Beim alltäglichen Ladenkauf!
Wenn Sie sich beispielsweise im Hauptbahnhof in Köln am Zeitungskiosk den »Kölner Stadtanzeiger« kaufen, ist für Sie klar – ohne dass Sie sich normalerweise darüber Gedanken gemacht oder gar eine Vereinbarung darüber getroffen haben –, dass der Leistungsort am Bahnhofskiosk sein soll. Leistungsort ist in diesem Fall der Ort, an dem der Verkäufer – bezüglich der Übergabe der Zeitung somit der Schuldner – sein Geschäft hat. Ob er seinen **Wohnsitz** im »Bahnhof« hat bzw. ob er überhaupt in Köln oder vielleicht in »Kleinkleckersdorf« wohnt, ist für Sie als Gläubiger uninteressant (lesen Sie dazu § 269 II)!

V. Leistungsgegenstand

85 Nachdem wir die Schuldarten nach dem Leistungsort eingeteilt haben, müssen wir noch eine zweite Form der Einteilung der Schuldarten kennenlernen, nämlich die Einteilung nach der Art des **Leistungsgegenstands**.

1. Stückschuld und Gattungsschuld

86 Handelt es sich beim Leistungsgegenstand[142] um eine Sache, kann diese eine ganz konkret bestimmte sein, zB **dieses** antiquarische Buch oder **dieser** Gebrauchtwagen. In diesem Fall bezeichnet man diese spezielle geschuldete Sache als »Spezies-« oder »Stückschuld«.

Häufig wird nicht ein ganz bestimmtes Stück, sondern eine Sache oder eine bestimmte Menge davon aus einer »Gattung« geschuldet, zB ein Fahrrad aus dem Katalog von Rose, ein Kilo Kartoffeln etc. Das ist die typische »Gattungsschuld«. Ob eine Sache als Stück- oder Gattungsschuld geschuldet wird, kann von großer Wichtigkeit sein, wenn die Sache, bevor sie zum Gläubiger gelangt, zerstört wird.

142 **Überlegen Sie, für welche Begriffe »Gegenstand« (Synonym: Rechtsobjekt) im Rechtssinne der Oberbegriff ist! (Lösung: vgl. *Wörlen/Metzler-Müller* BGB AT, Übersicht 12 Rn. 86 a.)**

Wie Sie im Kapitel über die Leistungsstörungen genauer erfahren werden, wird der Schuldner bei Zerstörung einer als Stückschuld geschuldeten Sache, sofern er nicht vorsätzlich oder fahrlässig die Zerstörung der Sache zu vertreten hat (§ 276 I 1), von seiner Primärleistungspflicht befreit. Eine als Gattungsschuld geschuldete Sache dagegen muss er, ohne dass es auf sein Verschulden für ihre Zerstörung ankommt, grundsätzlich noch liefern und sie sich gegebenenfalls beschaffen. Die gewöhnliche Gattungsschuld ist zugleich eine Beschaffungsschuld.[143] Der Schuldner trägt in diesem Fall iSv § 276 I 1 das »Beschaffungsrisiko«, dh er muss eine andere Sache mittlerer Art und Güte iSd § 243 I beschaffen. 87

Dies gilt nur eingeschränkt, wenn von der geschuldeten Gattungssache nur ein begrenzter Vorrat vorhanden ist. Die Beschaffungspflicht des Schuldners endet, wenn der Vorrat erschöpft ist. Man spricht von einer beschränkten Gattungsschuld oder Vorratsschuld.

Beispiel: A bestellt beim Bauer B einen Zentner Äpfel der Sorte »Delicious« aus dessen Ernte 2012, die B dem A bringen sollte. Solange »Delicious«-Äpfel aus der Ernte 2012 vorrätig sind, muss B dem A einen neuen Zentner beschaffen, falls der bestellte Zentner auf dem Lieferweg zu A verloren geht oder zerstört wird. Wenn aber das Lagerhaus des B, in dem er die gesamte Ernte 2012 aufbewahrt, abbrennt, kann B aus dieser Gattung nicht mehr liefern.

Zur Verdeutlichung des Unterschieds zwischen Stückschuld und Gattungsschuld ein 88

Beispiel: Herr Reich, Vorstandsvorsitzender der Argus-Versicherungs-Gesellschaft und Liebhaber und Sammler alter Bilder, sieht in einer Kunsthandlung das Original des Bildes von Karl Spitzweg »Der arme Poet«, das dieser 1839 gemalt hat. Koste es, was es wolle, Reich will das Bild haben, und so schließt er mit dem Kunsthändler den entsprechenden Kaufvertrag.

■ Um welche Art von Schuld, die der Verkäufer erfüllen muss, handelt es sich – Stückschuld oder Gattungsschuld?

▶ Da der Vertrag über ein einzelnes Bild geschlossen wurde, handelt es sich um eine Stückschuld!

■ Warum? Versuchen Sie selbst, das Wesen einer Stückschuld nochmals zu beschreiben. Welcher Leistungsgegenstand wird, allgemein ausgedrückt, bei einer Stückschuld geschuldet?

▶ Bei einer Stückschuld wird eine **ganz konkrete, bestimmte Sache** geschuldet. Ein zweites Exemplar **dieses** Bildes gibt es nicht!

Nehmen wir in Abwandlung unseres Beispiels an, es ginge nicht um das Original des »Armen Poeten«, sondern um einen Druck, von dem eine Vielzahl auf dem Markt ist. Ein solcher Druck ist im Fenster eines Kunsthändlers ausgestellt und soll nur 10 EUR kosten. Sie betreten den Laden und teilen dem Verkäufer mit, dass Sie diesen Druck für 10 EUR kaufen wollen. Die Antwort ist: »Tut mir Leid, das Exemplar im Fenster ist mein letztes und als Ausstellungsstück unverkäuflich. Ich habe aber schon neue Drucke bestellt, und davon können Sie einen bekommen. Allerdings ist er teurer geworden. Ich muss 20 EUR dafür haben.«

Sie wollen schon protestieren, doch da fällt Ihnen ein, was Sie aus dem Bürgerlichen Recht über Angebot und Annahme (sowie über die so genannte »invitatio ad offerendum«, die unverbindliche Einladung, ein Angebot zu machen) gelernt haben . . .

143 *Larenz* SchuldR AT § 11 I.

Sie nehmen daher das Angebot des Verkäufers, Ihnen einen Druck für 20 EUR zu verkaufen, an.

- ■ Um welche Art von Schuld handelt es sich?
- ▶ Um eine Gattungsschuld!
- ■ Welchen Leistungsgegenstand schuldet der Schuldner bei der Gattungsschuld im Unterschied zur Stückschuld?
- ▶ Kein bestimmtes Stück, sondern irgendein gleichwertiges Exemplar aus derselben Gattung. Um Missverständnissen vorzubeugen, mit denen bei einer Stückschuld in der Regel nicht zu rechnen ist, hat der Gesetzgeber das Wesen der Gattungsschuld im BGB umschrieben: lesen Sie § 243 I!

2. Wahlschuld

89 Der Vollständigkeit halber müssen wir neben der Stück- und der Gattungsschuld auch die »Wahlschuld« erwähnen. Sie ist zwar in der Praxis von untergeordneter Bedeutung, aber immerhin im BGB geregelt, und zwar in § 262 (lesen).

- ■ Versuchen Sie, sich einen Fall vorzustellen, in dem eine Wahlschuld vorliegen kann!
- ▶ Die Wahlschuld kommt, wie gesagt, recht selten, zB aber im Bereich der Landwirtschaft vor:
  Wenn ein Landwirt Land pachtet, wird bisweilen mit dem Verpächter vereinbart, dass der Pächter den Pachtzins wahlweise in Geld oder Naturalien zu entrichten hat. Der Pächter kann als Schuldner nach § 262 wählen, ob er die Pacht in Geld oder in Naturalien, zB in Form einiger Zentner Mais oder Kartoffeln begleicht.[144]

Eine Wahlschuld kann nicht nur vereinbart werden, sondern ist in einigen wenigen Fällen auch vom Gesetz vorgesehen:[145] so zB in § 179 I, den Sie aus dem Allgemeinen Teil des BGB kennen und daher wissen, dass der Gläubiger von dem vollmachtlosen Vertreter wahlweise Erfüllung des Vertrags oder Schadensersatz verlangen kann.

3. Geldschuld

90 Zum Abschluss der Betrachtung der Schuldarten ist schließlich die Geldschuld zu nennen! Was »Geld« ist, ist im BGB nicht definiert. Geld im rechtlichen Sinne ist grundsätzlich Bargeld, das der Erfüllung einer Geldschuld dient, im Zweifel in inländischer Währung, also früher in **Deutscher Mark**, die nun durch den **Euro** ersetzt wurde.[146]

- ■ Würden Sie die Geldschuld als Gattungsschuld oder als Stückschuld einordnen?
- ▶ Im Regelfall ist die Geldschuld eine Gattungsschuld, und zwar auf Leistung von Geld in Höhe des Nennbetrags. Man spricht deshalb von einer Geldsummen-

144 BGH NJW 1962, 1568.

145 Vgl. Jauernig/*Stadler* § 262 Rn. 2 und 3 mit dem Hinweis darauf, dass im Geschäftsverkehr entgegen dem Wortlaut von § 262 das Gläubigerwahlrecht vorherrscht.

146 Zum Verstehen der Euro-Einführung vgl. *Kittner* SchuldR Rn. 241 ff. sowie die zu diesem Kapitel in der Literatur zur Vertiefung (→ Rn. 94c) genannten Beiträge von *Dittrich, Coester-Waltjen, Lenz* und *Hakenberg*.

oder Geldwertschuld. Ausnahmsweise kann es sich bei einer Geldschuld um eine Stückschuld handeln.

■ Können Sie sich einen solchen Fall vorstellen?
▶ Wenn bestimmte Münzen zu Sammlerzwecken geschuldet werden.

Die Geldschuld ist nicht nur hinsichtlich ihrer Zuordnung zur Gattungsschuld oder 91
Stückschuld eine Art »Zwitter«, sondern auch bezüglich ihrer Zuordnung zu unserer Grobeinteilung der Schuldarten:

Sie lässt sich nicht nur den **Schuldarten nach dem Gegenstand der Leistung** zuordnen, sondern auch **nach dem Ort der Leistungshandlung**.

■ Zu welcher Schuldart würden Sie im letzten Fall die Geldschuld im Zweifel einordnen?
▶ Zur Schickschuld! Das ergibt sich aus der ausdrücklichen Formulierung von § 270 I, den Sie abschließend lesen müssen.

Verschaffen Sie sich über die Schuldarten einen Überblick anhand der nachfolgenden Übersicht 6 (→ Rn. 92).

Übersicht 6

92

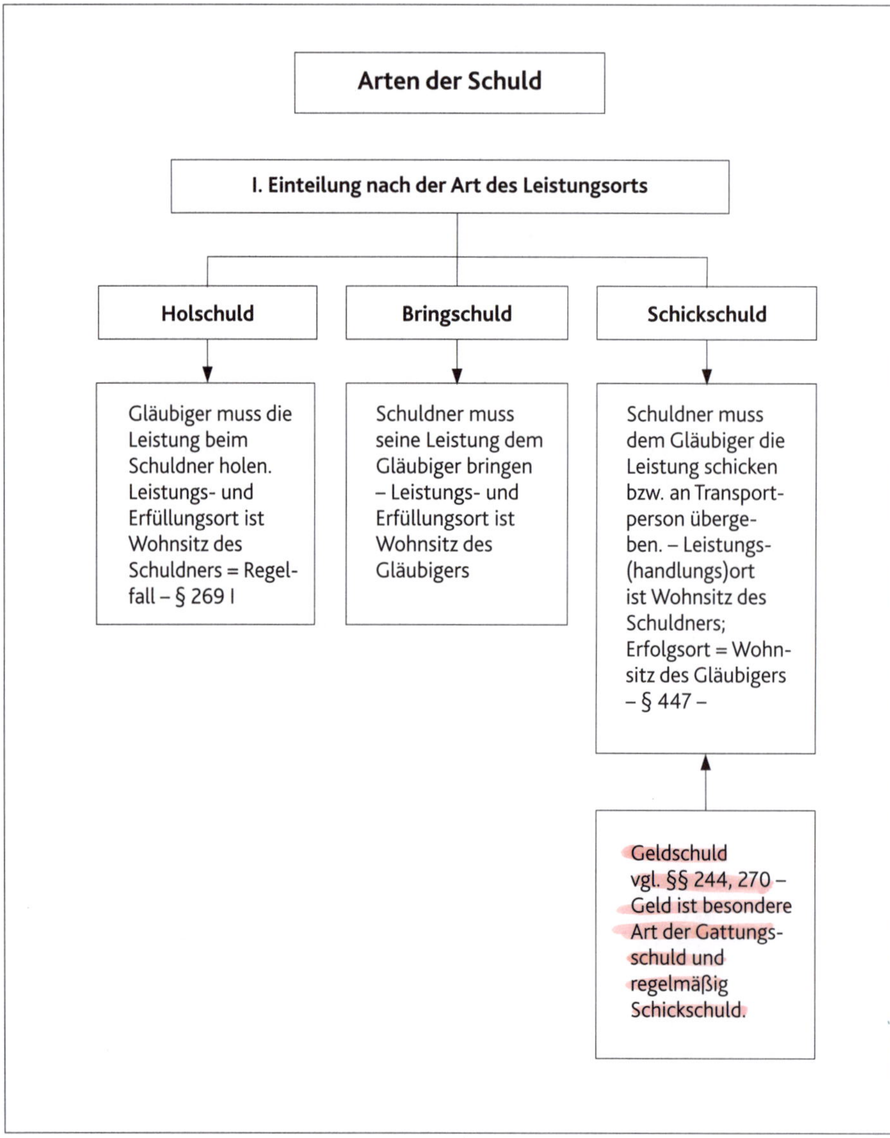

Leistungsort: Ort, an dem der Schuldner letzte geschuldete Leistungs-/Erfüllungshandlung vorzunehmen hat
(= Erfüllungsort iS §§ 447, 644 II)

Erfolgsort: Ort, an dem der konkrete Leistungserfolg eintritt

Übersicht 6 (Fortsetzung)

92a

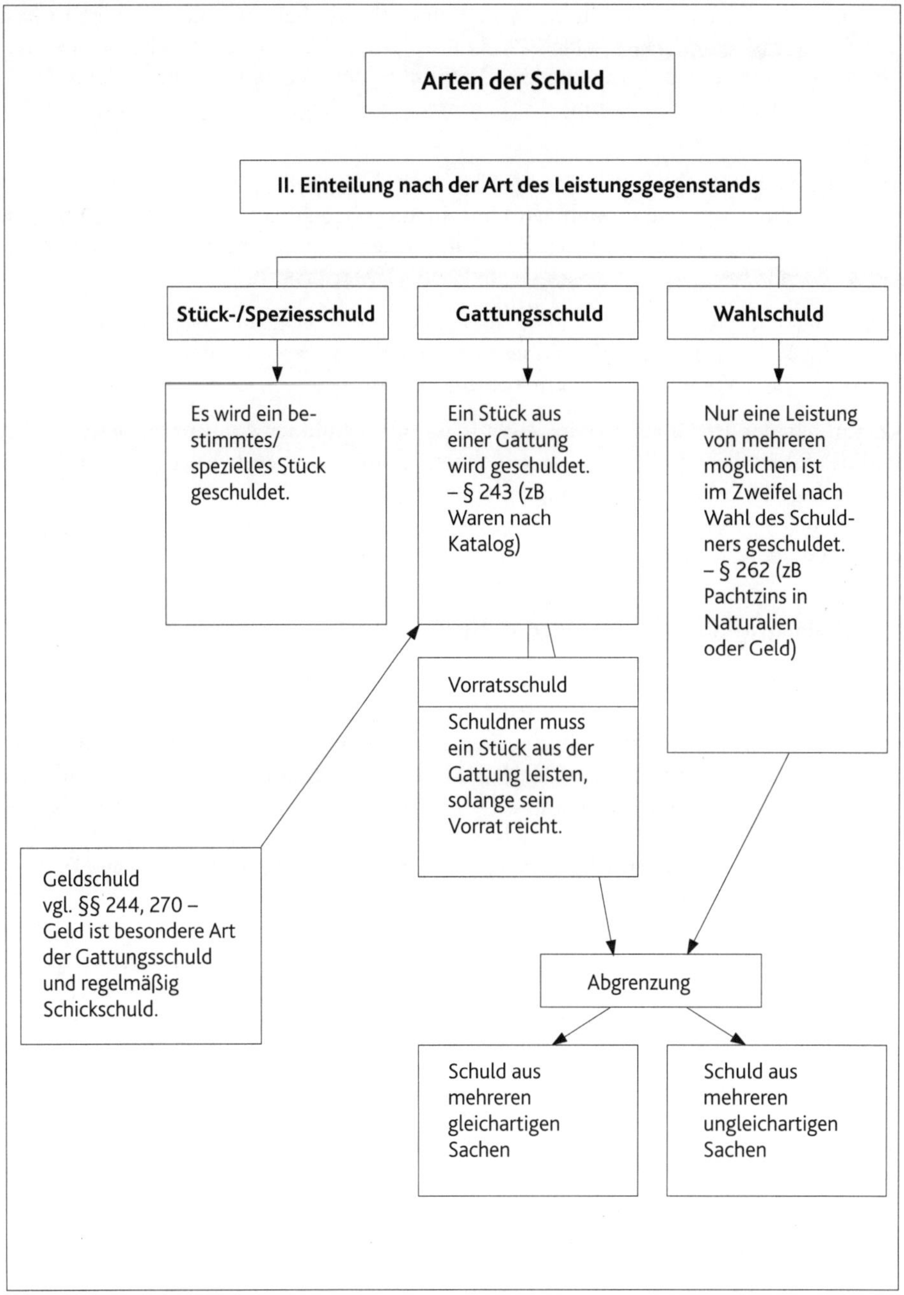

VI. Leistungszeit

93 Sofern die Parteien einen bestimmten Zeitpunkt für die Leistung nicht vereinbart haben, ist im Regelfall **sofort** zu leisten. Dies folgt aus § 271 (Abs. 1), ebenso wie der Grundsatz, dass die Bestimmung des Zeitpunkts der Leistung in einem Schuldverhältnis der freien Vereinbarung der Parteien[147] unterliegt (Abs. 2) – lesen Sie § 271 ganz!

94 »Sofort« iSv § 271 I bedeutet, dass die Leistung so schnell zu erbringen ist, wie dies dem Schuldner unter den jeweiligen Umständen möglich ist.[148] Aus § 271 folgt, dass bei der Leistungszeit begrifflich zwei Zeitpunkte zu unterscheiden sind: Der **Zeitpunkt der Fälligkeit** und der **Zeitpunkt der Erfüllbarkeit.**[149]

Der Fälligkeitszeitpunkt stellt darauf ab, dass der Gläubiger die Leistung von nun an verlangen kann. Leistet der Schuldner zum Fälligkeitszeitpunkt nicht, kommt er unter bestimmten Voraussetzungen in **Verzug.**[150]

»Zeitpunkt der Erfüllbarkeit« bedeutet, dass der Schuldner von nun an leisten darf und der Gläubiger durch die Nichtannahme der angebotenen Leistung in Annahmeverzug[151] gerät. Wenn die Leistung fällig ist, liegt gleichzeitig auch Erfüllbarkeit vor. Der Schuldner ist allerdings auch berechtigt, die Leistung bereits vor der Fälligkeit zu erbringen (vgl. § 271 II).

VII. Leistungsverweigerungsrecht

94a Gem. § 273 I (lesen) kann der Schuldner die Leistung verweigern, bis die ihm gebührende Leistung bewirkt wird (**Zurückbehaltungsrecht**), wenn er aus demselben rechtlichen Verhältnis, auf dem seine Verpflichtung beruht, einen fälligen Anspruch gegen den Gläubiger hat, sofern sich nicht aus dem Schuldverhältnis etwas anderes ergibt (lesen Sie auch § 273 II und III). Letzteres bedeutet, dass das Zurückbehaltungsrecht nicht vertraglich, aber auch nicht gesetzlich, ausgeschlossen sein darf. Gesetzlich ausdrücklich ausgeschlossen ist das Zurückbehaltungsrecht zB in §§ 175, 570 und § 581 II (Vorschriften lesen).

> **Beispiel:** Fischliebhaber Kuno aus Köln hat Viktor, der seinen Sommerurlaub in Dänemark verbringt, beauftragt (§ 662), ihm auf der Heimfahrt einen großen Eimer frischer Matjes-Heringe aus Cuxhaven mitzubringen. Kuno besteht bei dessen Rückkehr auf Herausgabe der Fische (vgl. § 670). Viktor möchte aber von Kuno erst seine Kosten in Höhe von 25 EUR (§ 670), die ihm durch den Umweg über Cuxhaven entstanden sind, ersetzt haben.
> Viktor steht wegen seines Anspruchs auf Erstattung der Aufwendungen ein Zurückbehaltungsrecht aus § 273 I zu.

---

147 **Daran ändert auch die Tatsache nichts, dass einige Vorschriften des Besonderen Schuldrechts bestimmte Leistungszeiten festlegen, so zB §§ 556b I, 579 (Mietvertrag), § 587 (Pachtvertrag), § 604 (Leihvertrag), § 488 II (Darlehensvertrag). Bei diesen Vorschriften handelt es sich allerdings um dispositives Recht; so werden zB die meisten Mieten für ein Grundstück aufgrund vertraglicher Vereinbarung spätestens am dritten Werktag eines Monats fällig – abweichend von § 579.**

148 Vgl. *Creifelds*, »Leistungszeit«.

149 Palandt/*Grüneberg* § 271 Rn. 1.

150 → Rn. 113 ff.

151 → Rn. 157 ff.

Das Zurückbehaltungsrecht des Schuldners iSv § 273 besteht wegen **Leistungen aller Art** aus jedem Schuldverhältnis, **an allen Sachen** und allen **sonstigen Rechten**, wenn sein Anspruch gegen seinen Gläubiger **fällig** ist. Es muss sich um **dasselbe** rechtliche Verhältnis handeln (sog. **Konnexität der Ansprüche**). Das Zurückbehaltungsrecht des § 273 wirkt also als reines **Leistungsverweigerungsrecht**.[152] 94b

Ein typisches gesetzliches Leistungsverweigerungsrecht[153] ist die **Einrede des nicht erfüllten Vertrags** gem. § 320 (lesen), sofern der Schuldner aus einem **gegenseitigen** Vertrag nicht verpflichtet ist, vorzuleisten. Eine **Vorleistungspflicht** besteht, wenn die eigene Leistung früher fällig ist als die Gegenleistung. Vorleistungspflichten können auf vertraglicher Vereinbarung oder auf Gesetz (zB §§ 556b I, 614, 641 I, 699 – zur ersten Information einmal lesen…) beruhen.[154]

> **Beispiel:** V (siehe Übungsfall 2 ⟶ vor Rn. 47) hat dem K den BMW 520i verkauft. K klagt auf Übereignung. V macht geltend, K habe den Kaufpreis in Höhe von 50.000 EUR noch nicht gezahlt. Gem. § 320 kann V hier die Einrede des nichterfüllten Vertrags (§ 320) erheben. Im Prozess führt diese Einrede zur Verurteilung Zug um Zug (§ 322 I).

VIII. Vertragsstrafe

Zum Inhalt eines Schuldverhältnisses gehört auch, dass die Parteien eine Vertragsstrafe iSv § 339 vereinbaren können. Lesen Sie § 339 und in der folgenden »Literatur zur Vertiefung«. (Akzessorietät zur Hauptpflicht) 94c

Literatur zur Vertiefung (⟶ Rn. 56–94): *Alpmann/Schmidt* SchuldR AT I 2. Teil; *Bernhard*, Holschuld, Schickschuld, Bringschuld – Auswirkungen auf Gerichtsstand, Konkretisierung und Gefahrübergang, JuS 2011, 9; *Brox/Walker* SchuldR AT §§ 6–13; *Coester-Waltjen*, Der Erfüllungsort, Jura 2011, 821; *dies.*, Die Wahlschuld und ihre Abgrenzung, Jura 2011, 100; *dies.*, Überlegungen zur Geldschuld aus Anlass von Maastricht, Jura 1998, 103; *Däubler* BGB kompakt Kapitel 15; *Dittrich*, Der Entwurf des Gesetzes zur Einführung des Euro, NJW 1998, 1269; *Esser/Schmidt* SchuldR AT I §§ 5, 15; *Fikentscher/Heinemann* SchuldR §§ 25–35; *Gruber*, Das drohende Ende der Stückschuld, JZ 2005, 707; *Hakenberg*, Das Euro-Einführungsgesetz, BB 1998, 1491; *Hirsch* SchuldR AT Zweites Kap.; *Larenz* SchuldR AT § 14; *Lenz*, Die Euro-Einführung – eine Sache der Politik, BB 1998, 1276; *Looschelders* SchuldR AT §§ 13–17; *S. Lorenz*, Gattungskauf, Konkretisierung und Gefahrtragung beim Verbrauchsgüterkauf nach neuem Schuldrecht, ZGS 2003, 421; *ders.*, Leistungsgefahr, Gegenleistungsgefahr und Erfüllungsort beim Verbrauchsgüterkauf – BGH NJW 2003, 3341 –, JuS 2004, 105; *Madaus*, Die Abgrenzung der leistungsbezogenen von den nicht leistungsbezogenen Nebenpflichten im neuen Schuldrecht, Jura 2004, 289; *Medicus/Lorenz* SchuldR AT Rn. 118 ff.; *Wiese*, Keine Erfüllung einer Geldschuld durch Einwurf von Bargeld in Hausbriefkasten, NJW 2006, 1569.

1. wirksames Strafversprechen (vertragliche Vereinbarung zw. Parteien)
2. Verletzung der (bestehenden) gesicherten Hauptpflicht
   -> Handlungspflicht (§ 339 S. 1, erst verwirkt wenn Schuldnerverzug)
   -> Unterlassungspflicht (§ 339 S. 2, mit Zuwiderhandlung verwirkt)
   -> Vertretenmüssen des Schuldners §§ 276, 278 erforderlich
   ↳ dispositiv
3. Eigene Vertragstreue des Gläubigers

152 Zum (unterschiedlichen) kaufmännischen Zurückbehaltungsrecht vgl. *Wörlen/Kokemoor* HandelsR Rn. 299 f.

153 *Schade* WirtschaftsPrivR Rn. 168.

154 Nk-BGB/*Tettinger* § 320 Rn. 18 mwN.

4. Kapitel. Beendigung von Schuldverhältnissen

I. Erfüllung

Wenn zwei Parteien ein Schuldverhältnis begründen, wobei sie meistens einen Vertrag schließen, gehen sie im Normalfall davon aus, dass der Vertrag von der anderen Seite ordnungsgemäß erfüllt wird. Beide Parteien sind in der Regel einander zu einer Leistung berechtigt oder verpflichtet und haben Interesse an einer reibungslosen Abwicklung des Schuldverhältnisses. Solange die Verpflichtungen aus einem wirksamen Schuldverhältnis vereinbarungsgemäß und ordentlich erfüllt werden, tauchen keine rechtlichen Probleme auf. Das Gesetz kennt folgende Erlöschensgründe: 95

1. Erfüllung durch Leistung

■ Was geschieht mit dem einmal wirksam begründeten Schuldverhältnis, wenn jeder als Schuldner dem anderen als Gläubiger seine Leistung erbracht hat, wenn er (den Vertrag) also erfüllt hat? 96

▶ In diesem Fall endet das Schuldverhältnis oder, wie der Gesetzgeber es ausdrückt: »Das Schuldverhältnis erlischt, wenn die geschuldete Leistung an den Gläubiger bewirkt wird.« Die Erfüllung ist also der »natürliche Tod« eines Schuldverhältnisses!

■ Suchen Sie die entsprechende Vorschrift selbst im Gesetz! Wenden Sie Ihr bereits vorhandenes Wissen über die Handhabung des Gesetzestextes an. Wo suchen Sie?

▶ Entweder im Inhaltsverzeichnis (zu Buch 2 des BGB) oder im »Index« unter dem Stichwort . . . (?) . . . »Erlöschen«! In beiden Fällen werden Sie auf bestimmte Vorschriften über das »Erlöschen der Schuldverhältnisse« (Buch 2, Abschnitt 4) hingewiesen: §§ 362–397, die im Rahmen der Schuldrechtsreform **nicht** verändert wurden!
Lesen Sie die erste Vorschrift davon – § 362 I! Unter der Paragrafenüberschrift »Erlöschen durch Leistung« finden Sie die Formulierung, die Sie oben gelesen haben. § 362 ist die erste Vorschrift von Titel 1 in Abschnitt 4 von Buch 2 des BGB. Sie sehen, dass der Abschnitt 4 mit der Überschrift »Erlöschen der Schuldverhältnisse« versehen ist. Der Titel 1 trägt die Überschrift »Erfüllung«. Die »Erfüllung« ist **eine** der Möglichkeiten, ein Schuldverhältnis zum Erlöschen zu bringen. Es gibt noch andere Möglichkeiten der Beendigung von Schuldverhältnissen.

■ Drei davon finden Sie, wenn Sie die Titel von Abschnitt 4 in Ihrem Gesetzestext überfliegen (tun Sie das!).

▶ Siehe Fußnote[155]!

2. »Annahme an Erfüllungs Statt«

Was es mit diesen drei Erlöschensgründen auf sich hat, wollen wir gleich näher betrachten. Zuvor aber noch etwas zur »Erfüllung«, zu den §§ 362 ff. Das Gesetz nennt 97

155 **Hinterlegung, Aufrechnung, Erlass!**

dort einen weiteren Erlöschensgrund für das Schuldverhältnis, der der Erfüllung gleichgesetzt wird (Überschriften überfliegen!).

■ Welchen meine ich?

▶ § 364 I: »Annahme an Erfüllungs Statt«.
Lesen Sie § 364 I genau durch!

■ Was ist Ihrer Meinung nach das Entscheidende, damit das Schuldverhältnis erlöschen kann?

▶ Der Gläubiger muss eine andere als die geschuldete Leistung **annehmen**.

Beispiel: Ein Gebrauchtwagenverkäufer liefert dem Käufer anstelle des ursprünglich gekauften Modells ein anderes Modell des gleichen Typs. Das Schuldverhältnis erlischt nur, wenn der Käufer damit ausdrücklich einverstanden ist.

II. Hinterlegung

98 Als nächsten Erlöschensgrund hatten wir die Hinterlegung genannt, geregelt in den §§ 372 ff. Lesen Sie § 372!

■ Welches ist die wesentliche Voraussetzung dafür, dass der Schuldner das Schuldverhältnis durch Hinterlegung beenden kann?

▶ Annahmeverzug des Gläubigers! (Auf diese Art des Verzugs kommen wir später zu sprechen.)

Der Schuldner hat im Annahmeverzug des Gläubigers die Möglichkeit, sich durch Hinterlegung des geschuldeten Leistungsgegenstands – in der Regel beim Amtsgericht – von seiner Leistungspflicht zu befreien. Allerdings sind nur bestimmte Gegenstände hinterlegungsfähig, nämlich Geld, Wertpapiere, sonstige Urkunden und Kostbarkeiten. Alle übrigen Sachen, zB auch leicht verderbliche Ware, kann der Schuldner versteigern lassen und den Erlös hinterlegen (§ 383 I – lesen!).

III. Aufrechnung

99 Lesen Sie § 387!

■ Welches sind die wesentlichen drei Voraussetzungen, damit eine der Vertragsparteien aufrechnen kann?

(Bevor Sie weiterlesen, versuchen Sie selbst, diese drei Voraussetzungen aus dem Gesetzestext herauszulesen und niederzuschreiben!)

▶ (1) Jeder Vertragspartner muss eine Forderung gegen den anderen haben (= **Gegenseitigkeit** der Forderungen).
(2) Die Forderungen müssen **gleichartig** sein.
(3) Die Hauptforderung muss **erfüllbar**[156] und die Gegenforderung muss **fällig**[157] sein.

Aufrechnung ist die Tilgung einer Forderung durch Ausgleichung mit einer Gegenforderung. In der Regel handelt es sich bei den Forderungen um Geldforderungen.

156 Erfüllbarkeit bezeichnet den Zeitpunkt, von dem ab der Schuldner leisten darf, vgl. Palandt/*Grüneberg* § 271 Rn. 1.

157 Das ist der Zeitpunkt, von dem ab der Gläubiger die Leistung verlangen kann (BGH WM 2007, 612).

Beispiel: V steht eine fällige Forderung aus einem Kaufvertrag auf Zahlung von 1.000 EUR gegen K zu. K steht gegen V eine fällige Forderung in Höhe von 800 EUR aus einem Darlehensvertrag zu:

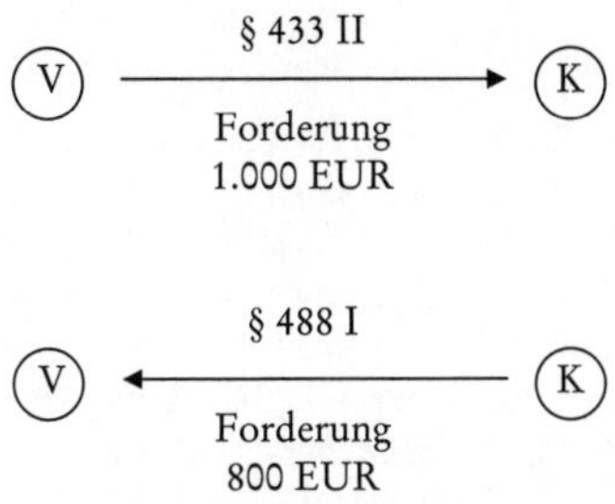

Jeder ist Schuldner und Gläubiger des anderen und zur Aufrechnung berechtigt, da beide Forderungen gleichartig (Geld) sind, die Hauptforderung erfüllbar ist und die Gegenforderung fällig ist.

■ Was passiert, wenn einer der beiden gem. § 388 die Aufrechnung erklärt? 100

► Gem. § 389 erlöschen die Forderungen in Höhe ihrer betragsmäßigen Übereinstimmung (»soweit sie sich decken«).
K kann die Forderung des V von 1.000 EUR dadurch zum Erlöschen bringen, dass er für 800 EUR die Aufrechnung erklärt und 200 EUR bar an V bezahlt.

(Lesen Sie § 388 und § 389!)

IV. Erlass

Lesen Sie § 397!

■ Was ist gem. § 397 I Voraussetzung für den Erlass der Schuld bzw. für das Erlöschen des Schuldverhältnisses? 101

► Ein Vertrag! Es müssen Angebot und Annahme des Schuldenerlasses vorliegen.

■ Warum genügt es nicht, dass nur der Gläubiger dem Schuldner großzügig erklärt: »Ich erlasse Dir Deine Schuld«?

► »Ganz einfach«: Niemand darf nach dem Schuldrecht des BGB, in dem die Vertragsfreiheit gilt, zu seinem Glück gezwungen werden (vgl. Schenkung[158])!

Neben dem Schulderlass durch Erlassvertrag gibt es eine weitere Form des Erlasses: 102
den aufgrund der Vertragsfreiheit (§ 311 I) zulässigen »Aufhebungsvertrag«, der in § 397 II nicht so bezeichnet wird, aber dort in Gestalt eines negativen Schuldanerkenntnisses seine Grundlage hat. Dabei können die Parteien vereinbaren, dass ein Schuldverhältnis (nicht mehr) bestehen bzw. ein bestehendes Schuldverhältnis für die Zukunft aufgehoben werden soll.

Solche Verträge kommen häufig bei Arbeitsverhältnissen vor. Typisches Beispiel ist der Profi-Fußball: Wenn ein Verein einen Trainer oder Spieler am liebsten »feuern« will und diesen das wissen lässt, wird der bestehende Vertrag offiziell durch einen »einvernehmlichen« Aufhebungsvertrag beendet.

Außer diesen fünf Erlöschensgründen, die das BGB gesondert in Abschnitt 4 von 103
Buch 2 des Schuldrechts behandelt und ausdrücklich als solche bezeichnet, gibt es

158 **§ 516 – lesen!**

eine Reihe weiterer Erlöschensgründe, auf die wir an späterer Stelle ausführlicher zu sprechen kommen. Der Vollständigkeit halber habe ich sie in Übersicht 7 (→ Rn. 103a), mit der wir die »Beendigung von Schuldverhältnissen« zusammenfassend betrachten wollen, mit aufgeführt.

Literatur zur Vertiefung (→ Rn. 95–103): *Alpmann/Schmidt* SchuldR AT II 1. Teil 1.–4. Abschn.; *Brox/Walker* SchuldR AT §§ 14–17; *Coester-Waltjen*, Die Aufrechnung, Jura 2003, 246; *dies.*, Aufrechnung bei Abtretung, Jura 2004, 391; *Esser/Schmidt* SchuldR AT I §§ 15–21; *Fikentscher/Heinemann* SchuldR §§ 38–40; *Höhn/Kaufmann*, Die Aufrechnung in der Insolvenz, JuS 2003, 751; *Hirsch* SchuldR AT Drittes Kap.; *Larenz* SchuldR AT §§ 18, 19; *Lieder/Illhardt*, Grenzen der Aufrechnung, JA 2010, 769; *Looschelders* SchuldR AT §§ 19-21; *Medicus/Lorenz* SchuldR AT Rn. 259 ff.; *Muscheler/Bloch*, Erfüllung und Erfüllungssurrogate, JuS 2000, 729; *Schreiber*, Leistungen an Erfüllungs Statt und erfüllungshalber, Jura 1996, 328; *Westermann/Bydlinski/Weber* SchuldR AT § 20.

Übersicht 7

103a

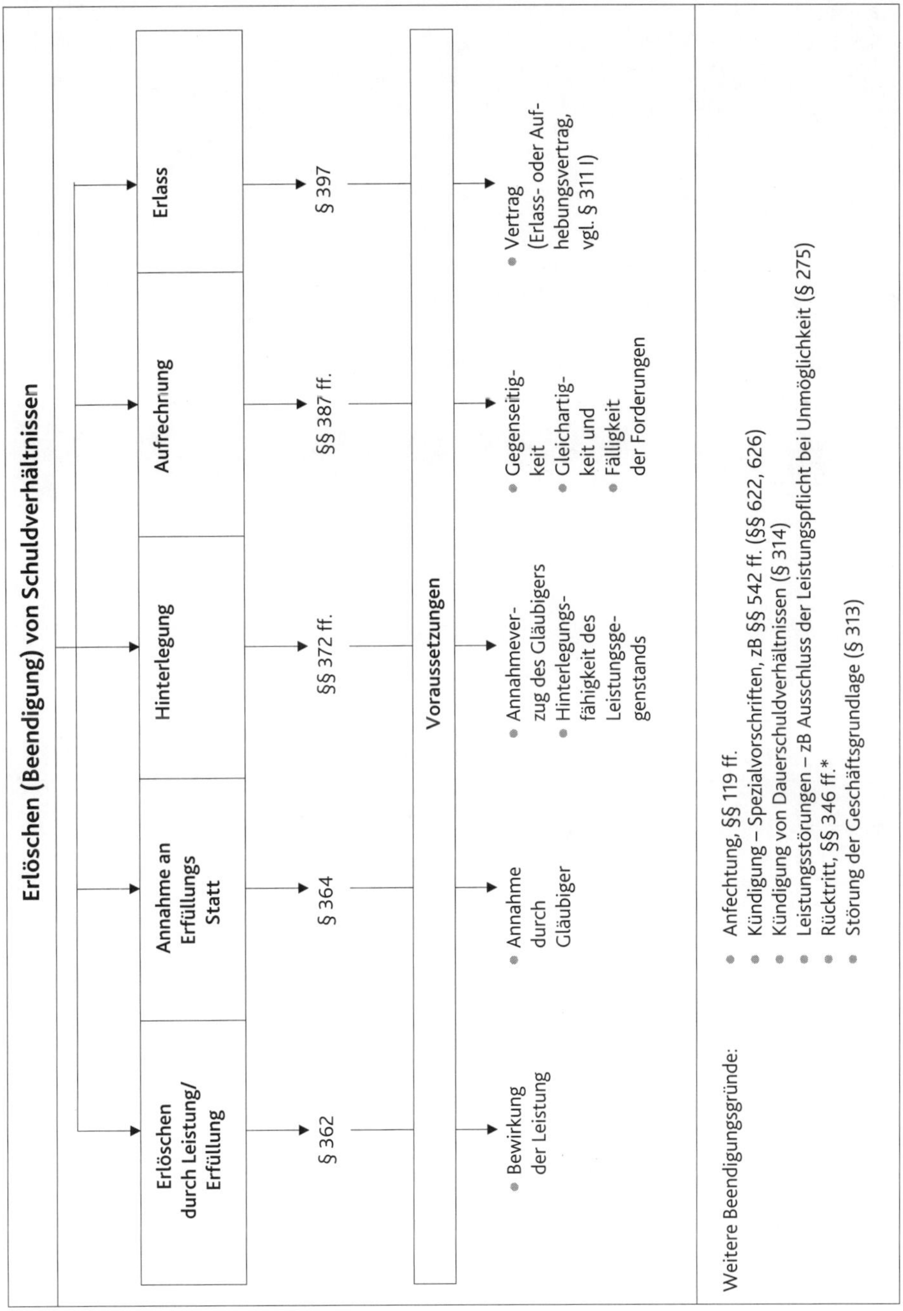

* → Rn. 151–156.

5. Kapitel. Störungen von Schuldverhältnissen (Leistungsstörungen)

I. Überblick: Grundfälle der Leistungsstörungen

Als Beendigungsgrund von Schuldverhältnissen sind auf Übersicht 7 am Ende auch die »Leistungsstörungen« angeführt. Leistungsstörungen können, müssen aber nicht immer ein Schuldverhältnis beenden! 104

Aus diesem Grund sind sie in dem Kapitel »Beendigung von Schuldverhältnissen« nicht mit erörtert worden.[159]

Der Begriff »Leistungsstörungen« besagt, dass die Abwicklung des Schuldverhältnisses nicht reibungslos vonstatten geht, sondern dass dabei Störungen auftreten. Störungen, die die ordnungsgemäße Leistung des Schuldners verhindern oder zumindest beeinträchtigen. Ordnungsgemäß ist eine Leistung nach dem, was Sie bisher über den Inhalt der Schuldverhältnisse und die Leistungspflichten gelernt haben, wenn sie **am richtigen Ort**, in der **gehörigen Art und Weise** und **zur rechten Zeit** erbracht wird.

Ist dies nicht der Fall, liegt regelmäßig eine Leistungsstörung vor! Dabei werden bezüglich der Schuldner-Leistung folgende drei Grundsituationen unterschieden: 105

(1) Der Schuldner erbringt seine **Leistung später** als von den Parteien vereinbart, also **nicht rechtzeitig**.

> **Beispiel:** V und K schließen am 1.3. einen Kaufvertrag über einen Pkw. Die Übereignung nach § 929 S. 1 (= Übergabe und Einigung über den Eigentumsübergang) soll am 3.3. erfolgen. V vergisst diesen Termin und liefert erst am 6.3. K brauchte das Auto dringend für eine Geschäftsreise und musste sich dazu einen Mietwagen nehmen.

(2) Der Schuldner ist **überhaupt nicht** in der Lage, die vertraglich vereinbarte Leistung zu erbringen.

> **Beispiel:** Wieder verkauft V dem K am 1.3. einen Pkw. Die Übereignung soll am 6.3. erfolgen. Am 3.3. explodiert bei V ein Gasrohr. Dabei wird der für K bestimmte Pkw völlig zerstört. V ist nicht mehr in der Lage, dem K diesen Pkw zu übereignen.

(3) Der Schuldner erbringt die ihm obliegende Leistung, und zwar pünktlich, er **erfüllt** aber seine Verpflichtung **schlecht**.

> **Beispiel:** V verkauft dem K einen neuen Pkw und erfüllt den Kaufvertrag, indem er dem K das Auto übergibt und ihm das Eigentum daran verschafft. Das Auto hat jedoch eine mangelhafte Bremsanlage. K verunglückt auf seiner ersten Fahrt und erleidet erhebliche Verletzungen.

Entsprechend diesen Beispielen teilt man die allgemeinen Leistungsstörungen grob in drei Gruppen ein: 106

---

159 **Auch das BGB nennt in Abschnitt 4 von Buch 2 (§§ 362–397) die »Leistungsstörungen« nicht; im Gesetz wird dieser von der Rechtslehre entwickelte Begriff übrigens gar nicht verwendet. Das Gesetz normiert die einzelnen Leistungsstörungen an sehr verschiedenen Stellen.**

(1) **Späterfüllung**: Entweder ist der Schuldner mit seiner Leistungserbringung, wie das Gesetz es nennt, in »Verzug«, oder die Erfüllung erfolgt später als vorgesehen, weil der Gläubiger mit der Annahme in Verzug geraten ist.
(2) **Nichterfüllung**: Die Leistung ist dem Schuldner unmöglich (»Unmöglichkeit der Leistung«), weil der Leistungsgegenstand verloren gegangen oder zerstört worden ist.
(3) **Schlechterfüllung**:
   a) Der Leistungsgegenstand, beim Kaufvertrag zB die Kaufsache selbst, hat einen Mangel.
   b) Durch die Schlechterfüllung (in Form von Lieferung eines fehlerhaften Leistungsgegenstands **oder** aufgrund eines anderen Fehlverhaltens des Schuldners) entsteht ein Schaden an anderen Rechtsgütern des Vertragspartners.

Die drei (bzw. vier, wenn man die beiden Arten der Schlechterfüllung differenziert) Leistungsstörungssituationen sind **tatsächlich** auch nach der Schuldrechtsreform möglich.

Die zuvor sehr unterschiedlich geregelten **rechtlichen Folgen** hat der Gesetzgeber seither indessen weitgehend **vereinheitlicht** und damit, was nicht nur die Studierenden erfreute, überwiegend (abgesehen von einem »§§-Verweisungswust«, an den man sich gewöhnen muss und wird) auch vereinfacht.

II. Gemeinsames Merkmal aller Leistungsstörungen: Die Pflichtverletzung

107 Im Mittelpunkt der Lösung von Leistungsstörungsfällen steht – vereinfacht ausgedrückt – die Frage:

Kann und muss der Schuldner seine ursprünglich geschuldete Leistung (Primärleistung) noch erbringen oder nicht?

Wenn nicht: Tritt an die Stelle der **Primärleistungspflicht** unter Umständen eine sog. **Sekundärleistungspflicht** in Form einer Schadensersatzleistung?

108 Nach früherem Recht gab es für den Gläubiger eine Vielzahl verschiedener Anspruchsgrundlagen, je nachdem, welcher der oben beschriebenen Gruppen die jeweilige Leistungsstörung zuzuordnen war. Dies waren insbesondere die damaligen §§ 280, 307, 325 (bei Unmöglichkeit), §§ 286, 326 (bei Verzug), §§ 462, 538, 635 (bei Mängeln an der Kauf- oder Mietsache bzw. an einem vom Unternehmer hergestellten Werk) sowie die gewohnheitsrechtlich anerkannte Anspruchsgrundlage »positive Vertrags- bzw. Forderungsverletzung« (bei Schlechterfüllung, die zu einem Schaden an anderen Rechtsgütern des Vertragspartners als an dem Leistungsgegenstand führte), die mühsam in Analogie zu den alten §§ 280, 286, 325, 326 hergeleitet wurde, ebenso wie das »Verschulden bei Vertragsschluss« (»culpa in contrahendo« = c. i. c.) aus den §§ 122, 179, 307 aF analog . . .

All das müssen Sie sich für die Zukunft (und für Ihre Prüfungen) nicht mehr merken!

Allerdings muss berücksichtigt werden, dass das bis zum 31.12.2001 geltende Schuldrecht nach Art. 229 § 5 S. 1 EGBGB[160] regelmäßig für die bis dahin entstandenen Schuldverhältnisse fort gilt, allerdings nicht für »Dauerschuldverhältnisse«, auf die ab 1.1.2003 das neue Recht angewendet wird. Dies alles ist indessen eher für Rechtsanwälte und andere gestandene Juristen relevant, die mit alten Verträgen konfrontiert sind. Als Studienanfänger ist für Sie das »neue Recht«, das seit dem 1.1.2002 gilt, maßgebend.

160 Beck-Texte im dtv (Nr. 5001), Gesetz Nr. 2!

Entscheidend ist, dass alle Leistungsstörungen eines gemeinsam haben: Der Schuldner hat seine Leistung nicht ordnungsgemäß – also nicht so, wie vertraglich vereinbart – erbracht, dh er hat seine **Pflicht**, eine ordnungsgemäße Leistung zu erbringen, **verletzt**. 109

Eine **Pflichtverletzung** liegt also vor, **wenn der Schuldner die Leistung zu spät, nicht oder schlecht** (sei es nicht in der geschuldeten Qualität oder unter Verletzung von anderen Rechtsgütern des Gläubigers oder von Nebenpflichten) **erbringt**.

Diese Pflichtverletzung führt dazu, dass der Gläubiger grundsätzlich und einheitlich »**Schadensersatz wegen Pflichtverletzung**« gem. § 280 I 1 (lesen!) verlangen kann. Voraussetzung ist, dass der Schuldner die Pflichtverletzung zu vertreten hat (§ 280 I 2).

§ 280 I enthält – von der Sonderregelung des § 311a II für die anfängliche Unmöglichkeit (→ Rn. 179 ff.) abgesehen – die einzige Anspruchsgrundlage für Schadensersatz wegen einer Leistungsstörung,[161] die durch die Verweisungen in Abs. 2 und Abs. 3 modifiziert bzw. konkretisiert wird:

Während **früher** »Schadensersatz wegen **Nicht**erfüllung« (begrifflich ungenau) auch in den Fällen der **Schlecht**erfüllung (§§ 463, 480, 538, 635 aF) verlangt werden konnte, ist nunmehr »**Schadensersatz statt der Leistung**« zu erbringen (vgl. die amtlichen Überschriften von §§ 281, 282 und 283). Dieser Begriff ist auch deshalb genauer, da mit diesem Schadensersatz an Stelle der Primärleistung iSd § 362 I **erfüllt** werden kann. 110

»Schadensersatz statt der Leistung« kann der Gläubiger gem. § 280 III (lesen!) nur unter den zusätzlichen Voraussetzungen von § 281, § 282 oder § 283 verlangen (die Sie jetzt noch nicht lesen müssen). 111

Unter den zusätzlichen Voraussetzungen des § 286 (jetzt ebenfalls noch nicht lesen) kann der Gläubiger »Schadensersatz wegen Verzögerung der Leistung« (kurz: **Verzögerungsschaden**) verlangen (§ 280 II – lesen). 112

Die Voraussetzungen und die Rechtsfolgen des Schuldnerverzugs wollen wir uns im Folgenden etwas genauer ansehen.

III. Schuldnerverzug

■ Wann liegt nach dem, was Sie oben (→ Rn. 105 f.) gelesen haben, Verzug vor? 113

▶ Wenn der Schuldner seine Leistung nicht rechtzeitig, dh später als vereinbart oder gesetzlich vorgeschrieben, erbringt.
Mit anderen Worten: Der Schuldner gerät zu dem Zeitpunkt in Verzug, zu dem seine Leistung **fällig** wird, er die Leistung aber noch nicht erbracht hat. Daraus folgt: Er **kann** die Leistung zu diesem Zeitpunkt noch erbringen, jedoch **zu spät**! Die Leistung ist ihm noch möglich. Daraus ergibt sich eine ganz wichtige Folgerung, die Sie sich unbedingt merken müssen und auf die Sie nach dem eben Gesagten vielleicht auch selbst kommen können:

161 NK-BGB/*Dauner-Lieb* § 280 Rn. 2.

■ Ist es denkbar, dass in einem Fall die Leistungsstörungen »Schuldnerverzug« und »Unmöglichkeit« bezüglich desselben Leistungsgegenstands gleichzeitig vorliegen können?

▶ Da beim Verzug die Leistung noch möglich ist, nur nicht termingerecht, kann neben Verzug niemals gleichzeitig Unmöglichkeit vorliegen. Entweder – oder! Verzug und Unmöglichkeit schließen sich **bezüglich desselben Leistungsgegenstands** grundsätzlich aus.[162]

Merken Sie sich unbedingt: **Wenn** Schuldnerverzug vorliegt, kann keine Unmöglichkeit vorliegen und umgekehrt!

(Etwas anderes ist es, wenn der Schuldner bereits in Verzug ist und währenddessen die Leistung unmöglich wird.[163])

Die gesetzlichen Regelungen des Schuldnerverzugs soll folgender Fall verdeutlichen:

Übungsfall 6

V verkauft dem K[164] am 1.3. einen Pkw. Am 3.3. soll vereinbarungsgemäß bei K die Übereignung erfolgen. V vergisst diesen Liefertermin. Deshalb muss sich K für eine dringende Geschäftsreise am 4.3. einen Mietwagen nehmen und dafür 150 EUR aufwenden. Als V am 6.3. verspätet liefert, verlangt K von V Ersatz dieser Mietwagenkosten.

Zu Recht?

114 Wir wollen diesen Fall Schritt für Schritt gutachtlich lösen!

■ Was benötigen wir, um prüfen zu können, ob dem K der gegen V geltend gemachte Anspruch zusteht?

▶ Eine Anspruchsgrundlage! (Wenn Sie diese Antwort nicht gewusst haben, empfehle ich Ihnen dringend die Lektüre von *Wörlen/Metzler-Müller* BGB AT Rn. 120–125 und Rn. 180–195.)

Dazu müssen wir den von K geltend gemachten Anspruch rechtlich einordnen. Wir fragen »Was will K von V?« und knüpfen dabei an die Fallfrage an.

■ Was also will K von V?

▶ Ersatz der Mietwagenkosten, die er aufwenden musste, weil V zu spät geliefert hat. Anders ausgedrückt: K verlangt von V einen Schaden in Höhe von 150 EUR ersetzt.

■ Wodurch ist dieser Schaden entstanden?

▶ Durch die zu späte Lieferung des Autos. Mit anderen Worten: Durch **Verzug** des V!

■ Wie würden Sie den Schaden des K bezeichnen?

162 **So klar und einleuchtend das erscheint, Sie können sich kaum vorstellen, wie häufig in juristischen Anfänger-Klausuren das Eingreifen der Verzugsregeln neben den Vorschriften über die Unmöglichkeit kumulativ bejaht wurde! Tun Sie dies bitte nie!**

163 Diesen Fall regelt § 287, auf den wir noch zurückkommen!

164 **Sofern der Sachverhalt keinen gegenteiligen Hinweis enthält, können Sie in diesem Buch davon ausgehen, dass alle Kaufverträge zwischen »Verbraucher und Verbraucher« geschlossen wurden, sodass die Vorschriften über den Verbrauchsgüterkauf (§§ 474 ff.) nicht zu berücksichtigen sind.**

- ▶ Es handelt sich um einen Schaden wegen Verzögerung der Leistung (Verzögerungsschaden).

Wir suchen daher für die Lösung unseres Falls eine Anspruchsgrundlage, aus der ein Anspruch des Gläubigers gegen den Schuldner auf Ersatz des Verzögerungsschadens folgt. 115

- ■ Wenn Sie soeben (→ Rn. 112) aufmerksam gelesen haben, müssten Sie die Anspruchsgrundlage leicht finden?
- ▶ § 280 I und II iVm § 286.
- ■ Formulieren Sie den ersten Satz des Gutachtens selbst (auf ein Blatt schreiben!). Sinngemäß müsste er lauten:
- ▶ »K könnte gegen V einen Anspruch auf Ersatz der Mietwagenkosten gem. § 280 I und II iVm § 286 haben.«
- ■ Welches ist der zweite Schritt bei der gutachtlichen Prüfung? 116
- ▶ Prüfung der Voraussetzungen der Anspruchsgrundlage!

Der Anspruch auf Ersatz des Verzögerungsschadens nach diesen Vorschriften hat vier Voraussetzungen.

- ■ Welche sind das? Versuchen Sie wieder selbst, diese Voraussetzungen aus dem Gesetz herauszulesen und schreiben Sie sie auf, bevor Sie hier weiterlesen!
- ▶ (1) Zwischen K und V muss ein **Schuldverhältnis** bestehen (§ 280 I 1),
  (2) V müsste als **Schuldner** eine Pflichtverletzung durch Verzögerung der Leistung begangen haben, also in Verzug geraten sein (§ 280 II iVm § 286),
  (3) Verantwortlichkeit des Schuldners = »Vertretenmüssen« (§§ 286 IV, 280 I 2 iVm § 276 oder § 278) und
  (4) K als Gläubiger müsste **durch den Verzug** ein **Schaden** (§ 280 I 1 = »hierdurch«) entstanden sein.
- ■ Besteht in unserem Fall ein Schuldverhältnis? 117
- ▶ K und V haben am 1.3. einen Kaufvertrag iSv § 433 geschlossen.
- ■ Welche Leistung hatte der Schuldner V zu erbringen, um den Vertrag zu erfüllen?
- ▶ Gemäß § 433 I 1 die Übergabe des Autos und die Eigentumsverschaffung (§ 929 S. 1) am Pkw.
- ■ Ist er mit dieser Leistung in Verzug gekommen? (Überlegen Sie!)
- ▶ Ja!
- ■ Woher wissen Sie das? Wo steht das?
- ▶ Nicht in § 280! Diese Vorschrift setzt eine Pflichtverletzung durch Verzögerung der Leistung bereits voraus, sagt aber nichts darüber aus, unter welchen **Voraussetzungen** der Schuldner in **Verzug** gekommen ist!

1. Voraussetzungen des Verzugs

Wenn § 280 II bereits davon ausgeht, dass der Schuldner in Verzug geraten ist, muss sich eine Regelung darüber, wie und wann der Schuldner in Verzug kommt, sinnvollerweise in der Nähe dieser Vorschrift befinden. Aus diesem Grund verweist § 280 II auf § 286. Lesen Sie § 286 daher ganz durch und versuchen Sie, 118

■ daraus die Voraussetzungen herzuleiten, die erfüllt sein müssen, damit der Schuldner in Verzug kommt.

▶ Dies sind – richtig geordnet – grundsätzlich folgende Voraussetzungen:

a) Fälligkeit der Leistung

119 Für die Fälligkeit der Leistung des Schuldners gilt § 271 I (lesen!), wonach die Leistung »sofort« fällig wird, wenn von den Parteien nichts anderes bestimmt ist. K und V haben den 3.3. als Liefertermin vereinbart. An diesem Tag war die Leistung des V fällig.

b) Mahnung

120 Allein die Fälligkeit führt nach § 286 I 1 nicht zum Verzug des Schuldners; der Schuldner muss im Regelfall gemahnt werden. Die **Mahnung** ist die (einseitige, empfangsbedürftige) **Aufforderung des Gläubigers** an den Schuldner, **die Leistung zu erbringen**. Es muss nicht ausdrücklich auf die Folgen einer weiteren Verzögerung hingewiesen werden.[165] Die Mahnung muss nach Eintritt der Fälligkeit erfolgen. Eine vor diesem Zeitpunkt ausgesprochene Mahnung ist unwirksam und wird nicht durch den späteren Eintritt der Fälligkeit geheilt. Man kann die Mahnung allerdings mit der die Fälligkeit begründenden Handlung, zB Übersendung der Rechnung, verbinden.[166]

■ Ist V auf diese Weise in Verzug geraten?

▶ K hat nicht gemahnt!

■ Also hat K Pech gehabt und kann keinen Schadenersatz verlangen?

▶ Die Antwort gibt das Gesetz in § 286 II Nr. 1–4 (hier: Nr. 1 – lesen!).

■ Passt diese Vorschrift auf unseren Fall?

▶ V und K hatten einen Termin für die Leistung, eine Zeit nach dem Kalender, bestimmt, nämlich den 3.3.!
Somit war eine Mahnung durch K entbehrlich.

Gem. § 286 I 2 stehen der Mahnung die Erhebung der Klage auf die Leistung sowie die Zustellung eines Mahnbescheids im Mahnverfahren gleich.

■ Welche Voraussetzung für den Verzug muss gem. § 286 I neben der Fälligkeit und der Mahnung (sofern diese nicht nach § 286 II entbehrlich ist) schließlich noch vorliegen (Vorschrift nochmals lesen!)?

▶ c) Nichtleistung

121 Nach § 286 I 1 kommt der Schuldner durch die Mahnung – sofern die eben genannten Ausnahmen von § 286 II Nr. 1–4 nicht eingreifen – (objektiv) in Verzug, wenn er »auf eine Mahnung des Gläubigers« **nicht leistet**.

Da V zu dem kalendermäßig bestimmten Termin am 3.3. tatsächlich nicht leistete, kam er zu diesem Zeitpunkt ohne Mahnung in Verzug.

---

165 BGH NJW 1998, 2132 (2133); MüKoBGB/*Ernst* § 286 Rn. 48.

166 Vgl. Palandt/*Grüneberg* § 286 Rn. 16.

Somit ist die zweite Voraussetzung für den Schadensersatzanspruch aus § 280 I und II (→ Rn. 116), »Pflichtverletzung durch Verzögerung der Leistung«, erfüllt.

Entgegen dem Wortlaut von § 286 I und II Nr. 1–4 kommt der Schuldner, der trotz Fälligkeit der möglichen Leistung (nach Mahnung oder wegen Nichteinhaltung eines kalendermäßig bestimmten Termins) nicht leistet, subjektiv (noch) nicht in Verzug! Das erscheint widersprüchlich, ergibt sich aber aus dem Gesetz selbst, das als dritte **Voraussetzung für den Schadensersatzanspruch** aufstellt:

2. Vertretenmüssen (Verschulden)

Verzug tritt nur ein, wenn der Schuldner die Verzögerung der Leistung zu vertreten hat (§ 286 IV). Hierfür gelten die allgemeinen Vorschriften. In erster Linie hat der Schuldner sein eigenes Verschulden und das seiner Erfüllungsgehilfen und gesetzlichen Vertreter zu vertreten (vgl. §§ 276, 278). Aus dem Inhalt des Schuldverhältnisses kann sich aber auch eine strengere (oder mildere) Haftung ergeben, etwa durch die Übernahme einer Garantie oder eines Beschaffungsrisikos. Letztes ist vor allem für die Gattungsschuld von Bedeutung: Hier hat der Schuldner Verzögerungen auch ohne Verschulden zu vertreten, wenn es um die typischen Beschaffungshindernisse geht, wie zB Versorgungsengpässe am Markt oder die eigene wirtschaftliche Leistungsfähigkeit. Atypische Hindernisse hat der Schuldner hingegen auch bei der Gattungsschuld nicht zu vertreten, zB persönliche Umstände (wie Krankheit) oder höhere Gewalt durch Naturkatastrophen, behördliche Eingriffe oder Krieg. Bei Geldforderungen entschuldigt die Zahlungsunfähigkeit nicht. 122

Aus der negativen Formulierung in § 286 IV folgt (wie bei § 280 I 2), dass der Schuldner zu beweisen hat, dass er die Verzögerung der Leistung nicht zu vertreten hat (sog. Beweislastumkehr). 123

Die Vorschrift des § 286 IV wiederholt auf den ersten Blick die Regelung des § 280 I 2. Sie scheint deshalb nur für die übrigen Verzugsfolgen, wie zum Beispiel die in § 287 und § 288 normierten, von Bedeutung zu sein. Allerdings ist § 286 IV wichtig für den Zeitpunkt des möglichen Entlastungsbeweises. Danach ist nicht der Zeitpunkt der Pflichtverletzung iSd § 280 I 1 (Nichtleistung trotz Möglichkeit und Fälligkeit) relevant, sondern derjenige, in dem die objektiven Voraussetzungen des Verzugs (also auch die Mahnung) vorliegen.[167] 124

- ■ Hat in Fall 6 V die Nichtleistung verschuldet? (»Subsumieren« Sie den Sachverhalt unter das Gesetz!)
- ▶ Indem V den Liefertermin (3.3.) einfach »vergisst«, hat er die im Verkehr erforderliche Sorgfalt außer Acht gelassen, dh fahrlässig iSv § 276 II gehandelt.

Somit ist auch die dritte Voraussetzung für den Schadensersatzanspruch aus § 280 I erfüllt.

- ■ Wie steht es mit der vierten Voraussetzung für den Schadensersatzanspruch? Ist »**durch** den Verzug« (vgl. § 280 I 1 »des **hierdurch** entstehenden Schadens«) ein Schaden entstanden? 125
- ▶ Hätte V pünktlich geliefert, wären dem K die Mietwagenkosten erspart geblieben.

167 Palandt/*Grüneberg* § 286 Rn. 32; *Brox/Walker* SchuldR AT § 23 Rn. 29.

Ergebnis:
K hat gegen V einen Anspruch auf Ersatz der Mietwagenkosten in Höhe von 150 EUR als Verzögerungsschaden gem. § 280 I und II iVm § 286 und § 249 I (lesen[168]).

3. Ergänzung der Verzugsregelungen durch § 286 III und IV

30 Tage: Genug für Verzug! (§ 286 III)

126 Gem. § 286 III 1 kommt der Schuldner einer Entgeltforderung (falls der Verzug nicht schon nach § 286 I und II zu einem früheren Zeitpunkt eingetreten sein sollte) **spätestens** in Verzug, wenn er nicht innerhalb von 30 Tagen nach Fälligkeit und Zugang einer Rechnung oder gleichwertigen Zahlungsaufstellung (die insofern funktional an die Stelle der Mahnung tritt[169]) leistet.

Darin liegt keine Abweichung von § 286 I und II, sondern eine klarstellende Ergänzung der allgemeinen Regeln für den Fall, dass die verzögerte Leistung des Schuldners einer **Entgelt**forderung des Gläubigers entspricht.

127 Dies gilt gegenüber einem Schuldner, der Verbraucher (§ 13) ist, gem. § 286 III 1, Hs. 2 nur, wenn er auf diese Folgen in der Rechnung oder Zahlungsaufstellung besonderes hingewiesen wurde. Wenn der Zeitpunkt des Zugangs der Rechnung oder Zahlungsaufstellung unsicher ist, kommt der Schuldner, der **nicht Verbraucher** ist, spätestens 30 Tage nach Fälligkeit und Empfang der Gegenleistung in Verzug (§ 286 III 2).

»**Entgeltforderungen**« iSv § 286 III sind **nicht alle Geldforderungen**, sondern nur rechtsgeschäftliche Entgeltforderungen für die Lieferung von Waren oder die Erbringung von sonstigen Leistungen, wie zB auch Dienstleistungen.

Nicht erfasst sind Schadensersatzansprüche, Bereicherungsansprüche, Rückzahlungsansprüche aus § 346, Ansprüche aus GoA sowie Ansprüche auf eine Versicherungsleistung und auf Zustimmung zu Mieterhöhung.[170]

4. Rechtsfolgen des Verzugs

a) Ersatz des Verzögerungsschadens

128 Die Rechtsfolge, dass der Schuldner dem Gläubiger gem. § 280 I und II iVm § 286 den aufgrund eines verschuldeten Verzugs eingetretenen Verzögerungsschaden ersetzen muss, haben Sie bei der Lösung von Fall 6 kennen gelernt. Der Gläubiger ist vom Schuldner so zu stellen, wie er bei rechtzeitiger Leistung gestanden hätte.[171] Dies ergibt sich insbesondere aus den allgemeinen Vorschriften über den Umfang des Schadensersatzes, den §§ 249 ff., von denen Sie noch einmal § 249 I lesen sollten!

---

168 Man kann nicht früh genug darauf hinweisen: Wenn ein Schadensersatzanspruch dem **Grunde** nach feststeht, müssen zur Feststellung der **Höhe** (des **Umfangs**) des Schadens die §§ 249 ff. herangezogen werden! Aber »wehe«, Sie zitieren jemals § 249 als »Anspruchsgrundlage«! § 249 ist eine Rechtsfolgeregelung. Der Anspruch auf Schadenersatz steht bereits aufgrund einer Anspruchsgrundlage (zB § 280 I) fest, wenn man § 249 anwendet! → Rn. 253 (Exkurs).

169 Nk-BGB/*Schulte-Nölke* § 286 Rn. 50.

170 Jauernig/*Stadler* § 286 Rn. 32; *Brox/Walker* SchuldR AT § 23 Rn. 20.

171 Vgl. Palandt/*Grüneberg* § 286 Rn. 42.

Solche Schäden können, wie in Fall 6 die Mietwagenkosten, Aufwendungen sein, die der Gläubiger tätigen musste, weil die Leistung des Schuldners nicht rechtzeitig erfolgte. Zu diesen Aufwendungen können zB gehören:[172] Fahrtkosten, Kosten der Rechtsverfolgung (etwa wenn der Gläubiger einen Rechtsanwalt beauftragt und – falls es sich bei der Leistung um eine Geldforderung handelt – ein gerichtliches Mahnverfahren[173] beantragt hatte), Mietkosten für eine Ersatzwohnung bei verspäteter Bereitstellung der angemieteten Wohnung, Kosten für ein Inkassobüro (falls kein Rechtsanwalt eingeschaltet wurde) oder auch ein entgangener Gewinn (vgl. dazu § 252 – zur Information lesen), weil der Gewinn bringende Wiederverkauf des Leistungsgegenstands wegen der verspäteten Leistung gescheitert ist. Darüber hinaus können bei Geldschulden zusätzlich Verzugszinsen (→ Rn. 143) unter den Verzögerungsschaden fallen (§ 288).

b) Schadensersatz statt der Leistung

Meistens wird der Gläubiger noch ein Interesse an der verspäteten Erfüllung der Leistung haben, wenn er, wie in Fall 6, den reinen Verzögerungsschaden ersetzt bekommt. Denkbar sind aber durchaus Fälle, in denen der Gläubiger sein Interesse an der Leistung verloren hat, weil er mit der verspäteten Leistung nichts mehr anfangen kann. Er kann dann unter bestimmten Voraussetzungen Schadensersatz statt der Leistung verlangen: 129

Übungsfall 7

E, Student der Wirtschaftswissenschaften, war von dem BGB-Kommentar von Palandt so beeindruckt, dass er ihn durchlesen möchte! Er leiht sich deshalb am 1.3. von seinem Freund, Rechtsreferendar Verleinix (V), dessen veraltetes Exemplar des »Palandt«, das noch einen Wert von 45 EUR hat. Als Rückgabetermin wird der 30.5. vereinbart, da V den »Palandt« für das vom 1.7. – 21.7. laufende zweite juristische Staatsexamen und dessen Vorbereitung selbst benötigt. Am 1.6. setzt V dem E eine Frist zur Rückgabe bis zum 30.6. E vergisst auch diesen Rückgabetermin und fährt für drei Wochen in die Ferien nach Italien. Da es V nicht mehr gelingt, sich selbst irgendwo einen »Palandt« zu leihen, muss er sich einen gebrauchten Palandt – gleiche Auflage – kaufen und dafür 50 EUR zahlen. Als E am 22.7. endlich das Buch zurückbringt, lehnt V die Rücknahme ab. Er verlangt stattdessen von E als Schadensersatz statt der Leistung die Erstattung von 50 EUR, die er für das Ersatzexemplar ausgeben musste. Zu Recht?

Die Anspruchsgrundlage, auf die V sich berufen könnte, ist § 280 I und III iVm § 281 I 1, 1. Var. 130

aa) Voraussetzungen

- Lesen Sie diese Vorschriften sorgfältig und versuchen Sie selbst, die sieben Voraussetzungen herauszufinden, die für einen Anspruch auf »Schadensersatz statt der Leistung« erfüllt sein müssen! Decken Sie die folgende Antwort mit einem Blatt Papier ab und formulieren Sie diese Voraussetzungen schriftlich auf einem anderen Blatt, bevor Sie weiterlesen.
- ▶ Voraussetzungen für den Anspruch auf »Schadensersatz statt der Leistung« gem. § 280 I und III iVm § 281 I 1, 1. Var. sind: 131

172 Sollten Sie selbst einmal Verzugsgläubiger werden und weitere Beispiele suchen: vgl. Palandt/*Grüneberg* § 286 Rn. 43 ff., woraus die hier genannten Beispiele entnommen sind.
173 Zur allg. Information: geregelt in §§ 688–703d der ZPO.

(1) Vorliegen eines Schuldverhältnisses (§ 280 I 1)
(2) Fällige, noch mögliche Leistung des Schuldners (§ 281 I 1, 1. Var.)
(3) Pflichtverletzung des Schuldners durch Nichterbringung der fälligen Leistung (§ 281 I 1, 1. Var.)
(4) Leistungsaufforderung mit angemessener Fristsetzung (§ 281 I 1) – falls nicht nach § 281 II entbehrlich
(5) Erfolgloser Fristablauf (§ 281 I 1)
(6) Vertretenmüssen (§ 280 I 2 iVm § 276 oder § 278)
(7) Schaden beim Gläubiger

132 Prüfen wir, ob diese Voraussetzungen in Fall 7 erfüllt sind!

■ (1) Welches Schuldverhältnis besteht hier?
▶ Ein Leihvertrag iSv § 598 (lesen!).

■ (2) Welche Leistung des E als Schuldner war fällig? (Sie kennen die entsprechende Vorschrift schon[174]!)
▶ Die Rückgabepflicht aus § 604!

■ (3) Hat E eine Pflichtverletzung durch Nichterbringung der fälligen Leistung begangen?
▶ E hat den ursprünglich vereinbarten Rückgabetermin (30.5.) nicht eingehalten, sodass eine Pflichtverletzung vorliegt.[175]

■ (4) Hat V eine angemessene Frist zur Leistung bzw. Nacherfüllung gesetzt?
▶ Nachdem E den vereinbarten Rückgabetermin vom 30.5. nicht eingehalten hat, hat V ihm eine Frist bis zum 30.6. gesetzt.

■ (5) Erfolgloser Fristablauf?
▶ Da E auch den Rückgabetermin zum 30.6. vergessen hat, war die Fristsetzung erfolglos.

133 Nach § 281 I 1 muss diese Frist **angemessen** sein.

Die Angemessenheit bestimmt im Streitfall das Gericht nach objektiven Maßstäben.[176] Die Frist muss so lang sein, dass der Schuldner die Leistung tatsächlich erbringen kann. Sie soll dem Schuldner eine letzte Gelegenheit zur Vertragserfüllung ermöglichen und braucht daher nicht so bemessen zu werden, dass der Schuldner die noch gar nicht begonnene Leistung erst anfangen und fertig stellen kann.[177]

Da der Schuldner seiner ursprünglichen Leistungspflicht nicht hinreichend entsprochen hat, können von ihm nun auch größere Anstrengungen und rascheres Handeln verlangt werden.

---

174 → Rn. 14.

175 **Beachte:** Dieser Anspruch auf Schadensersatz statt der Leistung setzt nicht voraus, dass der Schuldner in Verzug ist. Der Verzug ist nur für den Ersatz des Verzögerungsschadens nach §§ 280 I, II, 286 relevant. Für den Anspruch nach §§ 280 I, III, 281 hingegen ist keine Mahnung erforderlich.

176 BGH NJW 85, 2641; Jauernig/*Stadler* § 281 Rn. 6.

177 Palandt/*Grüneberg* § 281 Rn. 10 (unter Hinweis auf BGH NJW 1985, 323 und 857 sowie auf OLG Düsseldorf NJW-RR 1992, 951).

Bestimmt der Gläubiger eine zu kurze Frist, ist diese damit nicht unwirksam, sondern setzt regelmäßig eine angemessene Frist in Lauf,[178] wenn der Gläubiger nicht deutlich gemacht hat, dass es ihm gerade auf die Kürze der Frist ankommt.

In unserem Fall bestehen an der Angemessenheit der Frist (von fast einem Monat) keine Zweifel.

■ (6) Liegt Vertretenmüssen nach § 276 vor?
▶ Indem E den Rückgabetermin einfach vergisst, hat er fahrlässig iSv § 276 I 1 und II gehandelt.

Die Prüfungsreihenfolge der Voraussetzungen 4, 5 und 6 ist nicht »verbindlich«. Die hier gewählte Reihenfolge erscheint sinnvoll: Solange der Schuldner innerhalb der gesetzten Frist noch leisten kann, kann noch keine **schuldhafte** Pflichtverletzung vorliegen. Erst wenn die Frist erfolglos abgelaufen ist, stellt sich die Frage, ob der Schuldner die Nichtleistung nach Fristablauf zu vertreten hat.

■ (7) Welcher Schaden ist dem V hierdurch entstanden?
▶ Wenn E pünktlich geleistet hätte, hätte V sich die Ausgabe von 50 EUR ersparen können.

bb) Rechtsfolgen

Da alle Voraussetzungen des Anspruchs erfüllt sind, kann V **Schadensersatz statt der Leistung** gem. § 280 I und III iVm § 281 I 1, 1. Var. von E verlangen. Es soll also der durch die Nichterfüllung entstandene Schaden (»positives Interesse«,[179] früher sog. »Nichterfüllungsschaden«) ersetzt werden.

Für den **Umfang** des zu ersetzenden Schadens gilt § 249 I (lesen!) Danach ist V von E **134**
so zu stellen, wie er ohne das schädigende Ereignis (Nichterbringung der fälligen Leistung) gestanden hätte. In diesem Fall hätte V sich keinen Ersatz-»Palandt« kaufen müssen. Den Preis für dieses Buch muss E deshalb als Schadensersatz statt der Leistung zahlen, während er den »Palandt«, der 45 EUR wert ist, behalten kann. Dies ergibt sich aus § 281 IV (lesen), nach dem der Anspruch auf die Leistung (= Rückgabe des Palandt) ausgeschlossen ist, wenn der Gläubiger Schadensersatz statt der Leistung verlangt hat.

Bei der Lektüre der Anspruchsvoraussetzungen werden Sie gemerkt haben, dass **135**
§ 281 I 1, 1. Var. nicht die förmlichen Voraussetzungen des Schuldnerverzugs verlangt, wie sie in § 286 aufgestellt werden.

§ 281 I 1, 1. Var. soll dem Gläubiger die Möglichkeit geben, in möglichst einfacher Weise Klarheit über den Fortbestand des Leistungsanspruchs bzw. darüber zu erlangen, ob der Primärleistungsanspruch einem Schadensersatzanspruch weichen kann. Das kann er durch das Setzen einer angemessenen Frist erreichen. Diese Fristsetzung enthält inhaltlich eine Aufforderung zur Leistung, in der stets auch eine Mahnung iSd § 286 I zu sehen ist. Somit kann der Fall nicht eintreten, dass der Gläubiger Schadensersatz statt der Leistung nach § 281 I 1, 1. Var. verlangen kann, während der Schuldner sich noch nicht nach § 286 in Verzug befindet.

178 BGH NJW 1985, 2640; NJW 1996, 1814; BeckOK BGB/*Unberath* § 281 Rn. 16.
179 Dazu → Rn. 183 ff.

Die Vorschriften über den Schuldnerverzug, die Sie bisher kennen gelernt haben und die für alle Schuldverhältnisse (grundsätzlich auch für gegenseitige Verträge) gelten, sowie ihre Voraussetzungen und Rechtsfolgen prägen Sie sich nun mit Hilfe von Übersicht 8 (Teil 1), → Rn. 136–138 nochmals ein:

Übersicht 8 (Teil 1)

136

Leistungsstörungen

Grundfälle der Leistungsstörungen/Voraussetzungen und Rechtsfolgen des Schuldnerverzugs

1. Der Schuldner erbringt seine **Leistung nicht rechtzeitig: Späterfüllung = »Verzug«**.
2. Der Schuldner ist **nicht in der Lage**, seine **Leistung zu erbringen: Nichterfüllung = »Unmöglichkeit«**.
3. Der Schuldner erbringt zwar seine Leistung, **erfüllt** aber **schlecht: Schlechterfüllung.**
   Möglichkeiten:
   a) Leistungsgegenstand, zB Kaufsache, hat einen Mangel.
   b) Durch Schlechterfüllung entsteht dem Gläubiger Schaden an anderen Rechtsgütern.

Voraussetzungen und Rechtsfolgen des Schuldnerverzugs

Allgemeine Regelungen für alle Schuldverhältnisse

137 • Vorschriften: §§ 280, 281, 286

a) Anspruchsgrundlage für Ersatz von Verzögerungsschaden: § 280 I und II iVm § 286

• **Voraussetzungen:**
(1) Schuldverhältnis (§ 280 I 1)
(2) Pflichtverletzung des Schuldners durch Verzögerung der Leistung (§ 280 I und II iVm § 286)
– **Voraussetzungen des Verzugs:**
(a) Fälligkeit der Leistung (§ 271)
(b) Mahnung, § 286 I 1
oder: § 286 II Nr. 1–4
(c) Nichtleistung (§ 286 I 1)
(3) Vertretenmüssen (§§ 280 I 2, 286 IV iVm § 276 oder § 278)[180]
(4) Verzögerungsschaden beim Gläubiger (§ 280 I)

• **Rechtsfolge:** § 280 I 1 iVm §§ 249 ff. → Ersatz des Verzögerungsschadens;
Leistungsverpflichtung besteht weiter:
»Schadensersatz **neben** der Leistung«

138 **b) Anspruchsgrundlage für Schadensersatz <u>statt</u> der Leistung: § 280 I und III iVm § 281 I 1, 1. Var.**

• **Voraussetzungen:**
(1) Vorliegen eines Schuldverhältnisses (§ 280 I 1)
(2) Fällige noch mögliche Leistung des Schuldners (§ 281 I 1, 1. Var.)

180 → Rn. 264 ff.

	(3)	Pflichtverletzung des Schuldners durch Nichterbringung der fälligen Leistung (§ 281 I 1, 1. Var.)
	(4)	Leistungsaufforderung mit angemessener Fristsetzung (§ 281 I 1) – falls nicht nach § 281 II entbehrlich.
	(5)	Erfolgloser Fristablauf (§ 281 I 1)
	(6)	Vertretenmüssen (§ 280 I 2 iVm § 276 oder § 278)
	(7)	Schaden beim Gläubiger
• **Rechtsfolge:**	–	Schadensersatz statt der Leistung (§ 281 I 1, 1. Var.), Umfang: §§ 249 ff.
	–	Erlöschen der Leistungspflicht (§ 281 IV)

c) Besondere Folgen des Verzugs

aa) Verantwortlichkeit während des Verzugs (§ 287)

(1) § 287 bestimmt eine erweiterte Haftung des Schuldners, der sich bereits in Verzug befindet. § 287 betrifft zB den Fall, dass der Leistungsgegenstand, der aufgrund des Verzugs noch nicht beim Gläubiger eingetroffen ist, sich noch im Bereich der Risikosphäre des Schuldners befindet.[181] 139

Beispiel: Der Schuldner S, ein Werkunternehmer (vgl. § 631) schuldete dem Gläubiger G die Reparatur von dessen Pkw Citröen 2 CV (»Ente«), Baujahr 1987, zum 2.1.2013. Da S den Jahresbeginn allzu heftig gefeiert hatte, war er am 2.1. zur Lieferung nicht im Stande. In der Nacht vom 2.1. zum 3.1.2013 brach aus ungeklärter Ursache ein Brand in der Werkstatt des S aus, dem auch die »Ente« zum Opfer fiel. Vermutlich hatte zufällig eine Ratte mit einem Biss in ein Stromkabel den Brand durch Kurzschluss ausgelöst. 140

Sowohl aus der Sicht des S als auch des G war dies ein dummer Zufall (»dumm gelaufen«, die Ratte...). Durch »Zufall« (was immer bedeutet: weder durch unmittelbares Verschulden des Schuldners noch des Gläubigers) ist das Auto zerstört, dem S ist die Leistung aus dem Werkvertrag also **unmöglich** (→ Rn. 168 ff.) geworden. Hätte er pünktlich (= **rechtzeitig** zum 2.1.) geleistet, wäre er nicht in **Verzug** gekommen! Den **Verzug** hat er gem. §§ 280 I 2, 286 IV iVm § 276 I 1 und II zu vertreten, da er den Liefertermin »verschlafen« und somit fahrlässig gehandelt hat. Die Leistung wurde aufgrund eines Umstandes (»Zufall«) unmöglich, den er eigentlich nicht zu vertreten hätte (§ 280 I 2). Diese Beweislastregel hilft ihm indessen nicht, da nun § 287 S. 2 (lesen!) gilt! S haftet also auch für den Zufall; es sei denn, der Schaden wäre auch eingetreten, wenn S die »Ente« rechtzeitig repariert und dem G geliefert hätte. 141

(2) Gem. § 287 S. 1 haftet der Schuldner während des Verzugs nicht nur für (»normale«), sondern für **jede** Fahrlässigkeit. Soweit ersichtlich hat es der Gesetzgeber versäumt, die Arten der Fahrlässigkeit, die die Rechtsprechung schon seit jeher unterscheidet, zu definieren; zB ist in § 300 von »**grober** Fahrlässigkeit« die Rede. 142

»**Jede**« Fahrlässigkeit iSv § 287 S. 1 bedeutet: Der Schuldner muss im Verzug auch für durch »leichteste« bzw. »leichte« Fahrlässigkeit verursachte Unmöglichkeit haften:

181 Vgl. dazu *Wörlen/Schindler* Anleitung Fall 13.

Wenn § 276 II bestimmt, dass »normal« fahrlässig handelt, »wer die im Verkehr erforderliche Sorgfalt außer Acht lässt«, bedeutet dies, dass

- »leichtest fahrlässig« handelt, wer diese Sorgfalt in **ganz** geringem Maß außer Acht lässt,
- »leicht fahrlässig« handelt, wer diese Sorgfalt in **geringem** Maß außer Acht lässt und
- »grob fahrlässig« handelt, wer diese Sorgfalt in besonders **hohem** Maß außer Acht lässt.

bb) Verzugszinsen

143 **Während** des objektiv vorliegenden Verzugs – auch wenn dieser vom Schuldner nicht zu vertreten ist – muss der Schuldner zwar (wegen §§ 280 I 2, 286 IV) keinen Schadensersatz leisten, aber Verzugszinsen bezahlen, wenn er mit einer Geldschuld in Verzug ist (§ 288 I 1 – lesen! = eigenständige Anspruchsgrundlage[182]). Lesen Sie auch § 288 I 2! Danach sind für Rechtsgeschäfte, an denen ein Verbraucher beteiligt ist, Verzugszinsen in Höhe von 5 % über dem Basiszinssatz[183] zu zahlen. Lesen Sie dazu nun § 247!

Seit dem 1.1.2013 beträgt der Basiszinssatz - 0,13 %. Somit beträgt der entsprechende Verzugszins nach § 288 I für Verbraucher seitdem 4,87 %. Für Unternehmer gem. § 288 II (lesen!) zurzeit 7,87 %!

5. Besondere Regelungen für gegenseitige Verträge

a) Notwendigkeit der Sonderregelungen

144 Die wechselseitige Abhängigkeit der Verpflichtungen beider Vertragsparteien bei gegenseitigen Verträgen (→ Rn. 11–13) sowie der damit verbundene enge Zusammenhang von Leistung und Gegenleistung machten es erforderlich, besondere Vorschriften über das Schicksal der Gegenleistung in das Gesetz aufzunehmen.

Dies sind im Allgemeinen Schuldrecht die §§ 320–326, die im Besonderen Schuldrecht einige auf die dort geregelten speziellen Verträge zugeschnittene Abwandlungen erfahren.

b) Nichterbringung (Verzögerung) der fälligen Leistung durch den Schuldner (§ 323 I, 1. Var.)

145 Wie bereits dargestellt (→ Rn. 107–112), geht das Leistungsstörungsrecht in § 280 I von einem einheitlichen Pflichtverletzungstatbestand aus. Je nachdem, um welche Art der Pflichtverletzung es sich handelt – Nichtleistung, Verzögerung der Leistung oder Schlechtleistung –, wird der Eintritt der jeweiligen Rechtsfolgen vom Vorliegen besonderer Voraussetzungen abhängig gemacht.

---

182 Deren Voraussetzungen sind unabhängig von den allgemeinen Voraussetzungen für den Schadensersatz wegen Verzögerung der Leistung (nur) in § 288 I 1 geregelt. Auf diese Weise wird dem Gläubiger bei Verzug unabhängig vom Nachweis eines Schadens und der Kausalität eine Verzinsung gewährleistet. Durch diese Vereinfachung erhält der Gläubiger einen gesetzlich festgelegten Mindestschaden ersetzt. Vgl. NK-BGB/*Schulte-Nölke* § 288 Rn. 3.

183 Den Basiszinssatz können Sie im Internet unter »www.basiszinssatz.de« abrufen.

So kann »Schadensersatz wegen Verzögerung der Leistung«, wie Sie gelernt haben (→ Rn. 116, → Rn. 137), nur unter den Voraussetzungen von § 280 I und II iVm § 286 verlangt werden. »Schadensersatz statt der Leistung« kann der Gläubiger im Falle der Leistungsverzögerung durch den Schuldner nur unter der besonderen Voraussetzung von § 281 I 1, 1. Var. (»erfolglose Fristsetzung zur Leistung oder Nacherfüllung« → Rn. 131, → Rn. 138) verlangen.

Bei Schuldnerverzug im gegenseitigen Vertrag kann von den oben (→ Rn. 144) genannten Vorschriften neben den §§ 280, 281, 286 auch § 323 angewendet werden. Lesen Sie davon zunächst nur Abs. 1. Dieser setzt (ähnlich wie § 281 I 1) voraus, dass der Schuldner – hier nun: bei einem gegenseitigen Vertrag – »eine **fällige** Leistung nicht« (= Verzug) **oder** »nicht vertragsgemäß« (= Schlechterfüllung) erbringt. **146**

Erbringt der Schuldner die fällige Leistung nicht oder nicht vertragsgemäß, kann der nicht vorleistungspflichtige[184] Gläubiger beim gegenseitigen Vertrag die Gegenleistung gem. § 320 I 1 verweigern, während das vertragliche Schuldverhältnis bestehen bleibt.[185] Der Gläubiger der gestörten Leistung kann also nach wie vor Erfüllung verlangen oder sich für den Rücktritt nach § 323 I, 1. Var. entscheiden.

§ 323 I, 1. Var. gibt dem Gläubiger bei einem gegenseitigen Vertrag unter der Voraussetzung der erfolglosen angemessenen Fristsetzung zur Leistung ein Rücktrittsrecht. In dieser Vorschrift wird darauf verzichtet, den »Verzug« des Schuldners als Voraussetzung für das Rücktrittsrecht des Gläubigers ausdrücklich zu nennen. Es kommt daher nach dem Wortlaut von § 323 I wie bei § 281 I 1, 1. Var. (anders als für den »Schadensersatz wegen Verzögerung der Leistung« nach § 280 I und II) nicht darauf an, ob die formalen Voraussetzungen von § 286 im Einzelnen vorliegen. Die Leistung muss lediglich fällig und zum vertraglich vereinbarten Zeitpunkt nicht erbracht worden sein. Das Vorliegen des Verzugs ergibt sich – wie bei § 281 I 1 (→ Rn. 135) – »automatisch« daraus, dass die Aufforderung zur Leistung mit Fristsetzung stets auch eine Mahnung iSd § 286 I enthält. **147**

§ 323 I, 1. Var. gibt dem Gläubiger beim gegenseitigen Vertrag also die zusätzliche Möglichkeit, von diesem Vertrag zurückzutreten, wenn der Schuldner eine Pflichtverletzung begangen hat. Es muss sich demnach um einen Vertrag handeln, bei dem die wechselseitigen Leistungen in einem Gegenseitigkeitsverhältnis (Synallagma) stehen. Nicht erforderlich ist allerdings, dass eine im Synallagma stehende Leistungspflicht verletzt wird.[186] **148**

Durch den Rücktritt wird das Recht, bei einem gegenseitigen Vertrag Schadensersatz (bei Verzögerung der Leistung also nach § 280 I und III iVm § 281 I 1) zu verlangen, nicht ausgeschlossen (§ 325 – lesen!). **149**

Im Gegensatz zum Schadensersatzanspruch ist das Rücktrittsrecht unabhängig davon möglich, ob der Schuldner die Nichterbringung der fälligen Leistung iSv § 323 I, 1. Var. zu vertreten hat.[187] Die sachliche Rechtfertigung für diese verschuldensunabhängige Rücktrittsmöglichkeit des Gläubigers gem. § 323 I, 1. Var. liegt darin, dass der Schuldner die von ihm geschuldete fällige Leistung – aus welchem Grund auch **150**

184 Beispiele für Vorleistungspflichten finden sich unter anderem bei Jauernig/*Stadler* § 320 Rn. 21.
185 *Medicus/Lorenz* SchuldR AT Rn. 498.
186 Vgl. Juris-PK BGB/*Alpmann* § 323 Rn. 7.
187 Vgl. Nk-BGB/*Dauner-Lieb/Dubovitskaya* § 323 Rn. 4.

immer – nicht (pünktlich) erbringt. Dies rechtfertigt es, ohne Rücksicht auf Verschulden allein darauf abzustellen, dass eine dem Schuldner gesetzte angemessene Frist erfolglos abgelaufen ist.

c) Voraussetzungen und Rechtsfolgen des Rücktritts wegen Verzögerung der Leistung nach § 323 I Hs. 1, 1. Var.

151 Lesen Sie zunächst

Übungsfall 8
Am 25.2. verkauft S dem G ein altes Notebook für 300 EUR, die G sofort bar bezahlt. Die Übereignung soll vereinbarungsgemäß am 1.3. erfolgen. Nachdem S den Liefertermin vergessen hat, fordert G ihn auf, das Notebook spätestens zum 10.3. zu liefern. Als S auch diesen Termin vergisst, kauft G sich in einem Secondhandshop ein gebrauchtes Notebook zum Preis von 200 EUR und möchte die an S gezahlten 300 EUR zurück. Welchen Anspruch hat G gegen S?

152 Ein Anspruch auf Rückzahlung der empfangenen 300 EUR des G gegen S könnte sich aus § 346 I ergeben, wenn G vom Vertrag wirksam zurücktreten kann.

Der Rücktritt ist eine einseitige empfangsbedürftige Willenserklärung (§ 349), durch die das Vertragsverhältnis beendet und für die Zukunft (**ex nunc**) in ein Rückgewährschuldverhältnis bezüglich der bereits ausgetauschten Leistungen umgewandelt wird. Die Vertragspflichten bestehen in Bezug auf die schon ausgetauschten Leistungen in umgekehrter Richtung als gesetzliche Pflichten.

Im Unterschied dazu führt ein Schadensersatzanspruch das alte Schuldverhältnis **fort**, wobei an die Stelle der Primärleistungspflicht eine Sekundärleistungspflicht als Ersatz tritt.

Durch den Rücktritt wird der Gläubiger also so gestellt, als ob er sich mit dem Schuldner niemals eingelassen hätte. Die Erklärung des Rücktritts ist dem Gläubiger daher dann anzuraten, wenn er ein schlechtes Geschäft gemacht hat, dh, mit einem Gewinn nicht zu rechnen ist, und er im Grunde froh sein kann, von dem Vertrag wieder loszukommen.

Ähnlich liegt unser Fall.

153

aa) Voraussetzungen für den Rückgewähranspruch aus § 346 I

(1) Rücktrittsrecht

§ 346 I Hs. 1 setzt zunächst voraus, dass der Gläubiger ein vertragliches oder gesetzliches Rücktrittsrecht hat.

Hier kommt ein gesetzliches Rücktrittsrecht des G gem. § 323 I in Betracht.

(2) Ausübung des Rücktritts

Dies folgt aus der Formulierung, dass die empfangenen Leistungen »**im Fall des Rücktritts zurückzugewähren**« sind (§ 346 I Hs. 2). Die Ausübung erfolgt durch Erklärung des Rücktritts gem. § 349.

bb) Voraussetzungen des gesetzlichen Rücktrittsrechts nach § 323 I Hs. 1, 1. Var. 154

(1) Wirksamer gegenseitiger Vertrag
Diese Voraussetzung haben G und S durch Abschluss eines Kaufvertrags iSv § 433 erfüllt.

(2) Pflichtverletzung durch den Schuldner wegen Verzögerung der fälligen Leistung
Da S das Notebook nicht wie vereinbart zum 1.3. geliefert hat, liegt eine Nichterbringung der fälligen Leistung vor.

(3) Angemessene Fristsetzung zur Leistung
Auch diese Voraussetzung ist durch Fristsetzung zum 10.3. erfüllt. Zur Angemessenheit → Rn. 133 (zu § 281 I 1).

Darauf, ob die Fristsetzung nach § 323 I entbehrlich ist, oder ob § 323 III oder IV eingreifen, ist nur einzugehen, wenn der zu lösende Fall dazu Anlass gibt.

(4) Erfolgloser Fristablauf
Diese Voraussetzung ist ebenfalls erfüllt, da S auch den Termin vom 10.3. vergessen hat bzw. eine Verantwortlichkeit des Gläubigers für den Verzug des Schuldners nicht ersichtlich ist.

(5) Kein Ausschluss gem. § 323 V oder VI (lesen!)
Beide Absätze sind hier nicht einschlägig, da S überhaupt noch nicht geleistet hat und eine Verantwortlichkeit des Gläubigers für den Verzug des Schuldners nicht ersichtlich ist.

Somit liegen alle Voraussetzungen für ein gesetzliches Rücktrittsrecht iSd § 323 I Hs. 1, 1. Var. für G vor. Wenn G seinen Rücktritt gegenüber S gem. § 349 erklärt, ist der Anspruch aus § 346 I iVm § 323 I begründet.

cc) Rechtsfolge(n) des Rücktritts 155
Gem. § 346 I Hs. 2 hat der Schuldner (S) dem Gläubiger (G) die bereits empfangene Leistung (300 EUR) zurückzugewähren, dh zurückzuzahlen.

Sofern die zurückzugewährende Leistung nicht in Geld, sondern in einer Sache besteht, hat der Schuldner unter den Voraussetzungen von § 346 II (lesen) Wertersatz zu leisten, welcher wiederum unter den Voraussetzungen von § 346 III (lesen) entfallen kann.

Für »Nutzungen und Verwendungen nach Rücktritt« gilt § 347 (lesen), der die Haftung bei Rückgewähr regelt.

Lesen Sie zur Wiederholung nun die folgende Übersicht 8 (Teil 2):

Übersicht 8 (Teil 2)

156

Leistungsstörungen

Rücktritt bei Schuldnerverzug im gegenseitigen Vertrag

Vorschriften: § 323 iVm §§ 346 ff. (§ 325)

I. Voraussetzungen für Anspruch aus § 346 I
1. Vertragliches oder gesetzliches Rücktrittsrecht
2. Ausübung des Rücktritts (§ 349)

II. Voraussetzungen des gesetzlichen Rücktrittsrechts nach § 323 I Hs. 1, 1. Var.
1. Wirksamer gegenseitiger Vertrag
2. Pflichtverletzung des Schuldners durch Verzögerung der Leistung
3. Angemessene Fristsetzung zur Leistung (falls nicht entbehrlich: § 323 II–IV)*
4. Erfolgloser Fristablauf*
5. Kein Ausschluss gem. § 323 V oder VI

III. Rechtsfolgen des Rücktritts
1. Beendigung des Vertragsverhältnisses und Umwandlung in Rückgewährschuldverhältnis: Herausgabe der empfangenen Leistungen und gezogenen Nutzungen (§ 346 I)
2. Eventuell Wertersatz nach § 346 II, falls nicht § 346 III
3. Nutzungen und Verwendungen nach Rücktritt: § 347

Literatur zur Vertiefung (→ Rn. 104–155): *Alpmann/Schmidt* SchuldR AT I 3. Teil 2., 3. und 6. Abschn.; *Arnold*, Das neue Recht der Rücktrittsfolgen, Jura 2002, 154; *Benicke*, Pflicht zum Wertersatz im neuen Rücktrittsrecht bei Verbrauch und Veräußerung, ZGS 2002, 369; *Brox/Walker* SchuldR AT § 23; *Däubler* BGB kompakt Kap. 16, 1–3; *Derleder/Hoolmans*, Vom Schuldnerverzug zum Gläubigerverzug und zurück, NJW 2004, 2787; *Derleder/Zänker*, Der ungeduldige Gläubiger und das neue Leistungsstörungsrecht, NJW 2003, 2777; *Esser/Schmidt* SchuldR AT II § 28 I; *Fikentscher/Heinemann* SchuldR § 44; *Gebauer/Huber*, Schadensersatz statt der Leistung, ZGS 2005, 103; *Gerhardt*, Die Abgrenzung der wichtigsten Anspruchsgrundlagen im Schadensersatzrecht bei Leistungsstörungen, Jura 2012, 251; *Grunewald* BürgerlR §§ 9, 10; *Gursky*, Der Vindikationsanspruch und § 281 BGB, Jura 2004, 433; *Haas und andere*, 3. Kap., A, C (*Medicus*); *Heuser*, Versprechen, Verschulden und Pflichtverletzung (§ 280 BGB), Teil 1, Jura 2012, 663; Teil 2, Jura 2012, 827; *Hirsch* SchuldR AT Siebtes Kap., A; *ders.*, Zufälliges Unmöglichwerden während des Schuldnerverzugs, § 287 Satz 2 BGB, Jura 2003, 42; *ders.*, Schadensersatz statt der Leistung, Jura 2003, 289; *Jaensch*, Der Gleichlauf von Rücktritt und Schadensersatz, NJW 2003, 3613; *Kittner* SchuldR Rn. 730–739; *Krause*, Die Leistungsverzögerung im neuen Schuldrecht, Teil 1, Jura 2002, 217; *ders.*, Teil 2, Jura 2002, 299; *Larenz* SchuldR AT § 23; *Looschelders* SchuldR AT §§ 22, 26–29, 35; *S. Lorenz*, Grundwissen – Zivilrecht: Was ist eine Pflichtverletzung (§ 280 I BGB)?, JuS 2007, 213; *Mattheus*, Schuldrechtsmodernisierung 2001/2002 – Die Neuerungen des allgemeinen Leistungsstörungsrechts, JuS 2002, 209; *Medicus/Lorenz* SchuldR AT Rn. 412 ff.; *Medicus*, Die Leistungsstörungen im neuen Schuldrecht, JuS 2003, 521; *Metzler-Müller* PrivatRFall Fall 2; *Münch*, Die nicht wie geschuldet erbrachte Leistung und sonstige Pflichtverletzungen, Jura 2002, 361; *Otto*, Die Grundstrukturen des neuen Leistungsstörungsrechts, Jura 2002, 1; *Perkams*, Die

* Es ist »genauso richtig«, wenn Sie Voraussetzung (3) und (4) zusammenziehen, zB: »Weitere Voraussetzung ist, dass K dem V erfolglos eine angemessene Frist zur Leistung gesetzt hat«.

Haftung des Rücktrittsberechtigten im neuen Schuldrecht, Jura 2003, 150; *Reichenbach*, Das Tatbestandsmerkmal der Pflichtverletzung im neuen Leistungsstörungsrecht, Jura 2003, 512; *Reische*, Grundfälle zum neuen Schuldrecht, JuS 2003, 453; *Senne*, Das Recht der Leistungsstörungen nach dem Schuldrechtsmodernisierungsgesetz, JA 2002, 424; *Schulze/Ebers*, Streitfragen im neuen Schuldrecht, JuS 2004, 265; *Schwab*, Schuldrechtsmodernisierung 2001/2002 – Die Rückabwicklung von Verträgen nach §§ 346 ff. BGB nF, JuS 2002, 630; *ders./Witt*, Das neue Recht der Leistungsstörungen, 4–11 (*Schwab*), Grundstrukturen des neuen Leistungsstörungsrechts, 67–76 (*Mattheus*), Verzögerung der Leistung, 100–112 (*Mattheus*); *Skamel*, Die angemessene Frist zur Leistung oder Nacherfüllung, JuS 2010, 671 ff.; *Weiss*, Die Ergänzung besonderer Rechtsverhältnisse durch die allgemeinen Vorschriften der §§ 280 ff. BGB, JuS 2012, 965; *Wilhelm*, Die Pflichtverletzung nach dem neuen Schuldrecht, JZ 2004, 1055; *v. Wilmowsky*, Pflichtverletzungen im Schuldverhältnis, JuS 2002, Beilage zu Heft 1; *Wörlen/Schindler* Anleitung Fall 13.

IV. Gläubigerverzug

»Gläubigerverzug« ist identisch mit »Annahmeverzug«. Gemäß § 293 (lesen) kommt der Gläubiger (unter bestimmten Voraussetzungen, die aus dem Wortlaut dieser Vorschrift nicht alle direkt zu ersehen sind – und daher gelernt werden müssen) in Verzug, wenn er die ihm angebotene Leistung nicht annimmt. 157

1. Voraussetzungen

a) Erfüllbarkeit der Leistung

Erfüllbar ist die Leistung, wenn der Schuldner zur Leistung berechtigt ist. Dies ist, wie Sie gelernt haben, gem. § 271 I regelmäßig, dh sofern nichts anderes bestimmt oder vereinbart ist, »sofort« der Fall (§ 271 I nochmals und auch Abs. 2 lesen!). 158

b) Ordnungsgemäßes Angebot der Leistung

Grundsätzlich muss der Schuldner dem Gläubiger die Leistung »**tatsächlich**«, »so, wie sie zu bewirken ist« (§ 294 – lesen), anbieten. Wann dies der Fall ist, richtet sich vor allem nach der Art der Schuld bezüglich des Leistungsgegenstands und des Leistungsorts. Als **Faustregel** kann man sich merken: **Die Leistung ist ordnungsgemäß angeboten, wenn sie am rechten Ort, zur rechten Zeit und in der richtigen Art und Weise vollständig[188] angeboten wurde.** 159

Ausnahmsweise kann davon nach Maßgabe des § 295 (lesen!) abgewichen werden. Danach genügt ein nur »wörtliches« Angebot, wenn der Gläubiger bereits vorweg erklärt hat, er werde die Leistung nicht annehmen oder wenn es sich zB um eine Holschuld handelt. Bei kalendermäßig bestimmter Leistungszeit ist das Angebot entbehrlich (vgl. § 296 S. 1 – lesen!). Das Gleiche gilt, wenn der Handlung ein Ereignis, wie etwa eine Kündigung, vorauszugehen hat und eine angemessene Zeit für die Handlung in der Weise bestimmt ist, dass sie sich von dem Ereignis an nach dem Kalender berechnen lässt (§ 296 S. 2).

188 **Vgl. § 266 – lesen!**

c) Leistungswille und Leistungsvermögen

160 Dass der Gläubiger nur in Annahmeverzug kommt, wenn der Schuldner auch wirklich in der Lage ist, die von ihm angebotene Leistung zu erbringen, ist eigentlich selbstverständlich, wird aber vom Gesetz in § 297 (lesen) ausdrücklich verlangt.

d) Nichtannahme der Leistung

161 Sofern die genannten Voraussetzungen erfüllt sind, genügt allein die Nichtannahme der Leistung, um den Gläubigerverzug zu begründen. Anders als beim Schuldnerverzug ist für den Gläubigerverzug »Vertretenmüssen« **nicht** erforderlich (das wird bei Anfängern leider häufig vergessen bzw. verwechselt und führt zu »dummen« vermeidbaren Fehlern).

Beim gegenseitigen Vertrag führt – trotz vorliegender Bereitschaft zur Annahme der Leistung – die Verweigerung der Gegenleistung ebenfalls zum Annahmeverzug (§ 298 – lesen).

2. Rechtsfolgen

162 Grundsätzlich bleibt der Schuldner beim Annahmeverzug des Gläubigers zu seiner Leistung weiter verpflichtet; er kommt aber unter Umständen, falls der Leistungsgegenstand während des Gläubigerverzugs beschädigt oder gar zerstört wird, in den Genuss der nachstehenden

a) Haftungserleichterung

163 Befindet sich der Gläubiger in Annahmeverzug, haftet der Schuldner in den genannten Fällen (Beschädigung oder Zerstörung des Leistungsgegenstands) nur für Vorsatz und grobe Fahrlässigkeit, nicht jedoch für einfache Fahrlässigkeit iSv § 276 II. Dies folgt aus § 300 I (lesen!).

> **Beispiel:** K kauft bei V einen Beamer und vereinbart, dass ihm das Gerät am Mittwoch der darauffolgenden Woche um 10 Uhr ins Büro geliefert werden soll. Als V vereinbarungsgemäß an diesem Tag den Beamer bei V abliefern will, ist niemand anzutreffen. Auf der Rückfahrt – V fährt etwas zu schnell – stößt das Fahrzeug des V mit einem ihm auf seiner Fahrbahn entgegenkommenden Pkw, dessen Fahrer stark angetrunken ist, zusammen, wobei der Beamer zertrümmert wird.
> K befand sich im Gläubigerverzug (§§ 293 ff.). Der Schuldner V hat die Unmöglichkeit nicht zu vertreten (§ 300 I).[189]

b) Gefahrübergang bei Gattungsschulden

164 Grundsätzlich handelt es sich bei einer Gattungsschuld um eine Beschaffungsschuld.[190] Das **Beschaffungsrisiko** (vgl. § 276 I 1) trägt der Schuldner. Das bedeutet: er trägt die »Leistungsgefahr«, dh das Risiko, die Leistung noch erbringen zu müssen, obwohl der Leistungsgegenstand, der (vom Schuldner) zur Erfüllung vorgesehen (= ausgesondert) war, zerstört wurde: Wenn es sich um eine Gattungsschuld handelt,

---

189 Nach Fall 3 in *Metzler-Müller* PrivatRFall Rn. 133 ff. Dort finden Sie auch die ausführliche, im Gutachtenstil ausformulierte Lösung. Mit dem Gläubigerverzug beschäftigen wir uns wieder in Fall 12, → Rn. 211, 213.

190 → Rn. 87.

gibt es einen gleichartigen Leistungsgegenstand (zB die Jeanshose, das Serienfahrrad) noch »en masse«! Der Schuldner, der ihn momentan nicht zu leisten vermag, muss ihn sich beschaffen, um seine vertragliche Leistungspflicht zu erfüllen, und zwar unabhängig davon, ob er den Untergang der geschuldeten Gattungssache verschuldet hat! Diese »Leistungs- oder Sachgefahr«[191] geht mit Beginn des Annahmeverzuges gem. § 300 II auf den Gläubiger über.

Die praktische (und »klausurrelevante«) Bedeutung von § 300 II ist recht gering: Meist hat der Schuldner gem. § 243 II bereits das »seinerseits Erforderliche« getan, damit die ursprüngliche Gattungsschuld sich **zur Stückschuld konkretisiert** hat, und auf die Stückschuld findet § 300 II keine Anwendung![192]

Beispiel: → **Rn. 163**: Hinsichtlich des Beamers hatten die Vertragsparteien V und K eine Bringschuld vereinbart. Mit der Anlieferung des Geräts »zur rechten Zeit, am rechten Ort und in der richtigen Art und Weise« hat der Schuldner V das »seinerseits Erforderliche« iSd § 243 II getan.[193]

c) Gefahrübergang beim gegenseitigen Vertrag

Für den gegenseitigen Vertrag gilt die Sondervorschrift des § 326 II 1: Nach § 326 II 1, 2. Var. bewirkt der Annahmeverzug beim gegenseitigen Vertrag, dass die Preisgefahr (Gegenleistungsgefahr), dh das Risiko, den Preis zahlen zu müssen, obwohl der Leistungsgegenstand nicht erbracht wird, auf den Gläubiger übergeht. Das Verständnis dieser Vorschrift setzt die Kenntnis von Rechtsproblemen voraus, die mit der zweiten Leistungsstörung zusammenhängen, die wir in unserer Grobeinteilung (vgl. Übersicht 8 (Teil 1), → Rn. 136) kennen gelernt haben (= Unmöglichkeit). Wir wollen die Analyse von § 326 II zunächst zurückstellen. **165**

d) Ersatz von Mehraufwendungen

Anspruchsgrundlage dafür ist § 304 (lesen). **166**

Beispiele: Unnütze Transportkosten,[194] nachdem der Gläubiger die Annahme nach entsprechendem Hinweis des Schuldners trotz Wissens von einem kleinen Fehler des Leistungsgegenstands verweigert; Gläubiger verweigert die Annahme des geschuldeten Gegenstands und Schuldner hat Kosten für die Aufbewahrung und Erhaltung.[195]

Lesen Sie zur Zusammenfassung folgende Übersicht 8 (Teil 3)

191 **Das Gesetz verwendet nur den Begriff »Gefahr« und meint damit meist die »Gegenleistungs-« bzw. »Preisgefahr«, seltener die »Leistungs-« bzw. »Sachgefahr« – dazu ausführlicher noch unten Übersicht 14 → Rn. 230 a.**

192 *Brox/Walker* SchuldR AT § 26 Rn. 14.

193 K hat also keinen Anspruch nach § 433 I 1 auf Lieferung eines (anderen) Beamers, da die Leistung durch Zerstörung des Geräts (= Stückschuld) unmöglich und V von seiner Leistungspflicht frei geworden ist (vgl. § 275 I).

194 Vgl. *Alpmann/Schmidt* SchuldR AT I Fall 26 Rn. 386.

195 *Brox/Walker* SchuldR AT § 26 Rn. 16.

Übersicht 8 (Teil 3)

167 **Leistungsstörungen**

Gläubigerverzug (»Annahmeverzug«)

Gesetzliche Regelung: §§ 293–304

1. **Voraussetzungen**
   a) Erfüllbarkeit der Leistung → §§ 271
   b) Ordnungsgemäßes Leistungsangebot → § 294
   Faustregel: Tatsächliches Angebot – am rechten Ort (§ 269), zur rechten Zeit (§ 271) und in der richtigen Art und Weise (§§ 241–243) – der vollständigen (§ 266) Leistung. Ausnahmen → §§ 295, 296
   c) Leistungswille und Leistungsvermögen → § 297
   d) Nichtannahme der Leistung → § 293
   Merke: Gläubigerverzug **ohne** Verschulden
   e) Gegenseitiger Vertrag: Annahmeverzug durch Verweigerung der Gegenleistung → § 298
   f) Vorübergehende Annahmeverhinderung → § 299

2. **Rechtsfolgen**
   a) Haftungserleichterung → § 300 I
   (Bei Untergang oder Beschädigung des Leistungsgegenstands keine Haftung für einfache Fahrlässigkeit iSv § 276)
   b) Gefahrübergang bei Gattungsschuld:
   Leistungsgefahr liegt beim Gläubiger → § 300 II
   c) Gefahrübergang beim gegenseitigen Vertrag → § 326 II 1, 2. Var.
   d) Ersatz von Mehraufwendungen → § 304
   Außerdem: §§ 372 ff. = Beendigung des Schuldverhältnisses durch Hinterlegung (→ Rn. 98)

Literatur zur Vertiefung (→ Rn. 157–167): *Alpmann/Schmidt* SchuldR AT I 4. Teil; *Bredemeyer*, Der Regelungsbereich von § 280 BGB, ZGS 2010, 10; *Brox/Walker* SchuldR AT § 26; *Derleder/Hoolmans*, Vom Schuldnerverzug zum Gläubigerverzug und zurück, NJW 2004, 2787; *Coester-Waltjen*, Verzögerungsgefahr, Sachgefahr, Leistungsgefahr, Jura 2006, 829; *Däubler* BGB kompakt Kap. 16, 6; *Esser/Schmidt* SchuldR AT II § 23; *Feuerborn*, Der Verzug des Gläubigers – Allgemeine Grundzüge und Besonderheiten im Arbeitsverhältnis, JR 2003, 177; *Fikentscher/Heinemann* SchuldR § 45; *Grunewald* BürgerlR § 11; *Hirsch* SchuldR AT Sechstes Kap., C; *Kreuzer/Stehle*, Grundprobleme des Gläubigerverzugs, JA 1984, 69; *Larenz* SchuldR AT § 25; *Looschelders* SchuldR AT § 38; *Medicus/Lorenz* SchuldR AT Rn. 513 ff.; *Wörlen/Schindler* Anleitung Fall 11.

V. Unmöglichkeit der Leistung

1. Arten der Unmöglichkeit

168 Als zweite Gruppe der Leistungsstörungen nach dem Verzug wurde die »Unmöglichkeit der Leistung« genannt.

■ Wann – um das zu wiederholen – ist dem Schuldner eine Leistung unmöglich geworden?

▶ Wenn er die vertraglich geschuldete Leistung gar nicht erbringt (= Nichterfüllung) und diese auch nicht erbringen **kann**.

Die Situation, dass der Schuldner die Leistung nicht erbringt, kann unter verschiedenen Voraussetzungen eintreten und verschiedene Gründe haben.

Je nachdem, welcher Grund für die Unmöglichkeit vorliegt, unterscheidet das Bürgerliche Recht vier grundsätzliche Arten der Unmöglichkeit:

(a) Anfängliche objektive Unmöglichkeit,
(b) anfängliche subjektive Unmöglichkeit,
(c) nachträgliche objektive Unmöglichkeit und
(d) nachträgliche subjektive Unmöglichkeit.

■ Auf welchen Zeitpunkt beziehen sich wohl die **anfängliche** und die **nachträgliche** Unmöglichkeit? 169

▶ Auf den Zeitpunkt der Begründung des Schuldverhältnisses bzw. auf den Zeitpunkt des Vertragsschlusses.
Es geht um die Möglichkeit oder Unmöglichkeit der Leistung des **Schuldners**!

■ Wann, meinen Sie, ist dem Schuldner eine Leistung **objektiv** unmöglich?

▶ Wenn der Leistungsgegenstand untergegangen ist, dh so zerstört ist, dass **niemand**, weder der Schuldner noch irgendein anderer, **diesen** Leistungsgegenstand erbringen kann.

■ Zunächst aber noch die Frage: Wie würden Sie die **subjektive** Unmöglichkeit von der objektiven Unmöglichkeit unterscheiden? Wann ist dem Schuldner die Leistung subjektiv unmöglich?

▶ Wenn **nur der Schuldner** nicht in der Lage ist, den Leistungsgegenstand zu erbringen, wohl aber ein Dritter – zumindest theoretisch – dazu in der Lage wäre!

2. Unmöglichkeit als Pflichtverletzung

170 Die Unterscheidung der Unmöglichkeitsarten war nach früherem Recht bedeutsam, da je nach Art der Unmöglichkeit sehr unterschiedliche und auch unverständliche[196] Rechtsfolgen eintreten konnten.

Hier hat der Gesetzgeber mit der Schuldrechtsreform Klarheit geschaffen.

Während der Unmöglichkeit im früher geltenden Leistungsstörungsrecht eine dominierende Rolle zukam, ist diese Dominanz nun durch die Einführung des einheitlichen Pflichtverletzungstatbestands (§ 280, → Rn. 107 ff.) gebrochen.

171 Wer die von ihm geschuldete Leistung nicht erbringt, weil sie ihm unmöglich geworden ist oder die fällige Leistung verzögert oder die Leistung nicht in der geschuldeten Qualität erbringt oder wer im Rahmen der Leistungserbringung Nebenpflichten verletzt, verhält sich vertragswidrig und begeht somit eine Pflichtverletzung, die zum Schadensersatz nach der Grundvorschrift des § 280 führt. § 280 I genügt als Schadensersatzanspruchsgrundlage in allen Fällen, in denen »einfacher« Schadensersatz, dh Schadensersatz **neben** der Leistung, verlangt wird.

172 Soll dagegen nicht nur »einfacher« Schadensersatz, sondern »Schadensersatz statt der Leistung« verlangt werden, müssen gem. § 280 III zusätzliche Voraussetzungen er-

196 ZB die damalige »Haftung ohne Verschulden« bei anfänglicher subjektiver Unmöglichkeit.

füllt sein, die in den §§ 281–283 geregelt sind. § 281 I 1 betrifft, wie Sie schon gelernt haben (→ Rn. 130 ff.), dabei auch den Verzug[197] des Schuldners (sowie die Schlechterfüllung, auf die wir später noch zu sprechen kommen). § 282 regelt den Fall, dass der Schuldner eine Pflicht aus § 241 II verletzt hat (auch darauf kommen wir noch einmal zurück) und § 283 den Fall der Unmöglichkeit der Leistung des Schuldners (auf die wir ebenfalls – wie auch auf § 311a II – später noch ausführlicher eingehen).

Zum besseren Verständnis dieser Systematik lesen Sie nun die folgenden Übersichten 9 und 9a.

Übersicht 9

172a

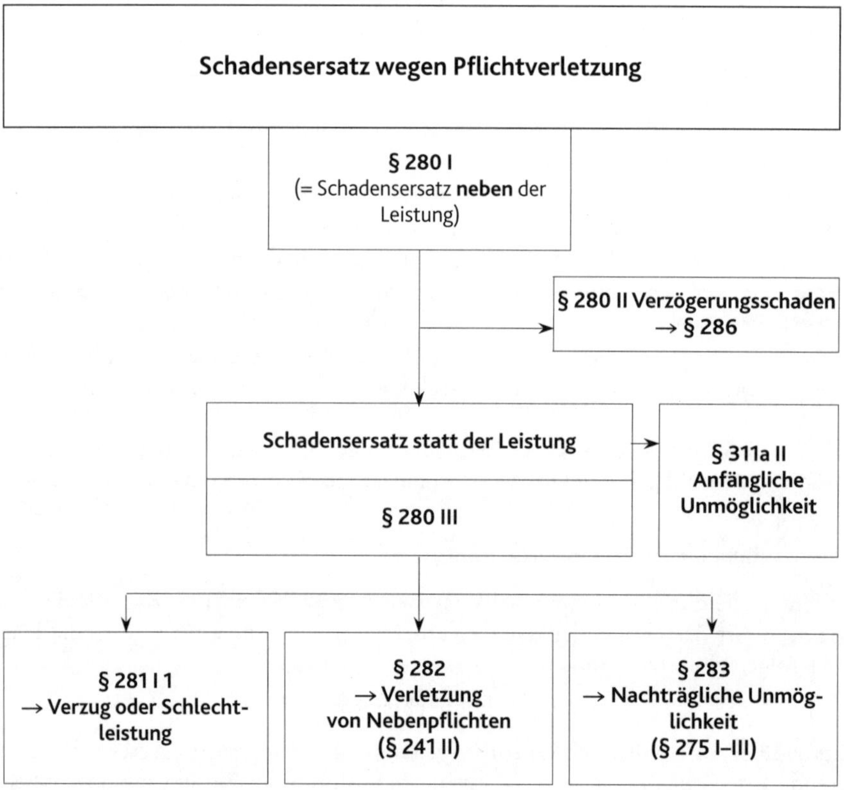

■ Haben Sie die Verweisung in § 280 III auf die drei dort genannten Paragrafen für den Anspruch auf Schadensersatz statt der Leistung verstanden? Wissen Sie, wie Sie diesen Anspruch in den (vier) möglichen Fallkonstellationen prüfen müssen? Versuchen Sie, ein Prüfungsschema für diese Anspruchsgrundlagen zu entwickeln, bevor Sie weiterlesen!

▶ Wenn Sie diesem Rat gefolgt sind, könnten Sie sich etwa Folgendes (→ Rn. 172b) notiert haben:

Da diese Verweisungstechnik Studierenden einige Schwierigkeiten bereitet, habe ich versucht, mit einer anderen (besseren, verständlicheren?) Formulierung des Gesetzestextes »Durchblick« zu verschaffen.

197 Vgl. Palandt/*Grüneberg* § 281 Rn. 7.

Übersicht 9a 172b

Allgemeiner Überblick: Schadensersatz statt der Leistung bei		
Verzug + Schlechterfüllung	**Unmöglichkeit**	**Nebenpflicht-verletzung**
§ 280 I, III iVm § 281	§ 280 I, III iVm § 283	§ 280 I, III iVm § 282
Bessere/verständlichere Formulierung:		
»Besteht die Pflichtverletzung darin, dass der Schuldner die fällige Leistung nicht oder nicht wie geschuldet erbringt, kann der Gläubiger SE statt L[198] nur verlangen, wenn er dem Schuldner erfolglos **eine angemessene Frist zur Leistung oder Nacherfüllung bestimmt** hat.«	»Besteht die Pflichtverletzung darin, dass dem Schuldner die Leistung **nach** Begründung des Schuldverhältnisses **unmöglich** geworden ist, kann der Gläubiger SE statt L verlangen, **ohne eine Frist setzen zu müssen.**«	»Besteht die Pflichtverletzung nach § 280 I in einer Verletzung von Pflichten nach **§ 241 II**, so kann der Gläubiger SE statt L nur verlangen, wenn ihm die Leistung durch den Schuldner **nicht mehr zuzumuten** ist.«
	Prüfschemata	
Voraussetzungen des § 280 I 1. **Schuldverhältnis** 2. **Pflichtverletzung** 3. **Vertretenmüssen** + zusätzliche Voraussetzungen des § 281 I 1	**Voraussetzungen des § 280 I** 1. **Schuldverhältnis** 2. **Pflichtverletzung** 3. **Vertretenmüssen** + zusätzliche Voraussetzungen des § 283	**Voraussetzungen des § 280 I** 1. **Schuldverhältnis** 2. **Pflichtverletzung** 3. **Vertretenmüssen** + zusätzliche Voraussetzungen des § 282
4. **Fällige Leistung wurde nicht erbracht** 5. **Erfolgloser Ablauf einer angemessenen Frist zur Leistung (es sei denn: § 281 II, 281 III)** 6. **Schaden** Schadensumfang: §§ 249 ff.	4. **Pflichtverletzung beruht auf § 275** 5. **Schaden** Schadensumfang: §§ 249 ff.	4. **Pflichtverletzung** nach § 241 II 5. **Leistung durch den Schuldner ist dem Gläubiger nicht mehr zumutbar (Abmahnung!)**[199] 6. **Schaden** Schadensumfang: §§ 249 ff.

Beachte: Vorstehend abgedruckte Prüfschemata sollen dazu dienen, die Gesetzessystematik zu verdeutlichen. In den Falllösungen können bzw. sollten die Voraussetzungen mit gleichem Inhalt zusammengefasst werden.[200]

198 SE statt L = Schadensersatz statt der Leistung.

199 Unzumutbarkeit setzt in der Regel voraus, dass der Schuldner **abgemahnt** worden ist; nur bei besonders schwerwiegenden Verstößen kann entsprechend dem Rechtsgedanken des § 281 II, 2. Var. darauf verzichtet werden.

200 Siehe die Übersichten 8 (Teil 1) (→ Rn. 138), 12 (→ Rn. 199 c), 17 (→ Rn. 238e). Beispielsfälle hierfür finden Sie in *Metzler-Müller* PrivatRFall Rn. 96, 180 (= Fall 2), Rn. 383 (= Fall 8).

3. Tatsächlich bestehende Unmöglichkeit und Ausschluss der Leistungspflicht

173 Das Leistungsstörungsrecht beginnt mit § 275, der alle vier genannten Arten der Unmöglichkeit bezüglich der (Primär-)Leistungspflicht des Schuldners erfasst. Lesen Sie zunächst § 275 I, der den Ausschluss der Leistungspflicht des Schuldners für jede Unmöglichkeit festlegt. Unterstreichen (bzw. markieren) Sie im Gesetzestext die Worte »**soweit**«, »**Schuldner**«, »**jedermann**« und »**ist**« in vier verschiedenen Farben.

Dass in § 275 **jede** der vier Unmöglichkeitsarten erfasst ist, ergibt die grammatikalische Auslegung[201] von Abs. 1 dieser Vorschrift:

a) Anfängliche und nachträgliche Unmöglichkeit

174 Der Gesetzgeber geht in § 275 I davon aus, dass die Leistung für den Schuldner »unmöglich **ist**.«

Wenn die Leistung für den Schuldner tatsächlich unmöglich **ist**, dann kann die Unmöglichkeit sowohl **vor** Vertragsschluss als auch **nach** Vertragsschluss eingetreten sein.

175 Diese grammatikalische, wörtliche Auslegung lässt sich durch die historische Auslegung[202] belegen und ergänzen. Vor der Schuldrechtsreform lautete § 275 I aF an dieser Stelle: »unmöglich **wird**«. Damit konnte nur die nachträgliche Unmöglichkeit gemeint sein. Die anfängliche Unmöglichkeit dagegen war in § 306 aF geregelt, der ersatzlos gestrichen wurde und lautete: »Ein **auf** eine unmögliche Leistung gerichteter Vertrag ist nichtig«.

b) Subjektive und objektive Unmöglichkeit

176 Wie Sie in § 275 I gelesen haben, ist der Anspruch auf Leistung nicht nur ausgeschlossen, wenn sie für den **Schuldner**, sondern auch für ein anderes Rechtssubjekt (»oder für **jedermann**«) unmöglich ist! Wenn die Leistung nur für den **Schuldner** unmöglich ist, ist sie **subjektiv** unmöglich. Wenn sie für **jedermann** unmöglich ist, ist sie **objektiv** unmöglich.

c) Teilunmöglichkeit

177 § 275 I erfasst auch den Fall, dass nur ein Teil der Leistung unmöglich ist. Dies ergibt sich aus der Formulierung »**soweit**«.

Für § 275 I lässt sich nach alledem folgendes Prüfungsschema (→ Rn. 178) anwenden, wenn festgestellt werden muss, ob der Schuldner von seiner ursprünglichen Leistungspflicht (Primärleistungspflicht) frei geworden ist:

---

201 Dazu *Wörlen/Metzler-Müller* BGB AT Rn. 155 ff.
202 *Wörlen/Metzler-Müller* BGB AT Rn. 158.

Übersicht 10

178

Leistungsstörungen

§ 275 I
Ausschluss der Leistungspflicht

I. Voraussetzungen
1. Wirksames Schuldverhältnis
(Wo ein »**Schuldner**« ist, ist auch ein »**Gläubiger**«)
2. Leistungspflicht des Schuldners
3. Leistungserbringung ist (auf welche Art auch immer) ganz oder teilweise unmöglich

II. Rechtsfolge
Der Schuldner ist von seiner (Primär-)Leistungspflicht befreit.

4. Anfängliche Unmöglichkeit

Übungsfall 9

V verkauft dem K am 1.3. um 12.00 Uhr seine Segelyacht »Alte Liebe I«. Die Übereignung soll am nächsten Tag erfolgen. K mietet sich daraufhin sofort einen Bootsanhänger für 200 EUR, mit dem er das Schiff am nächsten Tag abholen will. Kurz vor 13.00 Uhr erfährt V, dass seine »Alte Liebe« um 11.00 Uhr aus ungeklärter Ursache untergegangen und dadurch völlig zerstört ist. Als V das dem K mitteilt, ist dieser empört.

Welchen Anspruch hat K gegen V?

a) Leistungshindernis bei Vertragsschluss

Um festzustellen, welcher Anspruch für K gegen V in Betracht kommt, müssen wir 179
zunächst klären, welchen Vertrag K und V geschlossen haben, zu welcher Leistung V als Schuldner verpflichtet war und worin das Leistungshindernis besteht.

■ Welcher Vertrag besteht zwischen K und V?

▶ K und V haben einen Kaufvertrag iSv § 433 geschlossen. Gefragt ist nach dem Anspruch des Käufers gegen den Verkäufer. Es geht um die Leistung, die V als Schuldner dem K erbringen muss. Gem. § 433 I 1 (Anspruchsgrundlage) war V aufgrund des am 1.3. geschlossenen Kaufvertrags verpflichtet, dem K die Segelyacht zu übergeben und ihm das Eigentum daran (gem. § 929 S. 1) zu verschaffen (§§ nachlesen!).

■ Kann V diese Leistungspflicht noch erfüllen?

▶ Nein! Das Schiff ist untergegangen und völlig zerstört.

■ Anfänglich oder nachträglich?

▶ Da der Untergang des Schiffs bereits am 1.3. um 11.00 Uhr stattfand, war die Leistung dem V schon bei Vertragsschluss um 12.00 Uhr, also anfänglich, unmöglich.

■ Welche Auswirkung dieses Leitungshindernis auf die Leistungspflicht des V hat, sollten Sie nach dem bisher Gelesenen selbst beantworten können. Welche Vorschrift gilt zunächst?

180 ▶ Da die Leistung des V, das Schiff zu liefern, offensichtlich unmöglich ist, ist zunächst § 275 I zu prüfen.

■ Welche Voraussetzungen müssen für den Ausschluss der Leistungspflicht gem. § 275 I erfüllt sein?

▶ Zwischen K und V muss zunächst ein wirksames Schuldverhältnis vorliegen, welches in dem Kaufvertrag vom 1.3. um 12.00 Uhr zu sehen ist.

Die Leistungspflicht des V bestand darin, die Segelyacht »Alte Liebe I« an K zu übereignen. Die Erbringung dieser Leistung ist ihm jedoch wegen der vorherigen Zerstörung des Schiffs um 11.00 Uhr am selben Tag bei Vertragsschluss unmöglich gewesen.

Somit ist gem. § 275 I ein Anspruch des K gegen V ausgeschlossen. V wurde von seiner Primärleistungspflicht frei. In diesem Fall ergeben sich die Rechte des Gläubigers aus § 275 IV.

181 Lesen Sie nun § 311a I (auf den § 275 IV auch verweist)! Tipp (»Eselsbrücke«): »a« bei § 311 steht für **an**fängliche Unmöglichkeit – was der Gesetzgeber sich aber nicht so »ausgedacht« hat.

Nach § 311a I steht die Befreiung des V von der Leistungspflicht gem. § 275 I (- III) der Wirksamkeit des Vertrags also nicht entgegen. Welchen Nutzen kann K daraus ziehen? Was soll er mit einem wirksamen Vertrag, wenn der Schuldner von seiner Leistungspflicht befreit wurde?

182 Wäre es nicht einfacher, einen auf **eine unmögliche Leistung gerichteten Vertrag** – wie nach altem Recht gem. § 306 aF (→ Rn. 175) – nichtig sein und denjenigen, der bei der Schließung des Vertrags die (anfängliche) Unmöglichkeit der Leistung kannte oder »kennen musste«,[203] den **Vertrauensschaden**, das sog. »**negative Interesse**«[204] ersetzen zu lassen – wie es § 307 aF bestimmte? Die Antwort heißt »nein«; denn nach der Schuldrechtsreform ist der Schadensersatz nicht mehr auf das negative Interesse begrenzt.

b) Schadensersatz

183 Lesen Sie dazu § 311a II!

aa) Positives und negatives Interesse

Danach kann der **Gläubiger** nach seiner Wahl »Schadensersatz statt der Leistung« oder »Ersatz seiner Aufwendungen in dem in § 284 (→ Rn. 253a–d) bestimmten Umfang verlangen«.

Wäre der Vertrag – wie nach § 306 aF – wegen der anfänglichen Unmöglichkeit nichtig, wäre K nicht mehr **Gläubiger**! Denn ohne wirksames Schuldverhältnis (hier: wirksamen **Vertrag**) gibt es weder Gläubiger noch Schuldner. Dies rechtfertigt die Regelung von § 311a nF, die insofern klarstellenden Charakter hat. Da nach altem Recht der Vertrag gem. § 306 aF nichtig war, bestanden keinerlei Erfüllungsansprüche; somit konnte folgerichtig auch kein »Schadensersatz wegen Nichterfüllung« (»**Erfüllungsinteresse**«, »**positives Interesse**«[205]) verlangt werden.

184 »Schadensersatz statt der Leistung« gem. § 311a II 1 kann der Gläubiger verlangen, weil der Vertrag nach § 311a I noch wirksam ist. »Schadensersatz statt der Leistung«

203 Vgl. dazu § 122 II und *Wörlen/Metzler-Müller* BGB AT Rn. 228.

204 *Wörlen/Metzler-Müller* BGB AT Rn. 214 und Rn. 228.

205 Vgl. dazu *Wörlen/Metzler-Müller* BGB AT Rn. 332.

entspricht dem früheren »Schadensersatz wegen Nichterfüllung« und geht auf das **positive Interesse.** Dadurch ist der Gläubiger aus gutem Grund bei der anfänglichen Unmöglichkeit der Leistung des Schuldners besser gestellt als nach altem Recht, das nur den Vertrauensschaden, das **negative Interesse**, gewährte.

■ Worin besteht der Unterschied zwischen positivem und negativem Interesse? Lesen Sie dazu § 249 I! 185

▶ Danach hat derjenige, der zum Schadensersatz verpflichtet ist, den Zustand herzustellen, der bestehen würde, wenn der zum Ersatz verpflichtende Umstand nicht eingetreten wäre.
Für die anfängliche Unmöglichkeit bedeutet das: Wäre der Vertrag nichtig (wie nach § 306 aF), hätte der Schuldner dem Gläubiger nur den Schaden zu ersetzen, den er erlitten hat, weil der Vertrag **nicht** (= **negativ**) zustande gekommen ist.
Da aber der Vertrag nach § 311a I wirksam bleibt und der Gläubiger gem. § 311a II »Schadensersatz statt der Leistung« verlangen kann, bedeutet das:
Der Schuldner muss den Gläubiger im Wege des Schadensersatzes so stellen, wie 186
dieser stehen würde, wenn die Leistung ordnungsgemäß (= **positiv**) erbracht worden wäre.

bb) Voraussetzungen für den Schadensersatzanspruch aus § 311a II

Aus dem **Wortlaut von § 311a II** (nochmals sorgfältig lesen!) folgt, dass es sich bei 187
dieser Vorschrift um **eine eigene Anspruchsgrundlage** und nicht nur um einen Unterfall des allgemeinen Pflichtverletzungstatbestands von § 280 handelt. Das wird zB dadurch deutlich, dass in § 311a II (lesen!) – anders als in den §§ 281–283 – nicht auf § 280 Bezug genommen wird.

Der Grund dafür ist, dass die Pflichtverletzung des Schuldners nicht darin liegt, den Leistungsgegenstand beschädigt, zerstört oder verspätet geliefert zu haben, sondern dass er sich über sein Leistungsvermögen nicht sorgfältig informiert hat (→ Rn. 190).

■ Versuchen Sie selbst – nach der genauen Lektüre von § 311a I und II – ein Prüfungsschema für diese Anspruchsgrundlage zu entwickeln, bevor Sie weiterlesen!

▶ Wenn Sie diesem Rat gefolgt sind, könnten Sie sich etwa Folgendes (→ Rn. 188) notiert haben:

Übersicht 11

188

Leistungsstörungen

§ 311a II
Anspruch auf Schadensersatz bei anfänglicher Unmöglichkeit

I. Voraussetzungen

1. Wirksamer Vertrag (§ 311a I)
2. Ausschluss der (Primär-)Leistungspflicht des Schuldners nach § 275 I–III (§ 311a I)
3. Leistungshindernis besteht bei Vertragsschluss (§ 311a I)
4. Kenntnis oder verschuldete Unkenntnis der Unmöglichkeit der Leistung auf Seiten des Schuldners (§ 311a II 2 iVm § 276 oder § 278)
5. Schaden beim Gläubiger (durch das Leistungshindernis)

II. Rechtsfolge
Grundsätzlich Schadensersatz statt der Leistung, »soweit« (vgl. § 275 I) (Primär-) Leistungspflicht des Schuldners ausgeschlossen ist

(**Ausnahme**: Interessenwegfall bei Teilunmöglichkeit gem. § 311a II 3 iVm § 281 I 2) **oder**

Ersatz der vergeblichen Aufwendungen des Gläubigers nach § 284 (→ Rn. 253a–d).

Wenden wir nun dieses Prüfungsschema auf unseren Übungsfall 9 an:

189 K könnte gegen V einen Anspruch auf Schadensersatz (200 EUR) gem. § 311a II 1 haben.

Dann müssten folgende Voraussetzungen erfüllt sein:

(1) Zwischen V und K als Gläubiger muss ein wirksamer Vertrag vorliegen, welcher hier in dem am 1.3. geschlossenen Kaufvertrag iSv § 433 besteht.
(2) Die Primärleistungspflicht muss ausgeschlossen sein. Diese Voraussetzung ist ebenfalls erfüllt, da dem V die Leistung unmöglich ist (§ 275 I).
(3) Das Leistungshindernis muss bereits bei Vertragsschluss bestehen (anfängliche Unmöglichkeit). Auch diese Voraussetzung ist erfüllt, da die Yacht eine Stunde vor Vertragsschluss gesunken ist.
(4) Der Schuldner muss das Leistungshindernis bei Vertragsschluss gekannt oder seine Unkenntnis zu vertreten haben. Hier liegen keine Anhaltspunkte vor, die darauf hindeuten, dass V bei Vertragsschluss von der Zerstörung der Yacht Kenntnis hatte oder seine Unkenntnis zu vertreten hat.

190 Letzteres wäre nur der Fall, wenn V's Unkenntnis auf Fahrlässigkeit iSv § 276 II beruht hätte (vgl. dazu auch die Legaldefinition »Kennenmüssen« in § 122 II). Die im Verkehr erforderliche Sorgfalt hätte V sicher außer Acht gelassen, wenn das Schiff nicht erst eine Stunde, sondern etwa eine Woche vor Vertragsschluss gesunken wäre. Wer etwas verkauft, muss sich vergewissern, dass die Kaufsache existiert. Der Schuldner hat vor Vertragsschluss die Pflicht, sich über seine Leistungsfähigkeit zu informieren. Verletzt er diese **Informationspflicht**, soll er gem. § 311a II 1 haften! Man kann jedoch schwerlich von ihm erwarten, dass er die Existenz des Leistungsgegenstandes »stündlich« überprüft. Somit ist V gem. § 311a II 2 entlastet. Der Anspruch des K gegen V ist somit nicht begründet.

191 Hätte sich V nicht gem. § 311a II 2 entlasten können, hätte man die Anspruchsvoraussetzungen prüfen und feststellen müssen, ob K einen Schaden erlitten hat (→ Rn. 186 f.).

191a Für den Umfang des Schadens gilt § 249 I. Für unseren Fall bedeutet das: K ist »positiv« so zu stellen, wie er bei ordnungsgemäßer Erfüllung gestanden hätte. In diesem Fall hätte er die 200 EUR zwar auch ausgeben müssen, aber nicht vergeblich, da er dann die Yacht mit dem Anhänger transportiert hätte.

Sofern K, was hier nicht zutrifft, seine Gegenleistung (den Kaufpreis) bereits erbracht hat, könnte er als Schadensersatz einen Geldbetrag in gleicher Höhe verlangen.

Hätte V also seine Unkenntnis vertreten müssen, hätte K einen Anspruch auf Schadensersatz gem. § 311a II in Höhe von 200 EUR gehabt.

Zur Übung wandeln wir Fall 9 wie folgt ab: **191b**

1. Der noch nicht bezahlte Kaufpreis der Yacht beträgt 10.000 EUR.
2. K hat bereits einen potenziellen Käufer, der nachweislich 12.000 EUR für die Yacht bezahlt hätte.
3. V hat die Unkenntnis der Unmöglichkeit zu vertreten.

K verlangt von V 2.200 EUR Schadensersatz. Zu Recht?

■ Wenden Sie nun das Prüfungsschema von Übersicht 11 (→ Rn. 188) an und prüfen Sie die Voraussetzungen 1–5!

▶ Wenn Sie das getan haben, werden Sie festgestellt haben, dass alle fünf Voraussetzungen erfüllt sind.

Fraglich ist nun der Umfang des Schadens nach §§ 249 ff. Gem. § 252 S. 1 umfasst der unter § 249 I fallende Schaden auch den entgangenen Gewinn.

■ Wie würden **Sie** entscheiden? Überlegen Sie erst, bevor Sie weiterlesen! Sind Sie zu dem Ergebnis gekommen, dass K 2.200 EUR Schadensersatz zustehen?

▶ Dann haben Sie zwar richtig addiert, aber nicht berücksichtigt, dass K ein Wahlrecht zwischen dem Schadensersatz (= 2.000 EUR) und dem Ersatz für die nutzlos gewordenen Aufwendungen (= 200 EUR) hat. Eine Kombination des Schadensersatzanspruchs mit dem Anspruch aus § 284 ist ausgeschlossen.

Der Schadensersatzanspruch aus § 311a II ist auf das »positive Interesse« gerichtet. Der Gläubiger ist also so zu stellen, wie er stehen würde, wenn der Vertrag ordnungsgemäß erfüllt worden wäre.[206]

■ Wie lautet jetzt Ihr Ergebnis? Bitte begründen Sie dieses!

▶ Wäre der Vertrag ordnungsgemäß erfüllt worden, hätte K aus dem Weiterverkauf einen Gewinn von 2.000 EUR erzielt.

■ Und was ist mit den Kosten für den Bootsanhänger in Höhe von 200 EUR?

▶ Diese Kosten sind »vergebliche Aufwendungen«, deren Ersatz nur nach § 284 in Betracht kommt.

K kann also nicht den Ausgleich von Vermögenseinbußen fordern, die er bei Erfüllung des Vertrages selbst hätte tragen müssen. Entweder – oder!

5. Nachträgliche Unmöglichkeit

a) Ausschluss der Leistungspflicht des Schuldners

Wie bereits (→ Rn. 173 ff.) dargestellt, wird auch die nachträgliche Unmöglichkeit **192**
von § 275 erfasst.

Um festzustellen, ob die **Leistungspflicht** des Schuldners aufgrund nachträglicher Unmöglichkeit ausgeschlossen ist, können wir also das in → Rn. 178 dargestellte Prüfungsschema anwenden.

206 Palandt/*Grüneberg* § 281 Rn. 19.

Auch im Fall der nachträglichen Unmöglichkeit wird der Schuldner gem. § 275 von seiner Primärleistungspflicht befreit.

b) Schadensersatz

193 Unterschiede zur anfänglichen Unmöglichkeit ergeben sich vor allem bezüglich der Rechtsfolgen, wenn die Unmöglichkeit durch eine vom Schuldner zu vertretende Pflichtverletzung herbeigeführt wurde.

In diesem Fall bestimmen sich die Rechte des Gläubigers bei der nachträglichen Unmöglichkeit gem. § 275 IV nach den §§ 280, 283–285 und § 326, während für die anfängliche Unmöglichkeit auf § 311a verwiesen wird.

Diese Differenzierung hat ihren Grund in der unterschiedlichen Art der Pflichtverletzung, für die der Schuldner bei der anfänglichen und nachträglichen Unmöglichkeit im Falle des Vertretenmüssens haften soll.

Anknüpfungspunkte für die Haftung nach den §§ 280 ff. bei der nachträglichen Unmöglichkeit ist die Verletzung von Pflichten, die in Bezug auf den Leistungsgegenstand bestehen, der ja bei Vertragschluss existiert hat. Im Fall der anfänglichen Unmöglichkeit war der Leistungsgegenstand indessen gar nicht vorhanden, sodass bezüglich des Leistungsgegenstandes keine Pflichten bestanden, die der Schuldner verletzen konnte. Anknüpfungspunkt für die Haftung aus § 311a II ist daher die Verletzung einer **vor** dem Vertragsschluss bestehenden **Informationspflicht** (→ Rn. 190) des Schuldners über seine Leistungsfähigkeit.

c) Einzelfälle

194 Die Haftung für Pflichtverletzungen im Zusammenhang mit nachträglicher Unmöglichkeit nach den §§ 275, 280, 283–285 und § 326 soll im Folgenden anhand einiger Übungsfälle verdeutlicht werden.

aa) Ausschluss der Leistungspflicht

Übungsfall 10

E ist Eigentümer eines echten Brillantrings, der als uraltes Familienstück für ihn von unersetzlichem Wert ist. Als E diesen Ring verliert, gibt er im »Kölner Stadtanzeiger« vom 25.3. eine entsprechende Anzeige auf, in der es heißt: »Der ehrliche Finder soll meinen Porsche erhalten.« Am 22.4. findet F den Ring und bringt ihn sofort zu E. Jetzt erst stellt E fest, dass wenige Stunden zuvor sein Auto bei einem Brand völlig zerstört worden ist. An dem Brand traf niemanden ein Verschulden. Die Kaskoversicherung erstattet E einen Betrag von 10.000 EUR.

F verlangt von E statt des Autos die Versicherungssumme. Zu Recht?

195 Das Rechtsgeschäft, das E in Form der Anzeige vorgenommen hat, ist die bereits einmal erwähnte[207] »Auslobung« iSd §§ 657 ff., von denen Sie zur Information § 657 **lesen**, der als »Anspruchsgrundlage« zugunsten des F in Betracht kommen würde, wenn das Auto noch vorhanden wäre.

207 Übersicht 1 → Rn. 16.

Aufgrund dieses einseitig verpflichtenden Rechtsgeschäfts war E ursprünglich verpflichtet, dem F das Auto zu übereignen. F hatte gem. § 657 einen Anspruch auf Übergabe des Porsche, und als E die Zeitungsanzeige veröffentlichen ließ, war ihm die Erfüllung dieses Anspruchs auch noch möglich.

Der Anspruch könnte aber erloschen sein, da das Auto inzwischen zerstört ist.

■ Welche rechtlichen Voraussetzungen müssen erfüllt sein, damit ein entstandener Anspruch auf Leistung erlischt und E von seiner Leistungspflicht frei werden kann?

▶ Dem E müsste seine Leistungserbringung unmöglich sein.

Das ergibt sich aus der Kernvorschrift des Unmöglichkeitsrechts, § 275 I, den Sie bereits kennen.

■ Wenn Sie das Prüfungsschema zu § 275 (→ Rn. 178) anwenden, das Sie mit der Zeit auch ohne im Lehrbuch nachzuschlagen aus dem Gesetz herleiten können müssen, darf die Antwort auf die Frage, ob E von seiner Leistungspflicht befreit ist, nicht schwerfallen.

▶ Zwischen E und F bestand ein Schuldverhältnis gem. § 657, aus dem E zur Leistung (Übergabe) des Porsches verpflichtet war. Da der Porsche bei einem Brand völlig zerstört wurde, ist dem E diese Leistung unmöglich, sodass die Leistungspflicht des E gem. § 275 I ausgeschlossen ist.

Da an dem Brand niemanden ein Verschulden trifft, liegt keine von E zu vertretende Pflichtverletzung vor. Ein »Schadensersatz wegen Pflichtverletzung« kommt nicht in Betracht.

■ Haben wir damit die Lösung unseres Falls gefunden?

▶ Normalerweise ja, wenn E nicht versichert gewesen wäre; F will jedoch die Versicherungssumme. Mit anderen Worten: Er will von E das, was dieser als Ersatz für die unmöglich gewordene Leistung bekommen hat.

bb) Anspruch auf Herausgabe des Ersatzes für die unmögliche Leistung (»stellvertretendes commodum«)

Die Frage, ob der Gläubiger den Ersatz, den der Schuldner für die unmögliche Leistung bekommen hat, verlangen kann, beantwortet der Gesetzgeber in § 285 I (lesen!). **196**

§ 285 I schränkt den Grundsatz ein, dass der Schuldner bei Vorliegen der Voraussetzungen von § 275 I–III von jeglicher Leistungsverpflichtung frei wird.

Das ist auch nicht mehr als recht und billig. Es ist nicht einzusehen, dass der Schuldner von der Leistungspflicht frei wird und das, was er als Ersatz für die ursprünglich geschuldete Leistung bekommt, auch noch behalten soll.

Man nennt übrigens das, was der Schuldner dem Gläubiger anstelle des ursprünglich geschuldeten Leistungsgegenstands herausgeben muss, **»stellvertretendes commodum«**,[208] woran man einmal mehr sieht, dass auch schon die römischen Juristen mit ähnlichen Problemen bei der Unmöglichkeit beschäftigt waren.

208 (Lat.) deutsch: Vorteil.

■ Verständnisfrage: Meinen Sie, dass § 285 auch gilt, wenn der Schuldner für die Unmöglichkeit aufgrund einer von ihm zu vertretenden Pflichtverletzung haften muss?

▶ Selbstverständlich! Wenn er schon ohne Pflichtverletzung den erlangten Ersatz herausgeben muss, dann erst recht bei verschuldeter Pflichtverletzung[209]!
So oder so (ob Pflichtverletzung oder nicht): F kann in Fall 10 die 10.000 EUR gem. § 285 I von E verlangen.

cc) Vom Schuldner zu vertretende Pflichtverletzung

197 Wie wäre Fall 10 zu lösen, wenn E den Brand fahrlässig verursacht hätte?

■ Was kann der Gläubiger vom Schuldner verlangen, wenn dieser eine Pflichtverletzung zu vertreten hat?

▶ Schadensersatz gem. § 280 I und III iVm § 283 (lesen!) [dazu gleich: → Rn. 199b]. Der Schuldner wird zwar gem. § 275 I von seiner Leistungsverpflichtung frei, doch seine ursprüngliche Verpflichtung (Primärleistungspflicht) wandelt sich, wie Sie bereits wissen, in eine Schadensersatzpflicht (Sekundärleistungspflicht) um.

Anders als nach altem Recht wird bezüglich des Schadensersatzes bei gegenseitigen Verträgen nicht mehr unterschieden, ob die unmögliche Leistungspflicht im Gegenseitigkeitsverhältnis (Synallagma) steht oder nicht (ähnlich schon → Rn. 148).

§ 280 I ist – von der Sonderregel des § 311a II für die anfängliche Unmöglichkeit abgesehen – **die** einzige und **zentrale Anspruchsgrundlage für Schadensersatz aufgrund einer Pflichtverletzung** bei einem Vertrag oder einem anderen Schuldverhältnis.

Damit Schadensersatz »statt der Leistung« verlangt werden kann, müssen, wie schon oben (→ Rn. 172 und Übersicht 9a Rn. 172b) erwähnt, gem. § 280 III zusätzliche Voraussetzungen nach §§ 281, 282 oder 283 erfüllt sein.

198 § 280 I hat durch seine Neufassung im Rahmen der Schuldrechtrechtsreform die alten §§ 280 und 286 sowie §§ 325 und 326 ersetzt und stellt – in Verbindung mit den nunmehr geltenden §§ 281–283 – die vertragliche Schadensersatzanspruchsgrundlage anstelle der bisher gewohnheitsrechtlich anerkannten Rechtsinstitute **culpa in contrahendo (c. i. c.)** und **positive Vertragsverletzung (pVV)** dar.

Wenn Sie *Wörlen/Metzler-Müller* »BGB AT« studiert haben – wovon ich hoffnungsfroh ausgehe –, haben Sie dort bis zur 11. Auflage (→ Rn. 160) gelernt, dass der im Gesetz damals nicht geregelte Anspruch auf Schadensersatz aus pVV in Analogie zu den eben genannten §§ 280, 286, 325, 326 aF hergeleitet wurde. Nunmehr sind die pVV in den §§ 280 I, 241 II und die c. i. c. in den §§ 280 I, 311 II, 241 II gesetzlich geregelt. Wir kommen darauf später nochmals zurück.

199 Grundsätzlich gilt § 280 auch für Leistungspflichten aus gesetzlichen Schuldverhältnissen[210] (→ Rn. 52 ff.).

---

209 **»Warnung«:** Prüfen Sie § 285 I niemals in einer Klausur, wenn der Sachverhalt überhaupt nichts über eine Ersatzleistung (bzw. einen Ersatzanspruch), die (bzw. den) der Schuldner erlangt hat, aussagt! In manchen Klausuren muss man lesen: »Es ist davon auszugehen, dass E versichert war und von der Versicherung Ersatz erhalten hat. F könnte daher einen Anspruch aus § 285 I. ... haben ... « = Grob falsche Unterstellung, wenn im Sachverhalt von einer Versicherung auf Seiten des E nicht die Rede ist!

210 Jauerning/*Stadler* § 280 Rn. 2.

Beispiel: Lesen Sie § 681 und dann § 667! Nach § 681 S. 2 iVm § 667 muss also derjenige, der ein fremdes Geschäft ohne Auftrag führt (= »Geschäftsführer«), dem Geschäftsherrn das durch die Geschäftsführung Erlangte herausgeben. Ist die Herausgabe dieses Erlangten aufgrund eines von ihm zu vertretenden Umstands unmöglich geworden, muss er Schadensersatz nach § 280 I und III iVm § 283 leisten.

An dem Beispiel haben Sie erneut gesehen, dass § 280 I als alleinige Anspruchsgrundlage bei vom Schuldner zu vertretender Unmöglichkeit nicht in Betracht kommt. **199a**

Zur Wiederholung: Die »allgemeine«, zentrale Schadensersatzanspruchsgrundlage § 280 I greift unmittelbar und allein nur ein, wenn es um die Haftung auf »einfachen Schadensersatz« wegen Verletzung einer Pflicht aus dem Schuldverhältnis geht, da sie durch die Verweisungen in Abs. 2 und Abs. 3 erhebliche Einschränkungen erfährt. So kommt § 280 I in Fällen der Leistungsverzögerung (→ Rn. 113 ff.) regelmäßig nur in Verbindung mit Abs. 2 und § 286 oder mit Abs. 3 und § 281 und in Fällen der nachträglichen Unmöglichkeit nur in Verbindung mit Abs. 3 und § 283 (alle Vorschriften lesen!) zur Anwendung.
Bei vom Schuldner zu vertretender nachträglicher Unmöglichkeit der Leistung kann § 280 I als alleinige Anspruchsgrundlage schon deshalb nicht in Betracht kommen, weil der Gläubiger **immer** Ersatz für die unmögliche Leistung, also »Schadensersatz statt der Leistung« (oder Herausgabe des »stellvertretenden commodums« nach § 285), verlangen wird. **Diesen** Schadensersatz bekommt er nur bei Vorliegen der zusätzlichen Voraussetzung von § 283.

dd) Zusätzliche Voraussetzung von § 283

Zusätzliche Voraussetzung für den **Schadensersatzanspruch statt der Leistung** ist gem. § 283 die **Leistungsbefreiung** des Schuldners nach § 275 I, II oder III aufgrund eines Leistungshindernisses, das nach Vertragsschluss eingetreten ist. Dass das Leistungshindernis nach Vertragsschluss eingetreten sein muss, ergibt sich aus einem Umkehrschluss von § 311a I, der für Leistungshindernisse gilt, die schon bei Vertragsschluss vorlagen. Ist der Schuldner wegen Unmöglichkeit der Leistung nach § 275 I befreit, ist es für § 283, anders als beim Schadensersatz statt der Leistung beim Schuldnerverzug nach § 281 I 1, 1. Var. (→ Rn. 130 ff.) nicht erforderlich, dass der Gläubiger dem Schuldner eine angemessene Frist zur Leistung oder Nacherfüllung setzt. **199b**

Das folgt daraus, dass beim Ausschluss der Leistungspflicht nach § 275 I die Leistung gar nicht mehr möglich (»nomen est omen«[211]) bzw. der Schuldner bei der rechtmäßigen Leistungsverweigerung nach § 275 II oder III von der Leistung befreit ist, sodass eine Fristsetzung zur Leistung unsinnig wäre.[212] Konsequenterweise wird in § 283 S. 2 daher nur auf § 281 I 2 und 3, nicht aber auf § 281 I 1 verwiesen.

Somit gilt folgende **Prüfungsreihenfolge** für den Schadensersatzanspruch bei der Pflichtverletzung in Form nachträglicher Unmöglichkeit:

211 Lat.: »Im Namen liegt eine Vorbedeutung«.
212 Vgl. *Brox/Walker* SchuldR AT § 22 Rn. 56.

Übersicht 12

199c

Leistungsstörungen

§ 280 I und III iVm § 283
Schadensersatz statt der Leistung wegen nachträglicher Unmöglichkeit

I. Voraussetzungen

1. Wirksames Schuldverhältnis
2. Pflichtverletzung durch den Schuldner (nachträgliche Unmöglichkeit der Leistung) } § 280 I
3. Leistungsbefreiung für den Schuldner (§ 275 I–III)
4. Vertretenmüssen (§ 280 I 2 iVm § 276 oder § 278)
5. Schaden beim Gläubiger } § 280 I

II. Rechtsfolge

- Schadensersatz »statt der Leistung« nach § 280 I und III iVm § 283
- Umfang: §§ 249 ff. = Erfüllungsinteresse/positives Interesse

200 Hat der Gläubiger im Falle zu vertretender Pflichtverletzung in Form von nachträglicher Unmöglichkeit einen Schadenersatzanspruch aus § 280 I und III iVm § 283 **und** der Schuldner für den Leistungsgegenstand einen Ersatz (stellvertretendes **commodum**) erlangt, hat der Gläubiger ein Wahlrecht!

■ Worin besteht das? Welche beiden Möglichkeiten hat der Gläubiger, von dem Schuldner etwas zu verlangen?

▶ Entweder Schadensersatz nach § 280 I und III iVm § 283
oder
Herausgabe des »stellvertretenden commodums« nach § 285 I. Dass er zwischen diesen beiden Ansprüchen wählen kann, folgt aus § 285 II (lesen!).

201 **Beispiele:**

- Der Porsche, für den E 10.000 EUR von der Versicherung erhielt, ist tatsächlich nur 9.000 EUR wert.
  Würde F Schadensersatz gem. §§ 280 I und III, 283 wählen, bekäme er nur den Wert des geschuldeten Porsche, dh: 9.000 EUR. Er wird deshalb anstelle des Schadensersatzes den Anspruch aus § 285 I geltend machen (10.000 EUR). Der Schuldner soll bei Unmöglichkeit seiner Leistung keinesfalls besser gestellt werden!
- Der Porsche ist tatsächlich 11.000 EUR wert, F hat deshalb gem. §§ 280 I und III, 283 einen Schadensersatzanspruch auf 11.000 EUR. Hat er schon 10.000 EUR nach § 285 I als Ersatz bekommen, vermindert sich nach § 285 II sein Schadensersatzanspruch um diese 10.000 EUR, dh, er kann nach § 280 I und III iVm § 283 von seinem bestehenden Schadensersatzanspruch nur noch 1.000 EUR verlangen.

202 **Für die nachträgliche Unmöglichkeit können wir daher als Rechtsfolgen festhalten:**

(a) Liegt Unmöglichkeit vor, wird der Schuldner von seiner Leistungspflicht nach § 275 I frei.

(b) Hat der Schuldner der unmöglichen Leistung eine zu vertretende Pflichtverletzung begangen, kann der Gläubiger anstelle der ursprünglichen Leistungserfüllung Schadensersatz statt der Leistung gem. § 280 I und III iVm § 283 verlangen.

(c) Unabhängig davon, ob der Schuldner die Pflichtverletzung vertreten muss oder nicht, kann der Gläubiger gem. § 285 I Herausgabe des Ersatzes verlangen, den der Schuldner für den ursprünglich geschuldeten Gegenstand erlangt hat.

Zwischen b) und c) kann der Gläubiger wählen. Dann ist § 285 II zu beachten!

6. Besondere Regelungen für gegenseitige Verträge

Erinnern Sie sich an den Schuldnerverzug: Grundsätzlich gelten alle allgemeinen Regelungen über den Verzug – und das trifft auch für die Unmöglichkeit zu – für **alle** Schuldverhältnisse; es sei denn, diese allgemeinen Vorschriften werden durch besondere Regelungen verdrängt. 203

■ Wo stehen im allgemeinen Schuldrecht besondere Vorschriften für die gegenseitigen Verträge? (Überlegen Sie erst, bevor Sie weiterlesen!)

▶ Sicherlich wussten Sie das noch: in den §§ 320–326!

Von diesen Vorschriften haben Sie § 323 (»Rücktritt wegen nicht oder nicht vertragsgemäß erbrachter Leistung«) schon relativ ausführlich kennen gelernt (→ Rn. 145 ff.) und außerdem erfahren, dass »Schadensersatz und Rücktritt« gem. § 325 nicht nur alternativ, sondern kumulativ (also: nebeneinander) möglich sind.

Die Unterscheidung zwischen gegenseitigen Verträgen und anderen Schuldverhältnissen ist seit der Einführung des einheitlichen Pflichtverletzungstatbestands von § 280 bezüglich der Unmöglichkeit nicht mehr so bedeutend, wie sie es noch vor der Schuldrechtsreform war. Da § 280 nunmehr alle Fälle der Pflichtverletzung erfasst, ist es grundsätzlich unerheblich, ob die Leistungspflicht des Schuldners aus einem einseitig verpflichtenden Vertrag (→ Rn. 15), einem unvollkommen zweiseitig verpflichtenden Vertrag (→ Rn. 14) oder einem gegenseitigen Vertrag (→ Rn. 11–13) herrührt. 204

Liegt also eine Pflichtverletzung durch einen Partner eines gegenseitigen Vertrags vor, so ist es als Haftungsvoraussetzung nicht erforderlich, dass eine im Synallagma (→ Rn. 148) stehende Leistungspflicht verletzt wurde.

Konsequenterweise hat der Gesetzgeber nun für gegenseitige Verträge nur noch den **Rücktritt** [in den §§ 323 I, 324 (325) und § 326 V – lesen Sie die drei letztgenannten Vorschriften zur ersten Information] und das **Schicksal der Gegenleistung** geregelt. Wenn Sie § 326 V eben gelesen haben, werden Sie bemerkt haben, dass er sich auf § 275 bezieht, in dessen Abs. 1 der Ausschluss der Leistungspflicht aufgrund der Unmöglichkeit der Leistung des Schuldners und in Abs. 2 und 3 der Ausschluss der Leistungspflicht aus anderen Gründen geregelt ist. Welche weiteren Auswirkungen die Unmöglichkeit der Leistung im gegenseitigen Vertrag hat, ist in § 326 I–IV festgelegt, die im Folgenden etwas näher betrachtet werden sollen (lesen Sie nun § 326 einmal **ganz**). 205

a) Befreiung von der Gegenleistung bei Ausschluss der Leistungspflicht

Die Antwort auf die Frage, ob der Gläubiger trotz Befreiung des Schuldners von seiner Leistungspflicht nach § 275 I–III seine Gegenleistung noch erbringen muss oder nicht, ergibt sich aus § 275 IV iVm § 326. 206

Wegen der durch das Synallagma bedingten engen Verknüpfung von Leistung und Gegenleistung muss grundsätzlich auch der Gläubiger von seiner Gegenleistungspflicht befreit werden, wenn und soweit sein Anspruch auf die Leistung des Schuldners gem. § 275 I–III ausgeschlossen ist. Diesen Grundsatz enthält § 326 I 1 Hs. 1.

§ 326 I 1 gilt nicht nur dann, wenn der Schuldner von der **ganzen** Primärleistung befreit ist und der Gläubiger deshalb die ganze Gegenleistung nicht zu erbringen braucht. § 326 I 1 gilt auch dann, wenn sich das Leistungshindernis nur auf einen **Teil** der geschuldeten Leistung bezieht. In diesem Fall wird der Gläubiger, wie sich aus § 326 I 1 Hs. 2 ergibt, teilweise von der Gegenleistung befreit.

207 Bei § 441 III, auf den hier verwiesen wird, handelt es sich um eine Berechnungsregelung für die sog. »Minderung« des Kaufpreises durch den Käufer im Falle der **Schlechterfüllung** durch den Verkäufer. Diese Berechnungsregelung, auf die hier nicht näher eingegangen wird,[213] soll entsprechend angewendet werden, um den Umfang zu berechnen, in dem der Gläubiger nach § 326 I 1 Hs. 2 teilweise von der Gegenleistung befreit wird.

208 § 326 I 2 stellt durch Bezugnahme auf die »nicht vertragsgemäße Leistung« (= Schlechterfüllung) klar, dass Satz 1 nur für die Unmöglichkeit der Leistung (= Nichterfüllung), aber nicht für die Schlechtleistung gilt.

> **Beispiel für die Anwendung von § 326 I 1:** Das verkaufte Auto wird nach Vertragsschluss vor Übergabe an den Käufer durch Blitzschlag zerstört. Die Leistungspflicht des Verkäufers ist nach § 275 I ausgeschlossen! Der Käufer ist von seiner Gegenleistung (Zahlung des Kaufpreises) gem. § 326 I 1 Hs. 1 befreit.

Nehmen Sie an, es wurde ein Lastwagen mit Anhänger verkauft, und vor der Übergabe wird der Anhänger durch Blitzschlag zerstört.[214]

»Soweit« die Leistung dem Verkäufer – bezüglich des Anhängers – unmöglich ist, ist seine Leistungspflicht nach § 275 I ausgeschlossen; den vorhandenen Lastwagen muss er noch liefern.

Der Käufer ist nach § 326 I 1 Hs. 2 **teilweise** von seiner Gegenleistung befreit. Hat der Lastwagen einen Wert von zwei Drittel des Gesamtkaufpreises, von dem ein Drittel auf den zerstörten Anhänger entfiel, so muss der Käufer gem. § 326 I 1 Hs. 2 iVm § 441 III nur zwei Drittel bezahlen.

b) Anspruch auf die Gegenleistung bei Ausschluss der Leistungspflicht

aa) Verantwortlichkeit des Gläubigers

Lesen Sie zunächst § 326 II 1 und dann

213 Dazu *Wörlen/Metzler-Müller* SchuldR BT Rn. 46.
214 Ähnlich *Brox/Walker* SchuldR AT § 22 Rn. 33.

Übungsfall 11

V verkauft einen Pkw an K. Nach Unterzeichnung des Kaufvertrags vereinbaren V und K, dass das Auto noch einige Tage bei V bleiben soll, bis dieser noch einige »Extras« angebracht hat. Da K das Fahrzeug schon einmal testen will, lässt V ihn eine Probefahrt machen. Dabei verursacht K schuldhaft einen Unfall, bei dem der Pkw – im Gegensatz zu K – total zerstört wird. V verlangt Bezahlung des Kaufpreises. Zu Recht?

Der Anspruch des Verkäufers V auf Bezahlung des Kaufpreises folgt aus § 433 II, 209
während V als Schuldner gem. § 433 I 1 zur Leistung »Übergabe und Verschaffung des Eigentums« verpflichtet ist. Da das Auto total zerstört ist, ist dem Schuldner V diese Leistung unmöglich, dh seine Leistungspflicht ist gem. § 275 I ausgeschlossen. Das Schicksal der Gegenleistung des Gläubigers K (Kaufpreiszahlung) ist in § 326 geregelt.

Gem. § 326 II 1, 1. Var. (vor dem zweiten »oder«) behält der Schuldner der unmöglichen Leistung, der nach § 275 I nicht zu leisten braucht, den Anspruch auf die Gegenleistung, wenn der Gläubiger für den Eintritt der Unmöglichkeit (für den »Umstand«) allein oder weit überwiegend verantwortlich ist. Dies ist der Fall, wenn der Gläubiger den Eintritt der Unmöglichkeit der Leistung des Schuldners nach § 276 zu vertreten hat.

- Was bedeutet das für Übungsfall 11?
- Da der Gläubiger K den Unfall, der die Unmöglichkeit der Leistung des V zur Folge hatte, »verschuldet« hat, hat er zumindest fahrlässig iSv § 276 II (§ 276 gilt für jeden Schuldner, somit **analog** auch für den Gläubiger, wenn er etwas schuldet) gehandelt und ist somit allein für den Eintritt der Unmöglichkeit verantwortlich. Gem. § 326 II 1, 1. Var. behält also V seinen Anspruch aus § 433 II, sodass er die Bezahlung des Kaufpreises zu Recht verlangt.

bb) Annahmeverzug des Gläubigers

Wie Sie in § 326 II 1, 2. Var. (nach dem zweiten »oder«) gelesen haben, behält der 210
Schuldner den Anspruch auf die Gegenleistung (hier: Zahlung des Kaufpreises gem. § 433 II) auch, wenn der Umstand, aufgrund dessen der Schuldner nach § 275 von der Leistung befreit ist, von diesem nicht zu vertreten ist und zu einer Zeit eintritt, zu welcher sich der Gläubiger im Annahmeverzug befindet. Dazu folgender Fall:

Übungsfall 12

Gastwirt Kühn (K) bestellt beim Metzgermeister Vogt (V) 100 Schnitzel. K und V vereinbaren, dass V dem K die Ware am Samstag um 15.00 Uhr persönlich liefert. Als V zum Liefertermin pünktlich am Gasthaus des K eintrifft, steht er vor verschlossenen Türen. K konnte den Termin nicht einhalten, da er unverschuldet in einen Stau geraten war. Ärgerlich fährt V unverrichteter Dinge wieder nach Hause. Auf der Rückfahrt verursacht er leicht fahrlässig einen Unfall, bei dem alle Schnitzel verderben. Am nächsten Tag ruft V bei K an und verlangt Bezahlung des Kaufpreises. Zu Recht?

Ein Anspruch des V gegen K auf Zahlung könnte sich aus § 433 II ergeben.

Voraussetzung dafür ist, dass ein wirksames Angebot erfolgte und dieses angenommen wurde (§§ 145 ff.). Hier lag das Angebot in der Bestellung des K, welches V mit der Liefervereinbarung angenommen hat.

Der Anspruch ist somit entstanden.

Der Anspruch könnte jedoch gem. § 326 I 1 Hs. 1 (lesen!) untergegangen sein, wenn die Leistungspflicht des V aus § 433 I 1 gem. § 275 I–III ausgeschlossen wäre.

Hier könnte ein Ausschluss der Leistungspflicht nach § 275 I in Betracht kommen.

211 ■ Wovon hängt es ab, ob die Lieferung von 100 Schnitzeln unmöglich ist oder nicht?

▶ Das hängt davon ab, ob es sich dabei zum Zeitpunkt ihrer Zerstörung um eine Stück- oder Gattungsschuld handelte.

Als K die Schnitzel bei V bestellte, handelte es sich bei diesen um eine Gattungsschuld iSv § 243 I (→ Rn. 86 ff.), bei deren Verderb der Schuldner grundsätzlich das Beschaffungsrisiko trägt. Dieses Beschaffungsrisiko entfällt allerdings, wenn sich die ursprünglich geschuldete Gattungsschuld gem. § 243 II zu einer Stückschuld konkretisiert hat.

■ **Wiederholung:** Wovon hängt es nun ab, ob der Schuldner das gem. § 243 II »seinerseits Erforderliche« zur Herbeiführung dieser Konkretisierung getan hat?

▶ Das hängt davon ab, um welche Art der Schuld bezüglich des Leistungsorts es sich handelt.

Hier haben K und V eine Bringschuld (→ Rn. 82) vereinbart.

212 ■ Was muss der Schuldner dabei tun, um die Konkretisierung der Gattungsschuld zur Stückschuld herbeizuführen?

▶ Er muss dem Gläubiger den Leistungsgegenstand **bringen** und ihn dem Gläubiger ordnungsgemäß **anbieten**.

Dies hat V (vgl. § 296 S. 1) mit dem Lieferungsversuch zum vereinbarten Termin getan. Somit haben sich die ursprünglich als Gattungsschuld geschuldeten Schnitzel am Samstag um 15.00 Uhr zu einer Stückschuld konkretisiert, dh V schuldete dem K nur noch **diese** 100 Schnitzel.

Da diese Schnitzel durch den Unfall verdorben sind, ist dem V die Leistung unmöglich, sodass seine Leistungspflicht gem. § 275 I ausgeschlossen ist.

213 Grundsätzlich würde in diesem Fall gem. § 326 I 1 der Anspruch des Schuldners auf die Gegenleistung (hier: Kaufpreiszahlung) entfallen.

■ **Wiederholung:** Unter welchen Voraussetzungen kann der Schuldner den Gegenleistungsanspruch dennoch erhalten?

▶ Unter den Voraussetzungen von § 326 II 1, 1. oder 2. Var. (nochmals lesen!).

■ Welche Variante kommt hier in Betracht?

▶ Die zweite Variante, dh, der Gläubiger (K) müsste sich bei Eintritt der Unmöglichkeit in Annahmeverzug befunden haben und der Schuldner (V) dürfte den Umstand, der zur Unmöglichkeit führte, nicht zu vertreten haben.

■ Prüfen Sie also, ob K sich in Annahmeverzug (→ Rn. 167) befand, nachdem V versucht hatte, die Schnitzel zu liefern!

▶ Wenn Sie das getan haben, werden Sie festgestellt haben, dass die Voraussetzungen »Erfüllbarkeit der Leistung« (§ 271 I), »ordnungsgemäßes Leistungsangebot« (§§ 294–296) sowie »Leistungswille und Leistungsvermögen« (§ 297) erfüllt sind, sodass allein die Nichtannahme der Leistung (§ 293) ausreicht, um den Annahmeverzug zu begründen. Ob dieser vom Gläubiger (K) verschuldet wurde oder nicht, ist unerheblich (→ Rn. 161).

■ Was müssen wir nun noch prüfen?

▶ Der Schuldner (V) dürfte den Umstand, der zur Unmöglichkeit führte, nicht zu vertreten haben.

■ Prüfen Sie selbst, ob diese Voraussetzung erfüllt ist!

▶ Nach § 276 I 1 hat der Schuldner Vorsatz und jede Fahrlässigkeit zu vertreten, wenn eine strengere oder mildere Haftung nicht bestimmt ist.
Hier kommt eine mildere Haftung des V gem. § 300 I in Betracht. Da K sich in Annahmeverzug befand, muss V nur für Vorsatz und grobe Fahrlässigkeit haften. V hat den Unfall indessen »leicht fahrlässig« verursacht, sodass er den Umstand, der zur Unmöglichkeit führte, nicht zu vertreten hat.

Somit sind alle Voraussetzungen von § 326 II 1, 2. Var. erfüllt mit der Folge, dass V seinen Anspruch auf die Gegenleistung – Zahlung des Kaufpreises durch K gem. § 433 II – behält.

Zu beachten ist, dass sich der Schuldner gem. § 326 II 2 ggf. das anrechnen lassen muss, was er infolge der Befreiung von der Leistung erspart oder durch anderweitige Verwendung seiner Arbeitskraft erwirbt oder zu erwerben böswillig unterlässt. 214

Beispiel: Der Verkäufer erspart aufgrund der Unmöglichkeit Versendungskosten. Diesen Betrag könnte der Käufer vom Kaufpreis abziehen.[215]

c) Rücktritt bei Ausschluss der Leistungspflicht

Übungsfall 13

Valentin (V) verkauft am 1.3. seinen gebrauchten Pkw an Kuno (K) für 5.000 EUR. K zahlt sofort in bar. Die Übereignung soll am 3.3. erfolgen. Am 2.3. wird das Auto bei einem Brand, den V fahrlässig verursacht hat, völlig zerstört. Die Kasko-Versicherung des V zahlt diesem entsprechend dem tatsächlichen Listenwert des Wagens 6.000 EUR. K seinerseits hätte das Auto nachweislich an Dagobert (D) für 5.500 EUR weiterverkaufen können.

1. Kann K vom Vertrag zurücktreten?
2. Welche Ansprüche stehen K gegen V zu?
3. Welche Möglichkeit ist für K am günstigsten?

Frage 1:
Ein Rücktrittsrecht für K könnte sich aus § 326 V (lesen) ergeben. Voraussetzung für den Rücktritt ist danach, dass der Schuldner nach § 275 I–III nicht zu leisten braucht, dh, dass die Leistungspflicht des Schuldners ausgeschlossen ist. 215

Wenn Sie sich an das Prüfungsschema zum Ausschluss der Leistungspflicht nach § 275 (→ Rn. 178) erinnern und dieses anwenden, werden Sie leicht feststellen, dass die (Primär-)Leistungspflicht des V wegen (objektiver nachträglicher) Unmöglichkeit gem. § 275 I ausgeschlossen ist.

215 Vgl. *Brox/Walker* SchuldR AT § 22 Rn. 42.

Somit ist die Voraussetzung für den Rücktritt nach § 326 V erfüllt. Auf den Rücktritt findet § 323 (→ Rn. 151 ff.) entsprechende Anwendung mit der Maßgabe, dass die Fristsetzung entbehrlich ist (§ 326 V).

■ Warum ist die Fristsetzung entbehrlich?
▶ Die Fristsetzung ist entbehrlich, weil im Fall der Unmöglichkeit iSv § 275 ohnehin feststeht, dass eine Nacherfüllung keinen Erfolg haben kann. Für dieses gesetzliche Rücktrittsrecht gelten wie bei § 323 die §§ 346 ff. (→ Rn. 153–155).

■ Lesen Sie nochmals § 346 I! Was kann K danach von V verlangen?
▶ Den bezahlten Kaufpreis in Höhe von 5.000 EUR, nicht aber den entgangenen Gewinn von 500 EUR, da dieser nur bei Geltendmachung von Schadensersatz verlangt werden kann.

Frage 2:
(1) Da die Primärleistungspflicht des V ausgeschlossen ist, er den Brand aber fahrlässig verursacht hat (= schuldhafte Pflichtverletzung), drängt sich die Frage auf, ob K nicht einen Anspruch auf eine Sekundärleistung in Form von Schadensersatz hat.

216 ■ Welche Anspruchsgrundlage kommt dafür zunächst in Betracht? (Nachdenken!)
▶ Ein Anspruch auf »Schadensersatz statt der Leistung« – welche **vertragliche** Pflichtverletzung auch immer – kann sich (vgl. § 275 IV) hier aus § 280 I und III iVm § 283 ergeben.

Prüfen wir daher – nach dem oben (→ Rn. 199c) entwickelten Schema –, ob die Voraussetzungen für diesen Anspruch vorliegen.

(a) Erste Voraussetzung für den Anspruch auf Schadensersatz statt der Leistung gem. § 280 I 1 und III iVm § 283 (lesen Sie diese Vorschriften nochmals) ist ein wirksames Schuldverhältnis, das hier mit dem Kaufvertrag iSv § 433 vorliegt. Aus diesem Schuldverhältnis folgt für V gem. § 433 I 1 die Leistungspflicht, dem K das Auto zu übergeben und ihm das Eigentum daran zu verschaffen.
(b) Diese Leistungspflicht kann V nicht mehr erfüllen, da das Auto völlig zerstört ist. Somit liegt eine Pflichtverletzung (§ 280 I 1) vor.
(c) Folglich ist die Leistungspflicht des V nach § 275 I ausgeschlossen, dh er ist von seiner (Primär-) Leistungspflicht befreit.
(d) Da V den Brand fahrlässig verursacht hat, hat er diese Pflichtverletzung gem. § 280 I 2 iVm § 276 I und II auch zu vertreten.
(e) K hat zumindest einen Schaden in Höhe von 5.000 EUR, da er den Kaufpreis schon bezahlt hat, ohne eine Gegenleistung dafür zu erhalten.

217 Da die Pflichtverletzung des Schuldners V zur Folge hatte, dass V nach § 275 I nicht zu leisten braucht, liegt die zusätzliche Voraussetzung von § 283 S. 1 vor. Somit kann K Schadensersatz statt der Leistung gem. § 280 I und III iVm § 283 verlangen.

218 Für den **Umfang** des zu ersetzenden Schadens gelten die §§ 249 ff. Nach §§ 249 I, 251 I fallen zunächst die vergeblich bezahlten 5.000 EUR darunter. Auch die 500 EUR, die K an dem Weiterverkauf nachweislich verdient hätte, gehören zum Schadensumfang.

■ Suchen Sie bei den §§ 249 ff. nach einer Vorschrift, aus der dies hervorgeht!
▶ Selbstverständlich haben Sie schnell § 252 S. 1 gefunden und gelesen, dass K auch den »entgangenen Gewinn« verlangen kann.

(2) ■ Welcher Anspruch des K gegen V kommt außerdem in Betracht? **219**

▶ Gem. § 285 I (→ Rn. 196) kann der Gläubiger, wenn der Schuldner infolge des Umstandes, aufgrund dessen er die Leistung nach § 275 I (–III) nicht zu erbringen braucht, für den geschuldeten Gegenstand einen Ersatz erlangt hat, Herausgabe des als Ersatz Erlangten (**stellvertretendes commodum**) verlangen.

■ Was bedeutet das für unseren Fall?

▶ Da V von der Versicherung entsprechend dem tatsächlichen Listenwert des Wagens 6.000 EUR erhalten hat, kann K diese 6.000 EUR gem. § 285 I von V herausverlangen.

Gem. § 326 III 1 bleibt der Gläubiger, wenn er den Anspruch aus § 285 I geltend macht, seinerseits zur Gegenleistung verpflichtet. **Statt** des bereits bezahlten Kaufpreises kann K von V nach § 285 I also die 6.000 EUR verlangen.

Frage 3:

Die günstigste Möglichkeit für K ist selbstverständlich die, welche ihm das meiste Geld bringt. 220

Da er beim Rücktritt lediglich den gezahlten Kaufpreis (5.000 EUR) zurückfordern kann, sein Schadensersatzanspruch (inklusive entgangenem Gewinn) 5.500 EUR ausmacht und das stellvertretende commodum 6.000 EUR beträgt, wird K sinnigerweise den Herausgabeanspruch nach § 285 I geltend machen.

■ Einwand eines Studenten: »Da K im letzten Fall (§ 285) gem. § 326 III 1 zur Gegenleistung verpflichtet bleibt, muss er doch 5.000 EUR zahlen, bekommt also nur 1.000 EUR von den 6.000 EUR«?!

▶ »Iudex non calculat?«,[216] dachte ich einige Sekunden »Rechnen Sie selbst nach! Nein, lesen Sie lieber das Gesetz (und ggf. den Sachverhalt nochmals): K kann nach § 285 I 6.000 EUR von V verlangen. Gem. § 326 III 1 bleibt er zur Gegenleistung (5.000 EUR) verpflichtet. Da er diese 5.000 EUR (Sachverhalt) bereits bezahlt hat, hat er seine Gegenleistungsverpflichtung erfüllt und kann selbstverständlich 6.000 EUR nach § 285 I herausverlangen ...

216 Lat.: »Der Richter rechnet nicht«.

Übersicht 13

221

Leistungsstörungen

§ 326
Ausschluss der Leistungspflicht

Besondere Regelungen für gegenseitige Verträge

1. **Befreiung von der Gegenleistung bei Ausschluss der Leistungspflicht**
   - **§ 326 I 1 Hs. 1**
     - **Voraussetzung:** Leistungspflicht des Schuldners ist nach § 275 I–III ausgeschlossen.
     - **Rechtsfolge:** Der Anspruch auf Gegenleistung entfällt (Befreiung des Gläubigers von der Gegenleistung).
   - **§ 326 I 1 Hs. 2**
     - Bei **teilweiser** Unmöglichkeit anteilige Befreiung des Gläubigers von der Gegenleistung. Berechnung entsprechend § 441 III.
   - **§ 326 IV**
     - Rückforderung der bereits bewirkten, nicht geschuldeten Gegenleistung nach §§ 346–348.

2. **Anspruch auf die Gegenleistung beim Ausschluss der Leistungspflicht**
   - **§ 326 II 1, 1. Var.**
     - **Voraussetzung:** Verantwortlichkeit des Gläubigers.
     - **Rechtsfolge:** Schuldner behält Anspruch auf die Gegenleistung.
   - **§ 326 II 1, 2. Var.**
     - **Voraussetzung:** Gläubiger befindet sich bei Eintritt der Unmöglichkeit, die der Schuldner nicht zu vertreten hat, in Annahmeverzug (§§ 293 ff.).
     - **Rechtsfolge:** Schuldner behält Anspruch auf die Gegenleistung.

   Beachte (bei beiden Varianten): § 326 II 2 und ggf. § 326 IV.

3. **Rücktritt bei Ausschluss der Leistungspflicht**
   - **§ 326 V**
     - **Voraussetzung:** Leistungspflicht des Schuldners ist nach § 275 I–III ausgeschlossen.
     - **Rechtsfolge:** Rücktrittsrecht des Gläubigers entsprechend § 323 ohne Fristsetzung; Anwendung von §§ 346 ff.

4. **Herausgabe des erlangten Ersatzes**
   - **§ 326 III 1**
     - **Voraussetzung:** Gläubiger verlangt stellvertretendes **commodum** gem. § 285.
     - **Rechtsfolge:** Gläubiger bleibt zur Gegenleistung verpflichtet.

7. Der Ausschluss der Leistungspflicht nach § 275 im System des Allgemeinen Schuldrechts

a) Gattungsschuld: Beschaffungsrisiko; Vorratsschuld

Das Unmöglichkeitsrecht bereitet Anfängern erfahrungsgemäß immer wieder große Schwierigkeiten. Wenngleich die Schuldrechtsreform wesentliche Vereinfachungen durch die Vereinheitlichung des Pflichtverletzungstatbestands und die damit verbundene Beseitigung der Dominanz der Unmöglichkeit mit sich gebracht hat, wird sich daran wenig ändern. Wir wollen deshalb weitere Übungsfälle lösen, um uns mit dem Ausschluss der Leistungspflicht nach § 275 vertrauter zu machen:

Übungsfall 14

Am 1.4. kauft K, der einen kleinen Gemischtwarenladen betreibt, beim Obst**händler** V[217] einen Zentner Delicious-Äpfel (→ Rn. 87). Die Übereignung soll am 15.4. erfolgen. Noch bevor V den Zentner Äpfel für K bereitgestellt hat, brennt am 9.4. die Lagerhalle des V mit dem gesamten Obstvorrat ab. In der Halle befanden sich unter anderem auch 10 Zentner Delicious. V, der leider nicht gegen einen solchen Schaden versichert ist, trifft an dem Brand kein Verschulden. Als K am 15.4. die Lieferung von einem Zentner Delicious verlangt, beruft V sich auf § 275. Zu Recht?

Die Fallfrage ist so konkret gestellt, dass wir uns nicht die Mühe machen müssen, **222**
nach einer Anspruchsgrundlage zu suchen, sondern direkt die Frage nach dem Eingreifen von § 275 I als mögliches Ergebnis einer gutachtlichen Untersuchung voranstellen können.

■ Welchen Satz würde man zB in einer Klausur sinngemäß voranstellen?
▶ »V könnte von seiner Leistungspflicht aus § 433 I 1, dem K einen Zentner Delicious-Äpfel liefern zu müssen, gem. § 275 I frei geworden sein, wenn ihm diese Leistung unmöglich ist.«

Voraussetzung ist also zunächst die Unmöglichkeit der Leistung, zu der V gem. § 433 I 1 verpflichtet ist!

■ Ist dem V die Lieferung des bestellten Zentners Delicious-Äpfel unmöglich geworden?
▶ Da diese Äpfel verbrannt sind: ja!

■ Hatte V an K einen **bestimmten** Zentner Delicious-Äpfel zu liefern? **223**
▶ Nein, nur irgendeinen Zentner Delicious-Äpfel!

■ Um welche Art der Schuld in Bezug auf den Leistungsgegenstand handelt es sich?
▶ Um eine Gattungsschuld! Anders als in den letzten Pkw-Fällen. Da wurde eine Stück- oder Speziesschuld geschuldet.

Im vorliegenden Fall schuldete V jedoch nicht einen **bestimmten** Zentner Delicious-Äpfel, sondern eben **irgendeinen** von mittlerer Art und Güte iSv § 243 I. K war es sicherlich gleichgültig, ob der Zentner Delicious-Äpfel aus dem Lager des Obsthändlers V stammt, oder ob V sich die Äpfel irgendwo auf dem Obstmarkt beschafft. Die gewöhnliche Gattungsschuld ist daher eine Beschaffungsschuld (→ Rn. 87), dh die Verpflichtung, eine nur der Gattung nach bestimmte Sache zu liefern, schließt die

-> keine Konkretisierung iS § 243 II eingetreten!

217 Da es sich hier um einen Kauf zwischen »Unternehmer und Unternehmer« handelt, sind die Vorschriften über den Verbrauchsgüterkauf (§§ 474 ff.) nicht zu berücksichtigen.

Verpflichtung des Schuldners ein, sich diese Sache wenn nötig zu beschaffen, falls er sie nicht mehr auf Lager hat. **Unmöglich** ist ihm die Leistung jedenfalls nicht! Somit liegt kein Ausschluss der Leistungspflicht nach § 275 I vor.

224 ■ Indem K sich »auf § 275« beruft, kann er auch § 275 II oder III gemeint haben. Lesen Sie diese beiden Absätze ganz und entscheiden Sie zunächst, ob § 275 II 1 zugunsten des V eingreifen kann!

▶ Für V als Obsthändler wird es keinen großen Aufwand erfordern, sich auf dem Markt neue Äpfel inklusive einem Zentner Delicious-Äpfel zu besorgen.

■ Gem. § 275 II 2 ist auch zu berücksichtigen, ob der Schuldner das Leistungshindernis zu vertreten hat oder nicht. Ändert das etwas daran, dass V die Äpfel noch liefern muss? Die Antwort finden Sie in § 276 I 1.

▶ Danach hat der Schuldner Vorsatz und Fahrlässigkeit zu vertreten, wenn eine strengere Haftung weder bestimmt noch aus dem sonstigen Inhalt des Schuldverhältnisses, insbesondere aus der Übernahme eines Beschaffungsrisikos zu entnehmen ist. Da die Gattungsschuld eine Beschaffungsschuld ist, ergibt sich für das Leistungshindernis, dass V vorübergehend keine Äpfel auf Lager hat, eine strengere Haftung des V, dh er hat das Leistungshindernis zu vertreten und muss liefern.

225 Anders ist das bei der sog. »Vorratsschuld«, die wir schon angesprochen haben.[218] Dass es sich bei der Schuld des Obst**händlers** V soeben nicht um eine solche Vorratsschuld, sondern um eine gewöhnliche Gattungsschuld handelt, wird Ihnen klar, wenn Sie folgende Abwandlung von Fall 14 lesen:

Übungsfall 14 Abwandlung

K bestellt einen Zentner Delicious-Äpfel nicht beim Obst**händler** V, sondern beim Obst**bauern** V aus dessen Obstplantage, und die gesamte Delicious-Ernte 2012 verbrennt in der Scheune des V.

Dem K kommt es hier offensichtlich darauf an, einen Zentner der guten Bauern-Delicious von V zu bekommen; zwar nicht einen ganz bestimmten Zentner, aber einen aus der Ernte 2012 des V, aus dessen Vorrat. Auch für diese »Vorratsschuld« gilt zunächst, dass sie eine Gattungsschuld ist. Allerdings findet das Beschaffungsrisiko des Schuldners seine Grenzen, wenn der gesamte Vorrat untergegangen ist!

■ Warum?

▶ Die Lieferung von einem Zentner »Delicious« aus dem Vorrat (Ernte 2012) des V ist niemandem mehr möglich, sodass § 275 I anwendbar ist.

In der Abwandlung von Übungsfall 14 wird V nach Untergang des gesamten Vorrats also von seiner Leistungspflicht gem. § 275 I frei!

b) Gattungsschuld: Konkretisierung zur Stückschuld

Die Bedeutung der Schuldarten sowohl hinsichtlich des Leistungsgegenstands als auch bezüglich des Leistungsorts im Zusammenhang mit der Unmöglichkeit der Leistung veranschaulicht auch der nächste Übungsfall:

218 → Rn. 87.

Übungsfall 15

Wieder kauft K beim Obst**händler** V[219] einen Zentner Delicious-Äpfel. Die Vertragspartner vereinbaren, dass V die Äpfel auf Verlangen des K an diesen versenden soll.

V gibt die Äpfel ordnungsgemäß verpackt als Bahnfracht auf. Unterwegs geht die Ware verloren, ohne dass V daran ein Verschulden trifft.

Kann K dennoch die Lieferung eines Zentners Delicious-Äpfel von V verlangen?

■ Welche Anspruchsgrundlage des K gegen V kommt für das Verlangen des K in Betracht? 226

▶ Eine der wenigen Vorschriften, die Sie vielleicht schon auswendig können: § 433 I 1.

■ Formulieren Sie das für möglich gehaltene Fallergebnis als Einleitungssatz für ein schriftliches Gutachten selbst auf einem Blatt Papier!

▶ »K könnte gegen V einen Anspruch auf Lieferung von einem Zentner Delicious-Äpfel gem. § 433 I 1 BGB haben«.

Die Voraussetzung für diesen Anspruch, ein wirksamer Kaufvertrag, ist erfüllt, sodass der Anspruch entstanden ist. Die Leistungspflicht des V könnte aber ausgeschlossen sein, wenn die Leistung für V unmöglich ist (§ 275 I).

■ Wovon hängt es wiederum ab, ob die Leistung dem V unmöglich ist oder nicht?

▶ Davon, ob es sich um eine Stück- oder Gattungsschuld handelt!

■ Um welche dieser Schuldarten handelt es sich?

▶ Um eine Gattungsschuld! Dies jedenfalls bei Vertragsschluss, da V dem K (irgend)einen Zentner Delicious-Äpfel »mittlerer Art und Güte« liefern sollte (vgl. § 243 I – nochmals lesen!).
Die Anwendung von § 243 I ist indessen ausgeschlossen, wenn die Voraussetzungen von § 243 II vorliegen (vgl. Fall 12, → Rn. 211 ff.).

■ Was besagt diese Vorschrift? (Überlegen Sie!)

▶ Wenn der Schuldner das zur Leistung einer Gattungsschuld seinerseits Erforderliche getan hat, beschränkt sich das Schuldverhältnis auf **diese** Sache; anders ausgedrückt: die Gattungsschuld hat sich in diesem Fall »zur Stückschuld konkretisiert«.

■ Wonach beurteilt man, wann der Schuldner das seinerseits Erforderliche zur Konkretisierung getan bzw. seine vertragliche Leistungshandlung erbracht hat? (Überlegen Sie erst wieder, bevor Sie weiterlesen!) 227

▶ Nach der Art der Schuld bezüglich des Leistungsorts!

■ **Wiederholung:** Welche Arten der Schuld haben wir dazu kennen gelernt?

▶ Hol-, Bring- und Schickschuld![220]

■ Wann hat der Schuldner bei der Holschuld das seinerseits Erforderliche iSv § 243 II getan, damit sich die Gattungsschuld zur Stückschuld konkretisieren konnte?

▶ Bei der Holschuld (Regelfall des § 269!) hat der Schuldner das seinerseits Erforderliche getan, wenn er die für den Gläubiger bestimmte Sache (oder Menge) aus-

219 Es handelt sich immer noch – wie in Fall 14 – um die »Unternehmer« K und V!

220 **Versuchen Sie, sich daran zu erinnern, wann der Schuldner bei diesen Schuldarten jeweils das »seinerseits Erforderliche« (§ 243 II) zur Leistungserbringung getan hat! Notieren Sie sich dies auf einem Blatt, bevor Sie weiterlesen und vergleichen Sie dann.**

gesondert, bereitgestellt und den Gläubiger davon benachrichtigt hat. Von diesem Zeitpunkt an hat sich die Gattungsschuld gem. § 243 II zur Stückschuld konkretisiert!

228 ■ Was gilt für die Bringschuld?

▶ Bei der Bringschuld hat der Schuldner das nach § 243 II seinerseits Erforderliche getan, wenn er dem Gläubiger die Sache gebracht und dort tatsächlich angeboten hat.

229 ■ Und bei der Schickschuld?

▶ Bei dieser konkretisiert sich die Gattungsschuld zur Stückschuld, wenn der Schuldner die Sache ordnungsgemäß abgeschickt (oder einer zuverlässigen Transportperson übergeben) hat.

■ Welche Schuldart haben V und K in unserem Fall vereinbart?

▶ Eine Schickschuld! V sollte die Äpfel an K auf dessen Kosten versenden.

■ Hat V das seinerseits Erforderliche getan, damit sich die Gattungsschuld gem. § 243 II zu einer Stückschuld konkretisiert hat?

▶ Er hat die Äpfel ordnungsgemäß verpackt als Bahnfracht aufgegeben, sodass zu diesem Zeitpunkt aus der Gattungsschuld »ein Zentner Delicious-Äpfel« eine Stückschuld bezüglich **dieses** bestimmten Zentners geworden ist. Da diese Äpfel auf der Bahnfahrt vernichtet wurden, ist dem V seine Leistung unmöglich geworden.

■ Welche Rechtsfolge greift ein?

▶ § 275 I: V ist von seiner Leistungspflicht frei geworden, während K den Kaufpreis zahlen muss.

c) Gefahrtragung: Sach- und Preisgefahr

230 Die Frage nach der Gefahrtragung wird immer dann relevant, wenn einer Vertragspartei die **Leistung einer Sache** (die zerstört oder beschädigt wurde) und der anderen Partei als **Gegenleistung die Bezahlung des Preises** dieser Sache obliegt. Man kann deshalb Sachgefahr auch als »Leistungsgefahr« und Preisgefahr als »Gegenleistungsgefahr« bezeichnen. Was Leistungsgefahr und Gegenleistungsgefahr im Einzelnen bedeuten, ist aus der Sicht des Leistenden und Gegenleistenden (verschieden) zu beurteilen.

aa) Sachgefahr (Leistungsgefahr)

230a Mit »**Gefahr**« ist im BGB zunächst die sog. **Leistungsgefahr (= Sachgefahr)** gemeint. Aus Schuldnersicht bedeutet Leistungsgefahr die Gefahr, die Leistung trotz zufälligen Untergangs des Leistungsgegenstandes noch erbringen zu müssen. Aus Gläubigersicht bedeutet Leistungsgefahr die Gefahr, dass der Schuldner der Leistung bei zufälligem Untergang der Sache von der Leistungspflicht frei wird, mithin der Gläubiger seinen Leistungsanspruch verliert. Das ist regelmäßig bei der Stückschuld der Fall (→ Rn. 86). Wenn diese nicht mehr existiert, kann sie auch nicht mehr geleistet werden: Der Schuldner wird also von seiner Leistungspflicht nach § 275 I befreit. Bei der Gattungsschuld hingegen kann die Leistung im Regelfall auch dann noch erbracht werden, wenn die Sache untergegangen ist. Der Schuldner hat dann eine andere Sache mittlerer Art und Güte iSd § 243 I aus dieser Gattung zu leisten. Ihn trifft sogar eine Beschaffungspflicht, sofern er keinen Leistungsgegenstand der gleichen Gattung vorrätig hat. Bei der Gattungsschuld trägt also der Schuldner die Leistungsgefahr. Er muss erneut leisten, wenn die Sache untergegangen ist; es sei denn, alle Gegenstände der Gattung sind zerstört oder der Vorrat der Gattungssache ist erschöpft (→ Rn. 87). Etwas anderes gilt bei der Gattungsschuld auch dann, wenn der Schuldner »das seinerseits zur Leistung Erforderliche« getan hat (§ 243 II). Dann hat sich die Gattungsschuld zur Stückschuld konkretisiert mit der Folge, dass die Leistungsgefahr vom Schuldner auf den Gläubiger übergeht. Wann der Schuldner das seinerseits Erforderliche zur Konkretisierung getan hat, hängt davon ab, ob es sich um eine Hol-, Bring- oder Schickschuld handelt (→ Rn. 227). Daneben findet ein Übergang der Leistungsgefahr nach § 300 II auch dann statt, wenn sich der Gläubiger im Annahmeverzug (→ Rn. 157 ff.) befindet.

bb) Preisgefahr (Gegenleistungsgefahr)

Bei gegenseitigen Verträgen regelt das Gesetz, was mit der Pflicht zur Erbringung der Gegenleistung geschieht, wenn die Pflicht zur Leistung wegen Unmöglichkeit erloschen ist. **230b**

Merke: In allen Vorschriften im BGB, die **gegenseitige Verträge** betreffen (§§ 320 ff.), ist mit »**Gefahr**« die sog. **Gegenleistungsgefahr** gemeint.

Gegenleistungsgefahr bedeutet aus Sicht des Schuldners der Leistung bei zufälligem Untergang seines geschuldeten Leistungsgegenstandes die Gefahr, die Gegenleistung (das ist in der Regel der Preis für die Leistung) nicht zu erhalten. Aus der Sicht des Gläubigers bedeutet Gegenleistungsgefahr die Gefahr, die Gegenleistung erbringen zu müssen (regelmäßig also den Preis zahlen zu müssen), ohne die Leistung zu erhalten.

Beachte: Wer im Leistungsstörungsrecht Schuldner und Gläubiger ist, bestimmt sich nach der »gestörten Leistung« in dem jeweiligen Schuldverhältnis.

Im Kaufvertragsrecht zB hat der Käufer gem. § 433 I 1 einen Anspruch gegen den Verkäufer auf Übergabe und Eigentumsverschaffung der Kaufsache. Geht die Kaufsache zufällig unter, handelt es sich bei dieser um die »gestörte Leistung«. Gläubiger der Kaufsache (= gestörte Leistung) ist hier also der Käufer. Schuldner der gestörten Leistung ist der Verkäufer. Die Gegenleistung (hier: der Anspruch des Verkäufers auf Zahlung des Kaufpreises nach § 433 II) ist nicht »gestört«. Deren Schicksal ist in § 326 geregelt. Dabei geht das Gesetz in § 326 I 1 von dem Grundsatz aus, dass der Schuldner, der nach § 275 I–III nicht zu leisten braucht, auch keinen Anspruch auf die Gegenleistung hat.

Merke: Grundsätzlich ohne Leistung keine Gegenleistung.

Der Grundsatz des § 326 I 1 enthält eine **Gefahrtragungsregel** dahingehend, dass der Schuldner (vorliegend also der Verkäufer) die Gegenleistungsgefahr trägt.

Von diesem Grundsatz gibt es einige Ausnahmen, in denen die Gegenleistungsgefahr vom Schuldner auf den Gläubiger übergeht. In diesem Fall muss der Schuldner die Gegenleistung erbringen, ohne die Leistung zu erhalten. Das ist der Fall, wenn der Gläubiger der gestörten Leistung die Unmöglichkeit der Leistung alleine oder weit überwiegend zu verantworten hat (§ 326 II 1, 1. Var.). Auch wenn sich der Gläubiger im Annahmeverzug befindet und die Leistung in dieser Zeit zufällig untergeht, bleibt die Pflicht zur Gegenleistung bestehen (§ 326 II 1, 2. Var.).

Im Besonderen Schuldrecht finden sich für einige Schuldverhältnisse indessen Sonderregelungen hierzu (zB für das Kaufvertrags- und Werkvertragsrecht), die den allgemeinen Vorschriften vorgehen. So findet der Gefahrübergang beim Kaufvertrag gem. § 446 S. 1 schon mit der Übergabe der Kaufsache an den Käufer statt. Gerät der Käufer mit der Annahme in Verzug, geht die Gefahr nach § 446 S. 3 ebenfalls auf ihn über. Beim Versendungskauf erfolgt der Gefahrübergang nach § 447 I bereits mit der Übergabe der Kaufsache an das Transportpersonal, also zB mit der Übergabe an den Spediteur.[221]

Beim Werkvertrag findet der Gefahrübergang gem. § 644 I 1 erst mit der Abnahme des Werkes durch den Besteller statt. Kommt der Besteller mit der Annahme in Verzug, so geht die Gefahr nach § 644 I 2 auf ihn über. Versendet der Unternehmer das Werk auf Verlangen des Bestellers, geht die Gefahr gem. § 644 II bereits mit der Übergabe des Werkes an das Transportpersonal auf den Gläubiger (hier: Besteller) über.

Für den Dienstvertrag bestimmt § 615 S. 1, dass der Gläubiger im Falle des Annahmeverzugs verpflichtet ist, die aus diesem Grunde nicht geleisteten Dienste zu vergüten. § 615 S. 3 erweitert dies für das Arbeitsrecht auf diejenigen Fälle, in denen der Arbeitgeber das Risiko des Arbeitsausfalls trägt.[222]

Mit diesem Wissen können Sie nun die folgende Frage zu unserem Übungsfall 15 beantworten:

■ Warum muss K den Kaufpreis zahlen, dh, die Gegenleistung erbringen, obwohl auch er die Unmöglichkeit der Leistung nicht zu vertreten hat? Eigentlich müsste K doch gem. § 326 I 1 von seiner Gegenleistungspflicht frei geworden sein? Warum ist dies nicht der Fall?

▶ Das Risiko oder die »Gefahr«, trotz des zufälligen, dh des von keiner der Vertragsparteien verschuldeten Untergangs der Sache den Preis dafür zahlen zu müssen, muss der Gläubiger tragen (Preisgefahr). Der Gläubiger hat keinen Anspruch mehr darauf, die Sache zu bekommen, da der Schuldner gem. § 275 I von seiner Leistungspflicht frei wurde. § 326 I 1 kann als allgemeinere Vorschrift zugunsten des Gläubigers nicht eingreifen, da für die Schickschuld die Sondervorschrift des § 447 gilt (Abs. 1 lesen!).[223] K kann in Fall 15 keine Neulieferung der Äpfel mehr verlangen, obwohl er gem. §§ 433 II iVm § 447 I den Kaufpreis zahlen muss!

Verdeutlichen Sie sich den Unterschied zwischen Sachgefahr (Synonym = Leistungsgefahr) und Preisgefahr (= Gegenleistungsgefahr) sogleich in Übersicht 14 (→ Rn. 230c):

221 Hierzu *Wörlen/Metzler-Müller* SchuldR BT Rn. 13 ff.
222 Bei Interesse: *Wörlen/Kokemoor* ArbR Rn. 338 ff.
223 Vgl. Übersicht 6 → Rn. 92.

Übersicht 14

Sachgefahr und Preisgefahr 230c

Sachgefahr = Leistungsgefahr	**Preisgefahr = Gegenleistungsgefahr**
Schuldnersicht: Falls Leistungsgegenstand zufällig untergeht: Risiko, die Leistung noch erbringen zu müssen.	**Schuldnersicht:** Falls Leistungsgegenstand zufällig untergeht: Risiko, die Gegenleistung, also den Preis für die Leistung, nicht zu erhalten. Der Grundsatz des **§ 326 I 1** enthält eine **Gefahrtragungsregel**: Ist der Schuldner von seiner Leistungspflicht nach § 275 befreit, erhält er auch keine Gegenleistung. Kurz gesagt: ohne Leistung keine Gegenleistung. Der Schuldner trägt folglich die Gegenleistungs(Preis)gefahr.
Gläubigersicht: Risiko, dass der Schuldner der Leistung bei zufälligem Untergang der Sache von der Leistungspflicht frei wird. Die Leistungsgefahr geht vom Schuldner auf den Gläubiger über zB • bei Unmöglichkeit einer Stückschuld (§ 275 I) • bei Konkretisierung einer Gattungsschuld (§ 243 II), • bei Gläubigerverzug (§ 300 II).	**Gläubigersicht:** Risiko, die Gegenleistung erbringen zu müssen (den Preis zahlen zu müssen), ohne die Leistung zu erhalten. Die Preisgefahr geht vom Schuldner auf den Gläubiger in folgenden Fällen über (= wesentliche Ausnahmen von § 326 I 1): • § 326 II 1, 1. Var. (Verantwortlichkeit des Gläubigers) • § 326 II 1, 2. Var. (Annahmeverzug) • § 446 S. 1 (Übergabe der Kaufsache vor Übereignung) • § 447 I (Versendungskauf) • § 644 I (Abnahme des Werkes) • § 644 II (Versendung des Werkes) • § 645 (Verantwortlichkeit des Werkbestellers) • § 615 (Annahmeverzug und Betriebsrisiko)

Beachte: Im BGB wird kein terminologischer Unterschied gemacht; dort ist nur von »Gefahr« die Rede. Das liegt daran, dass der Gesetzgeber damals den dahinterstehenden begrifflichen Unterschied selbst noch nicht klar erkannt hatte.

Faustregel: In den §§ 275, 243 und 300 II ist mit »Gefahr« die Sachgefahr (= Leistungsgefahr), in allen übrigen Vorschriften (ab den Regelungen der §§ 320 ff. – gegenseitige Verträge) grundsätzlich die Preisgefahr (= Gegenleistungsgefahr) gemeint.

cc) Sonderregelungen für den Verbrauchsgüterkauf

230d Mit dem Verbrauchsgüterkauf (§§ 474–479) brauchen Sie sich erst ausführlich zu befassen, wenn Sie das Besondere Schuldrecht studieren.[224]

Lesen Sie zur ersten Information aber einmal § 474 ganz durch! Sie werden gemerkt haben, dass gem. § 474 II 2 die Vorschrift über den Versendungskauf (§ 447) keine Anwendung findet. Im Fall des § 447 wird, wie Sie eben gelernt haben, der Zeitpunkt des Gefahrübergangs bei zufälligem Untergang der Kaufsache entgegen der Grundregel des § 446 (= Übergabe) vorverlegt, dh gem. § 447 soll der Käufer diese Gefahr bereits ab Absendung der Ware tragen.

Gem. § 474 II 2 ist diese Vorverlegung des Gefahrübergangs auf den Verbrauchsgüterkauf also ausgeschlossen.

Ist der Käufer, was überwiegend der Fall sein wird, Verbraucher, und bestellt er eine bewegliche Sache bei einem Versandhaus, bleibt die Preisgefahr beim Verkäufer, dh die Sache reist auf Gefahr des Unternehmers: Das Risiko, den Preis bei zufälligem Untergang der Sache nicht zu erhalten, verbleibt bei ihm. Wird die Kaufsache durch Zufall (= weder durch Verschulden des Unternehmers noch des Verbrauchers) zerstört, muss der Verbraucher den Kaufpreis nicht zahlen.

Dazu folgender Fall, dessen Lösung ich Ihnen in einem klausurmäßigen Gutachten[225] vermitteln werde.

Übungsfall 16

Hausfrau Hulda (H) in Altstadt bestellte im Januar bei Weinhändler Weinmann e.K. (W) in Bergdorf 60 Flaschen Rotwein der Marke »Thüringer Tränentropfen«. Vereinbart war ein Gesamtpreis für die georderte Menge Wein von 600 EUR (10 EUR pro Flasche) und W hatte die Versendung zu besorgen sowie die dafür anfallenden Kosten zu tragen.

Als Anfang Februar der von Weinmann eingeschaltete Spediteur Speedy (S) die Ware H übergeben wollte, stellte man fest, dass alle Flaschen während des Transports geplatzt waren und der Wein ausgelaufen war, obwohl W die Ware ordnungsgemäß verpackt an S ausgeliefert hatte.

W verlangt von H Bezahlung des Kaufpreises der 60 Flaschen Wein in Höhe von 600 EUR.

Zu Recht?

■ Versuchen Sie zunächst einmal selbst, den Fall in einem Gutachten[226] zu lösen bzw. zumindest, eine Lösungsskizze/Gliederung anzufertigen, bevor Sie die folgende Lösung durchlesen (besser: durcharbeiten!).

▶ Lösung:

230e (I) Ein Anspruch des W gegen H auf Zahlung des Kaufpreises in Höhe von 600 EUR könnte sich aus § 433 II BGB ergeben.

(1) Voraussetzung ist ein gültiger Kaufvertrag zwischen W und H iSv § 433, dh, es müssten ein Angebot und dessen Annahme nach den §§ 145 ff. vorliegen.

224 Vgl. *Wörlen/Metzler-Müller* SchuldR BT Rn. 92–128.

225 Vgl. dazu *Wörlen/Metzler-Müller* BGB AT Rn. 120 ff. und 155 ff.

226 Zur Übung sollten Sie auch die Fälle 10–13 zum Leistungsstörungsrecht in der »Anleitung« von *Wörlen/Schindler* lösen.

Indem H im Januar 60 Flaschen Rotwein bei W bestellte, hat sie dem W ein Angebot gemacht, das dieser – nach Vereinbarung der Lieferungsmodalitäten (Versendung und deren Kostentragung durch W) – spätestens (konkludent) angenommen hat, als er dem Spediteur S den bestellten Wein übergeben hat.

Der Anspruch ist somit entstanden.

(2) Der Anspruch auf Kaufpreiszahlung (Gegenleistung) könnte jedoch gem. **230f**
§ 326 I 1 Hs. 1 erloschen sein, wenn W (als Schuldner) selbst nach § 275 I–III nicht zu leisten brauchte.

(a) Gem. § 275 I ist der Anspruch auf Primärleistung ausgeschlossen, soweit diese (subjektiv oder objektiv) unmöglich ist.

(aa) Bei subjektiver Unmöglichkeit trägt der Schuldner allerdings gem. § 276 I 1 das Beschaffungsrisiko, wenn es sich bei der geschuldeten Sache um eine Gattungsschuld iSv § 243 I handelt.

(bb) Ob dies der Fall ist und ob der Schuldner bereits das seinerseits Erforderliche getan hat, damit sich die ursprünglich geschuldete Gattungsschuld iSv § 243 I (um die es sich bei der Bestellung der 60 Flaschen Wein zunächst handelte) gem. § 243 II zu einer Stückschuld konkretisiert, hängt davon ab, welche Art der Schuld bezüglich des Leistungsorts vereinbart wurde. Indem W sich verpflichtete, die Versendung der Ware zu besorgen und die dafür anfallenden Kosten zu tragen, haben die Parteien eine Schickschuld vereinbart. Dabei hat der Schuldner das seinerseits Erforderliche iSv § 243 II getan, wenn er die Ware ordnungsgemäß verpackt abgesendet bzw. einer zuverlässigen Transportperson übergeben hat. Indem W die Ware ordnungsgemäß verpackt an den »Spediteur S« (bei dem es sich tatsächlich um einen »Frachtführer« iSv § 407 I HGB handelt,[227] was aber für die Falllösung unerheblich ist) übergeben hat, hat er dies getan.

Somit hatte sich die Gattungsschuld zu diesem Zeitpunkt zu einer Stückschuld konkretisiert, sodass mit der Zerstörung der Weinflaschen nachträgliche objektive Unmöglichkeit eingetreten ist.

(b) Folglich ist die Primärleistungspflicht des W gem. § 275 I ausgeschlossen, sodass diese Voraussetzung des § 326 I 1 Hs. 1 erfüllt ist.

Danach ist der Anspruch auf Kaufpreiszahlung aus § 433 II des W entfallen. **230g**

(3) Dem könnte jedoch § 447 I entgegenstehen, der im Falle des zufälligen Untergangs vor Übergabe der Sache (vgl. § 446) das Preisrisiko, dh, das Risiko, den Kaufpreis zahlen zu müssen, ohne die Kaufsache zu erhalten, dem Käufer auferlegt.

Zufälliger Untergang bedeutet, dass die Sache weder durch Verschulden des Verkäufers noch des Käufers zerstört wurde. Da nicht ersichtlich ist, dass W oder H die Zerstörung der Weinflaschen iSv § 276 I und II zu vertreten haben, ist diese Voraussetzung grundsätzlich erfüllt. Somit wäre H entgegen der Regelung von § 326 I 1 Hs. 1 nach § 447 I zur Kaufpreiszahlung verpflichtet.

(II) Dabei bliebe aber unberücksichtigt, dass H Verbraucherin iSv § 13, während W als »e.K.« (vgl. § 19 HGB) Unternehmer nach § 14 ist. H hat den Kaufvertrag getä-

227 Vgl. *Wörlen/Kokemoor* HandelsR Rn. 372.

tigt, ohne dass er ihrer gewerblichen oder selbständigen beruflichen Tätigkeit zugerechnet werden kann, während W bei Abschluss des Kaufvertrags in Ausübung seiner gewerblichen Tätigkeit handelte.

230h Somit liegt hier ein Verbrauchsgüterkauf vor, für den die zwingenden Vorschriften der §§ 474 ff. gelten.

(1) Gem. § 474 II 2 finden die §§ 445 und 447 auf Verbrauchsgüterkaufverträge keine Anwendung. Das bedeutet, dass es zugunsten des Verbrauchers bei der allgemeinen Gefahrtragungsregelung des § 446 verbleibt. Danach geht die Gefahr des zufälligen Untergangs erst nach Übergabe der Kaufsache auf den Käufer über. Da der H die Weinflaschen noch nicht übergeben worden waren, ist auch die Gefahr iSv § 446 noch nicht auf sie übergegangen.

(2) Mangels Anwendbarkeit des § 447 I verbleibt es daher bei dem Ergebnis, dass W gem. § 275 I von seiner Leistungspflicht frei geworden ist und sein Anspruch auf die Gegenleistung gem. § 326 I 1 Hs. 1 entfallen ist.

W kann somit von H nicht die Zahlung des Kaufpreises in Höhe von 600 EUR gem. § 433 II verlangen.

Für die Gegenleistung des Gläubigers (Käufer) können wir Folgendes zusammenfassen:

Übersicht 15

231

Gegenleistung des Gläubigers (Käufers) im Kaufvertrag bei Ausschluss der Leistungspflicht des Schuldners (Verkäufers)

1. **Voraussetzung**
   Ausschluss der Leistungspflicht nach § 275 I–III
2. **Grundsatz**
   Befreiung von der Gegenleistung gem. § 326 I 1
3. **Ausnahme**
   Versendungskauf, bei dem Käufer **nicht** Verbraucher (§ 13) ist → § 447 I: Verpflichtung zur Gegenleistung bleibt bestehen.
4. **Besonderheit: Verbrauchsgüterkauf**
   (»Ausnahme von der Ausnahme«)
   §§ 474 ff.: Käufer = Verbraucher (§ 13)
   Verkäufer = Unternehmer (§ 14)

   → § 474 II 2: § 447 gilt **nicht**!
   Dh: Käufer wird nach § 326 I 1 von der Gegenleistungspflicht befreit.

Literatur zur Vertiefung (→ Rn. 168–231): *Ackermann*, Schadensersatz statt der Leistung: Grundlagen und Grenzen, JuS 2012, 865; *Alpmann/Schmidt* SchuldR AT I 3. Teil 1. Abschn.; *Althammer*, Zur Problematik der Selbstbindung des Leistungsgläubigers nach Fristablauf, NJW 2006, 1179; *Annus*, Die Folgen des Rücktritts, JuS 2006, 184; *Bernhard*, Das grobe Missverhältnis in § 275 Abs. 2 BGB, Jura 2006, 801; *Brox/Walker* SchuldR AT § 22; *Canaris*, Die Bedeutung des Übergangs der Gegenleistungsgefahr im Rahmen von § 243 Abs. 2 BGB und § 275 Abs. 2 BGB, JuS 2007, 793; *Coester-Waltjen*, Verzögerungsgefahr, Sachgefahr, Leistungsgefahr, Jura 2006, 829; *dies.*, Die Gegenleistungsgefahr, Jura

2007, 110; *Däubler* BGB kompakt Kap. 16, 4; § 3; *Esser/Schmidt* SchuldR AT II § 22; *Fikentscher/Heinemann* SchuldR § 43; *Grunewald* BürgerlR § 12; *Gsell*, Das Verhältnis von Rücktritt und Schadensersatz, JZ 2004, 643; *Hirsch* SchuldR AT Achtes Kap., D; *ders.*, Zufälliges Unmöglichwerden während des Schuldnerverzuges (§ 287 S. 2 BGB), Jura 2003, 42; *ders.*, Schadensersatz statt der Leistung, Jura 2003, 289; *Kohler*, Probleme der verschuldensunabhängigen Schadensersatzhaftung gemäß § 311a Abs. 2 BGB, Jura 2006, 241; *Larenz* SchuldR AT §§ 8, 21, 22; *Looschelders* SchuldR AT §§ 22–26, 29–31, 33; *ders.*, Unmöglichkeit und Schadensersatz statt der Leistung, JuS 2010, 849; *S. Lorenz*, Pflichtverletzung, JuS 2007, 213 (→ Rn. 167); *Löwisch*, Herausgabe von Ersatzverdienst, NJW 2003, 2049; *Medicus/Lorenz* SchuldR AT Rn. 412 ff.; *Meier*, Neues Leistungsstörungsrecht: Nachträgliche Unmöglichkeit und nachträgliches Unvermögen in der Fallbearbeitung, Jura 2002, 118, *ders.*, Neues Leistungsstörungsrecht: Anfängliche Leistungshindernisse, Gattungsschuld und Nichtleistung trotz Möglichkeit, Jura 2002, 187; *Metzler-Müller* PrivatRFall Fall 3; *Otto*, Die Grundstrukturen des neuen Leistungsstörungsrechts, Jura 2002, 1; *Perkams*, Die Haftung des Rücktrittsberechtigten im neuen Schuldrecht, Jura 2003, 150; *Reichenbach*, Das Tatbestandsmerkmal der Pflichtverletzung im neuen Leistungsstörungsrecht, Jura 2003, 512; *Reischl*, Grundfälle zum neuen Schuldrecht, JuS 2003, 453; *Schulze/Ebers*, Streitfragen im neuen Schuldrecht, JuS 2004, 265; *Schwarze*, Unmöglichkeit, Unvermögen und ähnliche Leistungshindernisse im neuen Leistungsstörungsrecht, Jura 2002, 73; *Skamel*, Die angemessene Frist zur Leistung oder Nacherfüllung, JuS 2010, 671; *Stoppel*, Die beiderseits zu vertretende Unmöglichkeit nach neuem Schuldrecht, Jura 2003, 224; *Stürner*, »Faktische Unmöglichkeit« (§ 275 II BGB) und Störung der Geschäftsgrundlage (§ 313 BGB) – unmöglich abzugrenzen?, Jura 2010, 721; *Sutschet*, Haftung für anfängliches Unvermögen, NJW 2005, 1404; *Wieser*, Schuldrechtsreform – Die Unmöglichkeit der Leistung nach neuem Recht, MDR 2002, 258; *ders.*, Gleichzeitige Klage auf Leistung und Schadensersatz aus § 281 BGB, NJW 2003, 2432; *Wilhelm*, Die Pflichtverletzung nach dem neuen Schuldrecht, JZ 2004, 1055; *Wörlen/Schindler* Anleitung Fälle 10–13.

Anmerkung:
Eine Vielzahl von Aufsätzen zum neuen Schuldrecht, die uns die Schuldrechtsreform zum 1.1.2002 beschert hat, enthält alle Arten der »Pflichtverletzung«. Um einige Wiederholungen zu vermeiden, verweise ich auf die »Literatur zur Vertiefung« vor → Rn. 157 und zu → Rn. 167.

VI. Schlechterfüllung

1. Begriff

Im »Überblick« zu diesem Kapitel hatten wir die Leistungsstörungen in drei große Gruppen unterteilt. 232

■ Mit welchen Oberbegriffen wurden diese Gruppen bezeichnet? (Überlegen Sie!)

▶ Zu der ersten Gruppe gehört der Verzug, zur zweiten Gruppe die Unmöglichkeit! Die entsprechenden Leistungsstörungsgruppen hatten wir mit **Späterfüllung** und **Nichterfüllung** bezeichnet und von der dritten Gruppe, der **Schlechterfüllung**, abgegrenzt.

■ Dabei wurde bereits erwähnt, dass die Schlechterfüllung in zwei grundsätzlichen Formen geschehen kann. Wissen Sie noch, welche Formen dies sind?

▶ Zum einen kann der **Leistungsgegenstand selbst** einen **Mangel** aufweisen, zum anderen können durch die Schlechterfüllung **Schäden an anderen Rechtsgütern des Gläubigers** als an dem Leistungsgegenstand auftreten.

Weist der Leistungsgegenstand (oder die Leistung) selbst einen Mangel auf, gibt es für einige besondere Schuldverhältnisse, wie zB Kauf-, Miet- und Werkvertrag – auch nach der Vereinheitlichung des Leistungsstörungsrechts mit der Einführung des allgemeinen Pflichtverletzungstatbestandes (→ Rn. 107 ff.) – spezielle Regelungen für 233 die Rechtsfolgen der Schlechterfüllung. Darauf wird hier nur andeutungsweise[228] eingegangen.

Soweit das jeweilige besondere Schuldverhältnis (wie zB der Dienstvertrag iSv §§ 611 ff. oder der Auftrag iSv §§ 662 ff.[229]) keine Regelungen enthält, ergibt sich der durch die Mangelhaftigkeit der Leistung (Pflichtverletzung) unmittelbar entstehende Schadensersatzanspruch aus den §§ 280 I und III, 281 I 1 Hs. 1, 2. Var.: »**oder** nicht wie geschuldet erbringt«.

234 Nach dem Wortlaut von § 280 I (iVm § 249) würde der Gläubiger bei jeder Pflichtverletzung durch den Schuldner grundsätzlich seinen gesamten Schaden ersetzt bekommen. Das wäre bei einer Schlechterfüllung, bei der die Leistung ja tatsächlich (und auch pünktlich) erbracht wurde, für den Schuldner eine unangemessene »Sanktion«, da ihm so die Möglichkeit genommen würde, die Schlechterfüllung zu beheben. Daher gibt zB das Kaufrecht dem Verkäufer die Möglichkeit zur Nacherfüllung durch Beseitigung des Mangels oder der Lieferung einer mangelfreien Sache (§ 439 I).[230]

Schäden, die durch eine Schlechtleistung, sei es durch Pflichtverletzung in Form der Lieferung einer mangelhaften Sache, sei es durch die Verletzung von nicht leistungsbezogenen Nebenpflichten iSv § 241 II **an anderen Rechtsgütern des Gläubigers** entstehen, werden nach § 280 I ersetzt.

2. »Einfacher Schadensersatz« (§ 280 I)

234a Von § 280 I wird **jede** Pflichtverletzung erfasst, also auch die in Form der Schlechterfüllung. Sofern keine »zusätzlichen Voraussetzungen« nach § 280 III iVm § 281 oder § 282 erfüllt sind, ist bei der Schlechterfüllung einfacher Schadensersatz zu leisten.

Beispiele:
(1) Der mit dem Streichen der Wände beauftragte Malermeister Udo Unsinn (U) hat den Teppichboden in der Wohnung seines Kunden Bertram Böll (B) nicht sorgfältig abgedeckt und hinterlässt auf diesem Farbkleckse.
(2) Kasimir Maunz (K) ist Katzenliebhaber und kauft sich seine 17. Katze. Infolge leichter Fahrlässigkeit hat der Verkäufer, Rentner Viktor Raunz (V), eine ansteckende Seuche bei der übereigneten Katze nicht bemerkt. Sämtliche 16 anderen Katzen des K gehen ein, während Kätzchen Nr. 17 wieder gesund wird und überlebt.
(3) Bürobedarfshändler V liefert vereinbarungsgemäß an K ein großes Fotokopiergerät, das dieser bei V gekauft hat. Beim Aufstellen des Geräts verhalten sich die Mitarbeiter von V so ungeschickt, dass dieses auf den Fuß des K abrutscht. K bricht sich einen Zeh, was Arztkosten verursacht (vgl. Übungsfall 5, vor → Rn. 73, dessen zweite Frage noch nicht beantwortet wurde).

In allen drei Beispielen ist dem Gläubiger K ein **Schaden an anderen Rechtsgütern** als dem Leistungsgegenstand entstanden. In allen Fällen erbringt der Schuldner V seine vertraglich geschuldete Leistung: Maler U mit dem Streichen der Wohnung (Werkvertrag iSv § 631); Rentner V liefert zwar eine mangelhafte »Kaufsache«, aber bevor K an Gewährleistungsansprüche nach §§ 437 ff.[231] denken kann, ist die Sache

228 Ausführlicher *Wörlen/Metzler-Müller* SchuldR BT Rn. 14 ff. (Kaufvertrag), 164 ff. (Mietvertrag), 272 ff. (Werkvertrag).
229 **Um zu erfahren, wovon hier die Rede ist, lesen Sie zur ersten Information nur § 611 und § 662.**
230 Ausführlicher: *Wörlen/Metzler-Müller* SchuldR BT Rn. 22–50.
231 Dazu *Wörlen/Metzler-Müller* SchuldR BT Rn. 14 ff.

wieder intakt (die Katze Nr. 17 ist gesund); die Firma V hat pünktlich geliefert, aber bei der Lieferung begehen ihre Mitarbeiter, was V sich über § 278 (Einzelheiten dazu → Rn. 264 ff.) zurechnen lassen muss, eine Sorgfaltspflichtverletzung iSv § 241 II.

■ Überprüfen Sie, ob K (in allen Fällen) Schadensersatz nach § 280 I und in welchem Umfang (Vorschriften angeben) verlangen kann! Decken Sie die folgende Antwort zunächst ab und machen Sie sich eine Lösungsskizze!

▶ **Voraussetzungen für einen einfachen Schadensersatz** des K gegen V **aus § 280 I wegen Schlechtleistung** sind: 235

a) Wirksames Schuldverhältnis (§ 280 I 1) = (+)[232]
b) Pflichtverletzung (ggf. iSv § 241 II) durch den Schuldner (§ 280 I 1) in Form von Schlechtleistung = (+)
c) Vertretenmüssen (§ 280 I 2 iVm § 276 oder § 278) = (+)
d) »Hierdurch« Schaden beim Gläubiger (§ 280 I 1) = (+)

Auf die Beispiele (→ Rn. 234a) bezogen bedeutet dies:

(1) Malermeister U
a) Werkvertrag gem. § 631
b) Beschädigung des Eigentums von B
c) U hat nicht sorgfältig gearbeitet, also fahrlässig (§ 276 II) gehandelt
d) Farbkleckse (Flecken) auf dem Teppich des B

(2) Rentner V
a) Kaufvertrag gem. § 433
b) Lieferung mangelhafter »Kaufsache«
c) V handelte leicht fahrlässig (§ 276 II)
d) Kaufsache ist nicht mehr mangelhaft, aber andere Rechtsgüter sind verletzt (16 Katzen sind tot)

(3) Bürobedarfshändler V
a) Kaufvertrag gem. § 433
b) Gesundheits-/Körperverletzung des K
c) Kein eigenes Verschulden (§ 276) des K, aber Verschulden (»ungeschickt«) seiner Mitarbeiter (Erfüllungsgehilfen), für das V über § 278 haftet
d) Arztkosten

Rechtsfolgen:
Einfacher Schadensersatz gem. § 280 I iVm §§ 249 ff.
In Beispiel (1) richtet sich der Umfang des Schadenersatzes für den **beschädigten** Teppich nach § 249 I (Beseitigung der Flecken) oder nach § 249 II 1 (Zahlung des zur Fleckenbeseitigung erforderlichen Geldbetrags).
In Beispiel (2) gilt für die »**zerstörten**« Katzen § 251 I: K kann den Wert der Katzen in Geld verlangen.

---

232 »(+)« bedeutet: »Voraussetzung ist erfüllt« bzw. »Prüfungsergebnis ist positiv«; »(–)« bedeutet: »Voraussetzung ist nicht erfüllt« bzw. »Prüfungsergebnis ist negativ«; vgl. *Metzler-Müller* PrivatRFall Rn. 7 (hier wird allen Falllösungen eine solche »Plus-Minus«-Gliederung vorangestellt).

In Beispiel (3) sind die Arztkosten für die Verletzung des K über § 249 II 1 zu ersetzen.

235a **Schäden**, die durch eine Schlechtleistung, sei es durch Pflichtverletzung in Form der Lieferung einer mangelhaften Sache, sei es durch die Verletzung von nicht leistungsbezogenen Nebenpflichten iSv § 241 II **an anderen Rechtsgütern** entstehen, werden also nach § 280 I (iVm § 249) ersetzt.

Im Fall der Schlechterfüllung kann der Gläubiger **Schadensersatz statt der Leistung** gem. §§ 280 I und III, 281 I 1 dagegen nur verlangen »**soweit**« der Schuldner die Leistung »nicht wie geschuldet erbringt« (sog. »**kleiner Schadensersatzanspruch**«).

Schadensersatz statt der **ganzen** Leistung kann der Gläubiger nur unter den besonderen Voraussetzungen von **§ 281 I 3** verlangen, dh die **Pflichtverletzung** des Schuldners darf **nicht unerheblich** gewesen sein (sog. »**großer Schadensersatzanspruch**«).

Schadensersatz statt der Leistung kann der Gläubiger unter den Voraussetzungen des § 280 I außerdem verlangen, wenn der Schuldner eine Pflicht aus § 241 II verletzt hat und dem Gläubiger die Leistung durch den Schuldner nicht mehr zumutbar ist (§ 282).[233]

3. »Kleiner Schadensersatz« (§ 281 I 1)

Übungsfall 17

Gastwirt Karl Kauz (K) bestellt beim Weinhändler Volker Vogt (V) 100 Flaschen Wein »Oberdollendorfer Tränenberg, Riesling, Kabinett« zum Preis von 5 EUR pro Flasche. V liefert pünktlich. Als K die vielen Kartons mühsam geöffnet hat, findet er eine Rechnung über 500 EUR, aber nur 90 Flaschen Wein, weil V sich verzählt hat.

K verlangt Nachlieferung binnen einer Woche. Nichts geschieht. K möchte Schadensersatz! Welchen Anspruch hat K gegen V?

236 K könnte Schadensersatz »statt der Leistung« nach § 280 I und III iVm § 281 I 1, 2. Var. verlangen.

Unter welchen **Voraussetzungen** dies möglich ist, verdeutlicht folgendes Prüfungsschema:

(1) Wirksames Schuldverhältnis (§ 280 I 1),
(2) Pflichtverletzung durch Schlechtleistung (»nicht wie geschuldet« – § 281 I 1, 2. Var.),
(3) (a) Angemessene und erfolglose Fristsetzung (§ 281 I 1), falls nicht entbehrlich (§ 281 II) **oder**
(b) Abmahnung (§ 281 III),
(4) Vertretenmüssen (§ 280 I 2 iVm § 276 oder § 278) und
(5) Schaden beim Gläubiger.

Wenden wir dieses Prüfungsschema nun auf Übungsfall 17 an:

233 → Rn. 65–67.

(1) Indem K bei V 100 Flaschen Wein bestellte und V lieferte, ist zwischen K und V (der das Angebot des K zumindest konkludent angenommen hat) ein Kaufvertrag iSv § 433 zustande gekommen. Somit liegt ein wirksames Schuldverhältnis vor.
(2) Da V nur 90 statt 100 Flaschen Wein lieferte, hat er seine Leistung nicht wie geschuldet erbracht (= Schlechtleistung iSv § 281 I 1, 2. Var.) und somit eine Pflichtverletzung iSv § 280 I 1 begangen.
(3) K hat Nachlieferung von 10 Flaschen Wein innerhalb einer Woche verlangt und somit eine angemessene Frist nach § 281 I 1 gesetzt, was erfolglos blieb.
(4) Da V sich »verzählt« hatte, hat er fahrlässig iSv § 276 II gehandelt und diese Pflichtverletzung gem. § 280 I 2 iVm § 276 I zu vertreten.
(5) K hat auch einen Schaden, da er 500 EUR bezahlt und nur einen Gegenwert von 450 EUR bekommen hat.

Rechtsfolge ist, dass K gem. §§ 280 I, III, 281 I 1, 2. Var. iVm § 249 I Schadensersatz statt der Leistung in Form von 10 Flaschen Wein oder – falls V diese Sorte nicht mehr auf Lager haben sollte – 50 EUR (§ 251 I) verlangen kann.

»Schadensersatz statt der Leistung« (kleiner Schadensersatz) bedeutet also, dass der Gläubiger, wie in Fall 17, bei Lieferung einer nicht vollständigen Leistung als Schadensersatz den Teil der Leistung (oder des Wertes) verlangen kann, der nicht wie ursprünglich geschuldet erbracht wurde.

Gleiches gilt, wenn die geleistete Sache einen Sachmangel aufweist, der behebbar ist. 237

Ist zum Beispiel bei einem Pkw nur die Navigationsanlage beschädigt, kann der Gläubiger als Schadensersatz statt der Leistung grundsätzlich nach (§ 437 Nr. 1 iVm) §§ 280 I, III, 281 I 1, 2. Var. nur die Ersatzbeschaffungskosten für das defekte Navigationsgerät beanspruchen.

4. »Großer Schadensersatz« (§ 281 I 2 und 3)

Der kleine Schadensersatz wird den Interessen des Gläubigers nicht in allen Fällen 238
der Schlechterfüllung gerecht. Der Gläubiger muss dann auch die Möglichkeit haben, Schadensersatz statt der **ganzen** Leistung zu verlangen. Die Anforderungen hierfür müssen aber höher sein, da die Belastung des Schuldners durch die gesteigerte Schadensersatzverpflichtung beim großen Schadensersatz höher ist und dieser zum Scheitern des gesamten Vertrags führt.

Für den großen Schadensersatz müssen daher strengere Voraussetzungen erfüllt sein. Er kann nur dann verlangt werden, wenn der Gläubiger bei einer Teilleistung an dieser kein Interesse hat (§ 281 I 2) oder wenn die Schlechterfüllung auf einer **erheblichen** Pflichtverletzung des Schuldners beruht (§ 281 I 3 – lesen!).

Der Gläubiger (hier: K) kann somit Schadensersatz statt der **ganzen** Leistung (= großer Schadensersatz) nach den §§ 280 I und III (lesen), 281 I 2 oder S. 3 (lesen!) unter folgenden Voraussetzungen verlangen:

(1) Wirksames Schuldverhältnis (§ 280 I 1),
(2) Pflichtverletzung (§ 280 I 1),
    (a) Teilleistung (§ 281 I 2) oder
    (b) Schlechtleistung (§ 281 I 1, 2. Var.: »Leistung nicht wie geschuldet«)

(3) Erfolglose Fristsetzung (§ 281 I 1) oder Abmahnung (§ 281 III), falls nicht nach § 281 II entbehrlich (beim Kaufvertrag nach § 440 bzw. beim Werkvertrag nach § 636)
(4) (a) Kein Interesse des Gläubigers an der Teilleistung (§ 281 I 2)
(b) Erheblichkeit der Pflichtverletzung (§ 281 I 3)
(5) Vertretenmüssen (§ 280 I 2 iVm § 276 oder § 278) und
(6) Schaden beim Gläubiger.

Beispiele:
(1) Die Voraussetzung, dass der Gläubiger kein Interesse an der Teilleistung hat, ist gegeben, wenn er an dem eingeschränkten Leistungsaustausch nicht interessiert ist, etwa weil es günstiger ist, einen neuen Vertrag zu schließen, wenn bei Bestellung einer EDV-Anlage die auf den Zweck des Bestellers zugeschnittene Software ausbleibt.[234]
(2) K kauft aus einem Sonderangebot bei V das letzte Set mit sechs zusammengehörenden Designerlampen. Wenn eine dieser Lampen einen unbehebbaren Mangel aufweist, kann K das ganze Set zurückgeben und als Schadensersatz statt der ganzen Leistung von V die (ggf. höheren) Kosten einer Ersatzbeschaffung bei einem anderen Verkäufer verlangen.[235]

Wenn Sie von → Rn. 234a bis hierhin sehr aufmerksam gelesen haben, werden Sie gemerkt haben, dass die Prüfungsschemata für die verschiedenen Schadensersatzansprüche teilweise sehr ähnlich sind. Die Haftungsvoraussetzungen werden aber entsprechend dem Umfang der Haftung jeweils um eine Voraussetzung (ggf. mit einer Variante) erweitert. Die folgende Gegenüberstellung (Übersicht 16) soll dies verdeutlichen:

234 Vgl. Palandt/*Grüneberg* § 281 Rn. 38.
235 *Brox/Walker* SchuldR AT § 22 Rn. 62.

Übersicht 16

Leistungsstörungen			
	Schadensersatz bei Schlechtleistung		
	A	**B**	**C**
Anspruchs-grundlagen	»Einfacher« Schadensersatz (= **neben** der Leistung) → § 280 I	Schadensersatz **statt** der Leistung → §§ 280 I und III, 281 I 1, 2. Var.	Schadensersatz **statt der ganzen** Leistung → §§ 280 I und III, 281 I 2 oder 3
Voraussetzungen	1. Wirksames Schuldverhältnis (§ 280 I 1) 2. Pflichtverletzung (auch: § 241 II) durch Schlechtleistung, die anderes Rechtsgut als den Leistungsgegenstand betrifft 3. Vertretenmüssen (§ 280 I 2 iVm § 276 oder mit § 278) 4. Schaden beim Gläubiger	1. Wirksames Schuldverhältnis (§ 280 I 1) 2. Pflichtverletzung durch Schlechtleistung (»nicht wie geschuldet« – § 281 I 1, 2. Var.) 3. a) Angemessene und erfolglose Fristsetzung (§ 281 I 1), falls nicht entbehrlich (§ 281 II) **oder** b) Abmahnung (§ 281 III) 4. Vertretenmüssen (§ 280 I 2 iVm § 276 oder mit § 278) 5. Schaden beim Gläubiger	1. Wirksames Schuldverhältnis (§ 280 I 1) 2. Pflichtverletzung a) wie B/2 *oder* b) durch Teilleistung (§ 281 I 2) 3. wie B/3 4. a) Erheblichkeit der Pflichtverletzung (§ 281 I 3) oder b) Kein Interesse des Gläubigers an der Teilleistung (§ 281 I 2) 5. Vertretenmüssen (§ 280 I 2 iVm § 276 oder mit § 278) 6. Schaden beim Gläubiger
Rechtsfolge	»**Einfacher**« Schadensersatz (neben der Leistung – s. oben) Umfang: §§ 249 ff. (= »**Mangelfolgeschaden**«)	»**Kleiner Schadensersatz**« statt der Leistung (»**soweit**« nicht wie geschuldet erbracht – s. oben) • Umfang: §§ 249 ff. (= »**Mangelschaden**«) • Sonderregelungen: – § 437 f. } verweisen auf §§ 280 ff. – § 634 f. } – §§ 536a	»**Großer Schadensersatz**« statt der ganzen Leistung (s. oben) Umfang: §§ 249 ff.

5. Schadensersatz statt der Leistung wegen Pflichtverletzung nach § 241 II (§ 282)

238a Sorgfalts- bzw. Schutzpflichten (Verhaltenspflichten) können unter Umständen eine solche Intensität erreichen, dass dem Gläubiger das Festhalten am Vertrag trotz im Übrigen mangelfreier Leistung nicht mehr zuzumuten ist. In diesem Fall kann der Gläubiger Schadensersatz statt der Leistung unter den Voraussetzungen des § 280 I und III iVm § 282 verlangen, wenn dessen zusätzliche Voraussetzungen vorliegen.

a) Voraussetzungen

aa) Wirksames Schuldverhältnis

238b Diese Voraussetzung ergibt sich, wie gehabt, aus § 280 I 1.

bb) Pflichtverletzung nach § 241 II

Der Schuldner muss gem. § 282 die Pflicht verletzt haben, auf die Rechte, Rechtsgüter und Interessen des Gläubigers Rücksicht zu nehmen (§ 241 II).

> **Beispiel:**[236] Malermeister U (→ Rn. 234a) hat nicht nur Farbkleckse auf dem Teppich des B hinterlassen, sondern mehrfach wertvolle antike Möbel des B bei Ausführung seiner Malerarbeiten beschädigt. B möchte daher die Arbeiten von einem anderen Maler fertig stellen lassen und dem U die Mehrkosten in Rechnung stellen.

cc) Vertretenmüssen

Hier gilt wiederum das Gleiche wie bei den bisher genannten Schadensersatzansprüchen bei Schlechtleistung, dh, es ist § 280 I 2 sowie § 276 und ggf. § 278 zu prüfen.

dd) Unzumutbarkeit der Schuldnerleistung für den Gläubiger

238c Unzumutbarkeit setzt in der Regel voraus, dass der Schuldner abgemahnt worden ist, obwohl sich dies aus dem Wortlaut des § 282 nicht ergibt. Dies wird aus dem Rechtsgedanken des § 281 II, 2. Var. hergeleitet,[237] wonach besondere Umstände vorliegen müssen, die unter Abwägung der beiderseitigen Interessen die sofortige Geltendmachung des Schadensersatzanspruchs rechtfertigen.

Die Abmahnung ist daher nur bei besonders groben Pflichtverletzungen entbehrlich,[238] zB wenn eine schwere Beleidigung des Gläubigers durch den Schuldner oder eine andere Straftat des Schuldners gegenüber dem Gläubiger vorliegt. Eine Fristsetzung ist dagegen nicht erforderlich, da es auf die vertragsmäßige (Haupt-)Leistung des Schuldners, die der Gläubiger im Wege der Fristsetzung verlangen könnte, nicht ankommt.[239]

Da im Beispielsfall (→ Rn. 238b) Malermeister U bereits mehrfach Möbel des B beschädigt hat, ist von einem Überschreiten der Zumutbarkeitsgrenze auszugehen.[240]

ee) Schaden beim Gläubiger

Hierbei handelt es sich zunächst um denselben Schaden, den der Gläubiger im Rahmen eines »einfachen« Schadensersatzes nach § 280 I iVm § 241 II **neben** der Leistung

---

236 Vgl. *Brox/Walker* SchuldR AT § 25 Rn. 1.
237 Palandt/*Grüneberg* § 282 Rn. 4.
238 BeckOK BGB/*Unberath* § 282 Rn. 3.
239 *Brox/Walker* SchuldR AT § 25 Rn. 6.
240 *Brox/Walker* SchuldR AT § 25 Rn. 5.

(→ Rn. 235, Voraussetzung d) geltend machen kann. Hinzu kommt aber, dass dem Gläubiger die Leistung des Schuldners unzumutbar ist und er nun für die Leistung von einem neuen Vertragspartner mehr bezahlen muss. Dieser Schaden würde durch den Schadensersatz neben der Leistung nicht mehr gedeckt.

b) Rechtsfolgen

Bei Vorliegen der Voraussetzungen von § 280 I und III iVm § 282 kann der Gläubiger Schadensersatz **statt der Leistung** verlangen. Sobald der Gläubiger dies getan hat, ist der Anspruch auf die Leistung gem. § 281 IV ausgeschlossen. In diesem Fall ist (iVm §§ 249 ff.) sein positives Interesse zu ersetzen, dh der Gläubiger ist so zu stellen, wie er ohne die Pflichtverletzung bei ordnungsgemäßer Vertragserfüllung gestanden hätte.[241] Somit kann B im Malerbeispiel nicht nur Ersatz für den beschädigten Teppich und die beschädigten Möbel, sondern auch für die angefallenen Mehrkosten verlangen. **238d**

Somit gilt folgende **Prüfungsreihenfolge** für diesen Schadensersatzanspruch:

Übersicht 17

238e

Leistungsstörungen

Schadensersatzanspruch statt der Leistung wegen Verletzung einer Pflicht aus § 241 II gem. § 280 I und III iVm § 282

I. Voraussetzungen
1. Wirksames Schuldverhältnis (§ 280 I)
2. Pflichtverletzung nach § 241 II (§ 282 Hs. 1)
3. Vertretenmüssen (§ 280 I 2 iVm § 276 oder § 278)
4. Unzumutbarkeit der Schuldnerleistung für den Gläubiger (§ 282 Hs. 2)
5. Schaden beim Gläubiger

II. Rechtsfolge
1. Schadensersatz »statt der Leistung« nach § 280 I und III iVm § 282
2. Umfang: §§ 249 ff. = Erfüllungsinteresse/positives Interesse.

6. Besondere Regelungen für gegenseitige Verträge

Die Vereinheitlichung des Pflichtverletzungstatbestands, der sowohl die Nichtleistung (Nichterfüllung), die Verzögerung der Leistung (Verzug) und die Schlechtleistung (Schlechterfüllung) erfasst, hat dazu geführt, dass nicht nur im Falle der Nichtleistung (→ Rn. 203 ff.) und der Verzögerung der Leistung (→ Rn. 145 ff.), sondern auch bei der Schlechtleistung besondere Regelungen für gegenseitige Verträge zu beachten sind. **239**

Für die Schlechterfüllung gilt hier zunächst § 323, der nicht nur die Nichterbringung einer fälligen Leistung, sondern auch die »nicht vertragsgemäße« Leistungserbringung erfasst (§ 323 I – nochmals lesen) und dem Gläubiger auch in diesem Fall neben

241 Hk-BGB/*Schulze* § 282 Rn. 4 und § 281 Rn. 11.

dem Schadensersatzanspruch (vgl. § 325!) ein Rücktrittsrecht gibt. Dieses kann der Gläubiger jedoch nur ausüben, wenn in der Schlechterfüllung eine **erhebliche** Pflichtverletzung zu sehen ist (§ 323 V 2 – lesen!). Andernfalls ist er auf die Schadensersatzansprüche angewiesen, die sich aus § 280 I und III mit den Verweisungen auf § 281 und § 282 ergeben (vgl. soeben → Rn. 234a–238e).

240 Unabhängig davon kann der Gläubiger gem. § 324 (lesen!) vom Vertrag zurücktreten, wenn die Schlechterfüllung nicht in einer leistungsbezogenen Pflichtverletzung (wie im Fall 17 vor → Rn. 236) liegt, sondern in der Verletzung einer nicht leistungsbezogenen Nebenpflicht aus § 241 II und dem Gläubiger ein Festhalten am Vertrag nicht mehr zuzumuten ist.

a) Rücktritt bei Schlechterfüllung gem. § 323 I Hs. 1, 2. Var.

241

Übungsfall 18

Rentner Lothar Köster (K) hat lange gespart, um sich seinen Traum zu erfüllen und kauft sich beim Vertragshändler V ein Coupé 630 GT einer deutschen Nobelautomarke mit allem modernen Schnickschnack, der das Rentnerleben erleichtern soll, unter anderem Navigationsanlage, Klimaanlage und zusätzlich ein elektrisches Glasschiebedach. K gibt in den Navigator ein, dass er nach Österreich an den Wolfgangsee fahren möchte. Da strahlend warmes Sonnenwetter ist, drückt er auf einen der vielen Knöpfe, um das Schiebedach zu öffnen, aber nichts bewegt sich! Schwitzend stellt K die Klimaanlage auf Kühlung, doch der Temperaturanzeiger bleibt bei 30° Celsius (+) stehen. Als K schließlich seine Alpenpanoramafahrt beendet hat, befindet er sich dank des Navigators vor dem Ortsschild »Davos Wolfgang« in der Schweiz! Viel Alpen, aber kein See! K ist völlig »fertig« und will mit dem Luxuscoupé und V nichts mehr zu tun haben.

Welche Ansprüche und Rechte hat K gegen V?[242]

Wenn Sie sich an das Prüfungsschema zu §§ 280 I und III, 281 I 1 (Übersicht 16, → Rn. 238) und die Lösung zu Fall 17 erinnern, wissen Sie, dass K jedenfalls den »kleinen Schadensersatz« für die defekten Teile (Navigationsanlage, Klimaanlage und Schiebedach) verlangen kann.

■ Was will aber K von V?

▶ Offensichtlich möchte er Schadensersatz statt der ganzen Leistung und vom Vertrag zurücktreten!

241a Den großen Schadensersatz statt der ganzen Leistung kann er nur unter den besonderen Voraussetzungen der §§ 280 I und III, 281 I 3 (→ Rn. 238 ff.) iVm § 249 verlangen, dh die Pflichtverletzung des Verkäufers V muss **erheblich** gewesen sein.

Es ist davon auszugehen, dass es eine erhebliche Pflichtverletzung des V darstellt, wenn er als Autohändler nicht überprüft, ob der Neuwagen voll funktionsfähig ist,

242 Bei den Mängeln des Autos handelt es sich um Sachmängel der Kaufsache iSv § 434, für die § 437 Nr. 3 unter anderem auf die Anwendung von §§ 280, 281 verweist. Mit den Besonderheiten der kaufrechtlichen Mängelhaftung befassen wir uns erst im Besonderen Schuldrecht (vgl. *Wörlen/Metzler-Müller* SchuldR BT Rn. 14 ff.). Sonderregelungen für den Verbrauchsgüterkauf (§§ 474 ff.) sind für diesen Fall ohne Bedeutung.

oder nicht merkt, dass die hier genannten technischen Extras defekt sind. Anders wäre zu entscheiden, wenn lediglich das Autoradio defekt gewesen wäre.[243]

Nach den genannten Vorschriften könnte K dann den gesamten Schaden, der ihm entstanden ist, verlangen, wobei eine Fristsetzung zur Leistung bzw. Nacherfüllung gem. § 281 II (lesen) wegen »besonderer Umstände« entbehrlich wäre. Besondere Umstände, welche nach Interessenabwägung die sofortige Geltendmachung des Schadenersatzanspruches rechtfertigen, können insbesondere erhebliche Pflichtverletzungen seitens des Schuldners sein, die das Vertrauen des Gläubigers derart erschüttern, dass ihm ein Festhalten am Vertrag unzumutbar erscheinen muss.[244] Dies kann man in unserem Fall ebenso annehmen wie der BGH es in dem Fall angenommen hat, in dem bei einem bestellten Neuwagen neue gegen gebrauchte Teile ausgetauscht wurden.[245]

Der Anspruch auf Schadensersatz statt der ganzen Leistung gem. § 280 I und III iVm § 281 I 3 ist somit begründet.

Gem. § 325 kann K aber, außer Schadensersatz zu verlangen, auch vom Vertrag zurücktreten, wenn die Rücktrittsvoraussetzungen erfüllt sind.

aa) Voraussetzungen

Die Voraussetzungen des Rücktritts im gegenseitigen Vertrag bei nicht vertragsgemäßer Leistung (Schlechterfüllung) richten sich nach § 323, auf den § 437 Nr. 2 (lesen) für den Fall der Lieferung einer mangelhaften Kaufsache verweist. **242**

Diese Voraussetzungen sind die gleichen wie die für den Rücktritt beim Schuldnerverzug im gegenseitigen Vertrag, die Sie oben unter → Rn. 151–156 (zumindest → Rn. 156 nachlesen!) gelernt haben.

Da, anders als beim Schuldnerverzug, der Schuldner bei der Schlechterfüllung bereits geleistet hat, ist hier § 323 V 2 besonders zu beachten. Die Pflichtverletzung muss erheblich sein, damit der Rücktritt nicht ausgeschlossen ist.

bb) Rechtsfolgen

Auch die Rechtsfolgen des Rücktritts sind bei der Schlechterfüllung die gleichen wie beim Schuldnerverzug im gegenseitigen Vertrag (= Folge der vereinheitlichten Pflichtverletzung!): §§ 346 ff. (lesen Sie → Rn. 155!). **243**

Für Rentner K in unserem Übungsfall 18 bedeutet das: Rückgabe des Nobelautos gegen Erstattung des Kaufpreises.

b) Rücktritt gem. § 324 wegen einer Nebenpflichtverletzung nach § 241 II

§ 324 regelt für gegenseitige Verträge den Fall, dass zwar die Leistung selbst erbracht und auch nicht schlecht erbracht wurde, der Schuldner aber sonstige, nicht leistungsbezogene Nebenpflichten (Verhaltenspflichten) iSv § 241 II verletzt hat. **244**

243 Palandt/*Grüneberg* § 281 Rn. 47, § 323 Rn. 32 unter Hinweis auf OLG Düsseldorf, Urt. v. 8.1.2007 – I-1 U 177/06, ZGS 2007, 157.
244 Hk-BGB/*Schulze* § 323 Rn. 8.
245 BGH NJW 1978, 260.

Dabei handelt es sich um die gleichen Pflichten, die in § 282 für den Schadensersatz statt der Leistung angesprochen sind (→ Rn. 238a ff.). § 324 entspricht deshalb in seinen Voraussetzungen im Wesentlichen § 282 und gibt dem Gläubiger im gegenseitigen Vertrag ein zusätzliches Rücktrittsrecht.

§ 324 verweist – im Gegensatz zu § 282 – allerdings nicht auf § 280 I, der eine **schuldhafte** Pflichtverletzung durch den Schuldner voraussetzt. Daraus folgt, dass der Rücktritt nach § 324 auch möglich sein soll, wenn der Schuldner die objektive Pflichtverletzung nach § 241 II nicht zu vertreten hat. Dies ist nur konsequent, da es ebenfalls bei den gesetzlichen Rücktrittsrechten nach § 323 I und § 326 V nicht darauf ankommt, ob der Schuldner den Rücktrittsgrund zu vertreten hat.

Dem Gläubiger muss jedoch ein Festhalten am Vertrag unzumutbar sein (§ 314 II analog) – vor allem, wenn die Pflichtverletzung einen Bezug zur Leistungsstörung hat. Dies setzt (→ Rn. 238c) regelmäßig eine erfolglose Abmahnung voraus.[246]

Anders als § 326 V enthält § 324 keine Verweisung auf § 323, sodass es (wie aber in § 326 V) keiner Klarstellung bedurfte, dass beim Rücktritt nach § 324 eine Fristsetzung entbehrlich ist (Vorschriften lesen!).

aa) Voraussetzungen

245 Der Rücktritt gem. § 324 ist daher unter folgenden Voraussetzungen möglich:

(1) Gegenseitiger Vertrag,
(2) Pflichtverletzung des Schuldners nach § 241 II und
(3) aufgrund der Pflichtverletzung Unzumutbarkeit für den Gläubiger, nach Abmahnung am Vertrag festzuhalten.

Dazu folgender

Übungsfall 19

V verkauft im Januar an K zwei Drehbänke mit Zubehör (insbesondere Kopiereinrichtungen). Die Lieferung sollte bis Ende März erfolgen. Obwohl K noch im Februar um rechtzeitige Lieferung gebeten hatte, lieferte V erst Ende Juli eine andere, nicht bestellte Drehbank, und zwar ohne die dazugehörige Kopiereinrichtung. Auf ein Schreiben des K von Ende August, mit dem K schnellste Lieferung der zweiten Drehbank und des gesamten Zubehörs abmahnte, da er andernfalls kein Interesse an dem Vertrag habe, sagte V die Lieferung für September zu, ohne dieses Versprechen einzuhalten. Als V im Dezember noch nicht geliefert hatte, stattdessen aber einen Rechnungsbetrag von 10.000 EUR für eine weder bestellte noch gelieferte Drehbank angemahnt hat, erklärt K dem V, er trete fristlos vom Vertrag zurück.

V besteht auf Abnahme der Restlieferung und Bezahlung.

246 (1) Da V und K einen wirksamen Kaufvertrag geschlossen haben, ist der Anspruch des V gegen K auf Bezahlung des Kaufpreises gem. § 433 II entstanden. Der Anspruch auf diese Leistung ist nicht nach § 323 I durch den Rücktritt des K erloschen. Zwar befand sich V im Dezember mit der Lieferung einer Drehbank und des Zubehörs – also mit seiner Leistungserfüllung – im Verzug, doch hat K ihm zu diesem Zeitpunkt nicht erfolglos eine Frist gesetzt. Diese Fristsetzung ist hier auch nicht gem. § 323 II Nr. 1 wegen ernsthafter und endgültiger Verweigerung der Leistung entbehrlich, da V weiter erfüllungsbereit ist.

246 Jauernig/*Stadler* § 324 Rn. 5.

(2) Der Anspruch des V gegen K gem. § 433 II könnte aber erloschen sein, wenn K ein gesetzliches Rücktrittsrecht gem. § 324 ausgeübt hat.

(a) Zwischen V und K besteht ein gegenseitiger Vertrag in Gestalt des Kaufvertrags.
(b) Es muss eine Pflichtverletzung nach § 241 II (nochmals lesen!) vorliegen.

V hat durch sein Verhalten die Vertrauensbasis für die Abwicklung des Vertrags zerstört: Er hat nicht nur die auf Drängen des K gemachten Lieferungszusagen nicht eingehalten, sondern hat darüber hinaus eine nicht bestellte, andere Drehbank in Rechnung gestellt. Aufgrund dieses Verhaltens konnte K nicht mehr erwarten, dass V seinen vertraglichen Nebenpflichten aus § 241 II nachkommen werde. Das Verhalten des V stellt eine Pflichtverletzung dar.

(3) Infolge der Pflichtverletzung müsste ein Festhalten am Vertrag unzumutbar geworden sein.
Aufgrund des Verhaltens des V war ein Festhalten des K, der sich selbst vertragstreu verhalten und die Lieferung Ende August abgemahnt hat, am Vertrag unzumutbar.

K war somit zum Rücktritt gem. § 324 berechtigt.

bb) Rechtsfolgen
Die Wirkungen des Rücktritts richten sich wiederum nach den §§ 346 ff. (→ Rn. 155 f.).

Die Sonderregelungen der Leistungsstörungen für gegenseitige Verträge verdeutlicht die folgende Übersicht.

Übersicht 18

246a

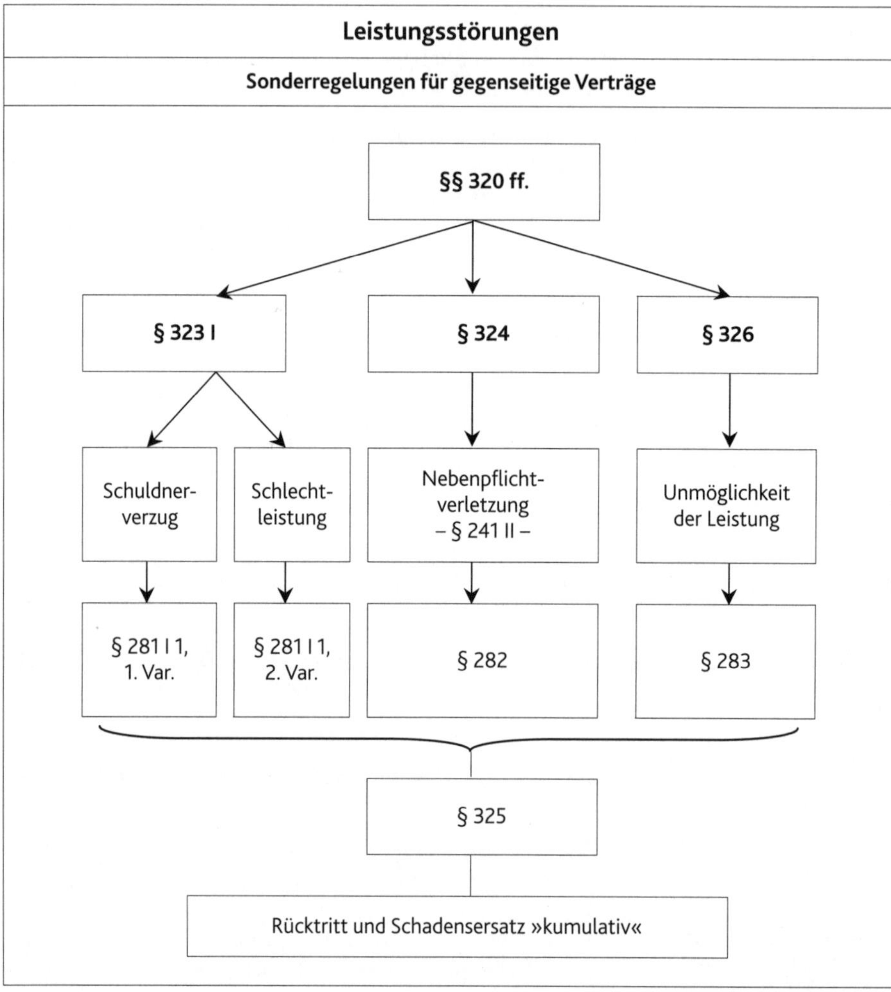

Literatur zur Vertiefung (→ Rn. 232–246): *Alpmann/Schmidt* SchuldR AT I 3. Teil 5. Abschn.; *Brox/Walker* SchuldR AT §§ 24, 25 Rn. 1–10; *Fikentscher/Heinemann* SchuldR § 46; *Gieseler*, Die Strukturen der Schlechterfüllung im Leistungsstörungsrecht, ZGS 2003, 408; *Grunewald* BürgerlR § 13 II; *Hirsch* SchuldR AT Neuntes Kap., B; *ders.*, Schadensersatz statt der Leistung, Jura 2003, 289; *Looschelders* SchuldR AT § 35; *Medicus/Lorenz* SchuldR AT Rn. 335 ff.; *Münch*, Die »nicht wie geschuldet« erbrachte Leistung und sonstige Pflichtverletzungen, Jura 2002, 361; *Perkams*, Die Haftung des Rücktrittsberechtigten im neuen Schuldrecht, Jura 2003, 150; *Reichenbach*, Das Tatbestandsmerkmal der Pflichtverletzung im neuen Leistungsstörungsrecht, Jura 2003, 512; *Recker*, Schadensersatz statt der Leistung – oder: Mangelschaden und Mangelfolgeschaden, NJW 2002, 1247; *Wörlen/Schindler* Anleitung Fall 13.

Beachte auch Anmerkung vor → Rn. 232!

VII. Pflichtverletzung bei Vertragsschluss

1. Haftungsgrund

Übungsfall 20
Kümmerling (K) will von Valentin (V) ein Haus kaufen, das er natürlich vorher besichtigen will. Da V keine Zeit hat, gibt er dem K den Hausschlüssel, damit dieser die Besichtigung allein vornehmen kann. V vergisst, dem K zu sagen, dass das Haus baufällig ist und Einsturzgefahr besteht. Bei der Besichtigung löst sich Mauerwerk aus einer Decke, wodurch K erheblich verletzt wird. Welche Ansprüche hat K gegen V?

Nachdem Sie soeben die Möglichkeiten des Gläubigers kennen gelernt haben, bei Schlechterfüllung der Leistung – insbesondere bei Verletzung von Pflichten aus § 241 II – Schadensersatz zu verlangen oder vom Vertrag zurückzutreten, liegt es nahe zu fragen: **247**

- Kommt auch in diesem Fall ein Anspruch auf Schadensersatz nach den § 280 I und III iVm § 282 in Betracht?
  Überlegen Sie, welche Voraussetzungen für diesen Anspruch erfüllt sein müssen![247]
- ▶ Sicherlich haben Sie bemerkt, dass schon die erste Voraussetzung nicht erfüllt ist: Zwischen V und K ist zwar ein Vertrag beabsichtigt, aber noch nicht geschlossen worden. Es fehlt an einem wirksamen vertraglichen Schuldverhältnis.

Dennoch liegt es nahe, dass V für den Schaden aufkommen muss: er wusste, dass Einsturzgefahr bestand. V und K haben zwar noch keinen Vertrag geschlossen, aus dem K die Verletzung einer Sorgfaltspflicht des V begründen könnte, sie standen aber schon in Vertragsverhandlungen. Sie befanden sich in einem vorvertraglichen Stadium.

Rechtsprechung[248] und Lehre[249] hatten für solche Fälle das Rechtsinstitut der Haftung für »Verschulden bei(m) Vertragsschluss« entwickelt, das auch mit dem lateinischen Ausdruck »**culpa in contrahendo**« (abgekürzt: »**c. i. c.**«) bezeichnet wurde.

Man begründete diese Haftungsregel – in Anlehnung an § 242 – wie folgt:

Wenn Personen in Vertragsverhandlungen eintreten, entsteht ein vertragsähnliches Vertrauensverhältnis, in dessen Rahmen jeder Teil darauf zu achten hat, dass er dem Anderen nicht schuldhaft einen Schaden zufügt.

Im Prinzip geht es um die gleichen Verpflichtungen zur Rücksichtnahme, die nunmehr in § 241 II angesprochen sind, mit dem Unterschied, dass sie schon vor dem Zustandekommen eines wirksamen Vertrags bestehen.

Nach ständiger Rechtsprechung galt schon nach altem Vertragsrecht ganz allgemein, dass bereits bei Beginn von Vertragsverhandlungen – auch schon vor einem bindenden Vertragsangebot und ohne Rücksicht auf einen später zustande gekommenen

---

247 **Blättern Sie ggf. bis zu → Rn. 238a zurück!**

248 Vgl. etwa BGH NJW 1979, 1983.

249 Das Rechtsinstitut der »c. i. c.« wurde »entdeckt« von dem namhaften Juristen Rudolph von Jhering (1818–1892): Culpa in contrahendo oder Schadensersatz bei nichtigen oder nicht zur Perfektion gelangten Verträgen, JherJb 4 (1861), 1 ff. »Culpa« bedeutet »Schuld, Verschulden«, »contrahere« »verhandeln«, davon abgeleitet »in contrahendo« »beim Verhandeln«, daraus wurde »bei Vertragsabschluss«.

Vertrag – zwischen den Parteien ein vertragsähnliches Vertrauensverhältnis entsteht, bei dessen schuldhafter Verletzung der Betreffende auf Schadensersatz haftet.[250]

248 Aufbauend auf dieser gefestigten Rechtsprechung regelt nunmehr § 311 II (lesen!) die Voraussetzungen für die **Entstehung** eines vorvertraglichen Schuldverhältnisses. Über den **Inhalt** und die Reichweite der hierdurch begründeten Pflichten enthält die Vorschrift keine Aussage. Diese ergeben sich aber durch die Verweisung auf § 241 II, durch die klar gestellt ist, dass auch im vorvertraglichen Stadium ein (wirksames) Schuldverhältnis besteht. Begeht der Schuldner im Rahmen dieses Schuldverhältnisses eine Pflichtverletzung, muss er auf der Grundlage von §§ 280 ff. dafür haften.

2. Voraussetzungen der Haftung

§ 311 II Nr. 1–3 differenziert zwischen

- der Aufnahme von Vertragsverhandlungen (Nr. 1),
- der Anbahnung eines Vertrags (Nr. 2) und
- ähnlichen geschäftlichen Kontakten (Nr. 3).

a) Aufnahme von Vertragsverhandlungen

249 **»Culpa in contrahendo«** (der Begriff, von dem sich »Juristen aF« nicht trennen mögen und der daher noch durch alle Lehrbücher geistert, obwohl § 311 II nicht in Lateinisch gefasst ist) setzt ein vertragsähnliches Schuldverhältnis voraus. Dieses Schuldverhältnis entsteht bereits durch den Beginn der Vertragsverhandlungen. Es endet, wenn es zur Beendigung der Verhandlungen kommt oder wenn der Vertrag, über den verhandelt worden ist, zustande kommt. Dann bestehen **vertragliche** Pflichten.

Das durch die Aufnahme von Vertragsverhandlungen entstehende Schuldverhältnis iSv § 311 II Nr. 1 ist – wie nach altem Recht – dadurch gekennzeichnet, dass es keine primären Leistungspflichten begründet. Es bestehen lediglich Pflichten zur Rücksicht auf die Rechte, Rechtsgüter und Interessen (vgl. § 241 II) des potenziellen Vertragspartners. Wie weit diese Pflichten reichen, richtet sich nach den Umständen des Einzelfalls. Diese entziehen sich ebenso wie ihre nähere Ausgestaltung einer gesetzlichen Regelung. Sie muss auch weiterhin der Rechtsprechung überlassen bleiben. Dabei kann auf die Ergebnisse der bisherigen Rechtsprechung zurückgegriffen werden, die auch für die nunmehr in § 311 II getroffene Regelung zutreffen.

250 In Übungsfall 20 haben K und V Vertragsverhandlungen aufgenommen, und vor Abschluss des Vertrags ist dem K ein Schaden (Verletzung der Gesundheit bzw. des Körpers) entstanden. **Anspruchsgrundlage** für den Ersatz des entstandenen Schadens ist **§ 280 I iVm § 311 II Nr. 1**. Dieser Anspruch ist unter folgenden **Voraussetzungen** begründet.

(1) Wirksames (vorvertragliches) Schuldverhältnis (§ 280 I 1 iVm § 311 II Nr. 1),
(2) Pflichtverletzung durch den Schuldner iSv § 241 II,
(3) Vertretenmüssen (§ 280 I 2 iVm § 276 oder § 278) und
(4) Schaden beim Gläubiger als Folge der Pflichtverletzung.

250 Vgl. *Creifelds* »Verschulden beim Vertragsschluss« (1).

■ Versuchen Sie selbst, den Sachverhalt von Fall 20 unter diese Anspruchsvoraussetzungen zu subsumieren![251]

▶ (1) K und V haben bereits Verhandlungen über den Hauskaufvertrag aufgenommen. Damit besteht ein wirksames vorvertragliches Schuldverhältnis iSv § 280 I iVm § 311 II Nr. 1.
(2) V hat vergessen, den K über die Einsturzgefahr aufzuklären und somit eine Pflichtverletzung iSv § 241 II begangen.
(3) V hat die im Verkehr erforderliche Sorgfalt außer Acht gelassen und somit fahrlässig, dh schuldhaft iSv § 276 I 1 und II (lesen!) gehandelt.
(4) K hat dadurch einen Schaden erlitten, da er erheblich verletzt wurde, was regelmäßig Arzt- oder gar Krankenhauskosten zur Folge hat.

Somit ist der Anspruch des K gegen V begründet.

Für den Umfang des Schadens gilt § 249 I bzw. II 1.

b) Anbahnung eines Vertrags

Die Pflichtverletzung während der Anbahnung eines Vertrags war immer schon und ist jetzt nach § 311 II Nr. 2 ein klassischer Fall der »**culpa in contrahendo**«. Es sind noch keine Vertragsverhandlungen aufgenommen worden, sondern es geht um Fälle wie den berühmten »Bananenschalenfall«,[252] der immer wieder[253] als Schulbeispiel für die »**c. i. c.**« herangezogen wird. Hier betritt jemand mit Kauf(vertragsschluss)absicht ein Warenhaus, rutscht auf einer Bananenschale aus, die die Angestellten des Warenhausinhabers nicht weggeräumt haben, und zieht sich einen Beinbruch zu. 251

In diesem Fall hat also, moderner ausgedrückt, ein Unternehmer sein Geschäftslokal dem Verkehr geöffnet, um potenziellen Kunden die Möglichkeit der Kontaktaufnahme und des Vertragsschlusses zu geben. Es geht also um eine mögliche künftige rechtsgeschäftliche Beziehung. Wenn ein potenzieller Vertragspartner dem anderen im Hinblick auf eine solche rechtsgeschäftliche Beziehung die Einwirkung auf seine Rechte, Rechtsgüter und Interessen (vgl. § 241 II) ermöglicht, entstehen ähnliche Obhuts- bzw. Sorgfaltspflichten wie bei der Aufnahme von Vertragsverhandlungen. »Rechte und Rechtsgüter«, die in § 241 II angesprochen werden, sind übrigens solche, wie sie in § 823 I (lesen! Ansonsten dazu später: *Wörlen/Metzler-Müller* SchuldR BT Rn. 387 ff.) genannt sind. »Interessen« iSv § 241 II sind insbesondere die Vermögensinteressen des potenziellen Vertragspartners, aber zB auch seine Entscheidungsfreiheit, den erwogenen Vertrag noch zu schließen oder nicht.

Anspruchsgrundlage für Pflichtverletzungen bei der Anbahnung eines Vertrags ist ebenfalls § 280 I iVm § 311 II (diesmal) Nr. 2!

c) Ähnliche geschäftliche Kontakte

In der Rechtsprechung war seit langem anerkannt, dass Ansprüche aus »c. i. c.« nicht nur bei Vertragsverhandlungen oder bei Anbahnung eines Vertrags (§ 311 II Nr. 1 252

251 Vgl. *Wörlen/Metzler-Müller* BGB AT Übersicht 15 Rn. 126.
252 RGZ 95, 58.
253 Vgl. *Wörlen/Schindler* »Anleitung« Fall 19 sowie *Metzler-Müller* PrivatRFall Fall 2. Ähnlich: der »Linoleumrollenfall« (RGZ 78, 289) und der »Salatblattfall« (BGHZ 66, 4).

und 2[254]) entstehen, sondern auch bei ähnlichen geschäftlichen Kontakten. Dies sind zB Kontakte, bei denen noch kein Vertrag angebahnt ist, noch keine Vertragsverhandlungen stattgefunden haben,[255] ein Vertrag aber vorbereitet werden soll, zB durch Einholen erster Auskünfte über einen Vertragsgegenstand.

Eine genaue Abgrenzung gegenüber der Vertragsanbahnung ist häufig weder möglich noch erforderlich.[256]

■ Warum ist diese genaue Abgrenzung nicht erforderlich?

▶ Die Antwort ist sehr einfach: Ob nun schon eine Anbahnung des Vertrags oder nur geschäftliche Kontakte vorliegen, ist unerheblich, da die Rechtsfolge (Schadensersatz) dieselbe ist.

Voraussetzung für eine Haftung des (potenziellen) Schuldners ist, dass es sich bei dem Anspruchsteller um einen möglichen künftigen Vertragspartner handelt.

Anspruchsgrundlage für Pflichtverletzungen im Rahmen von »ähnlichen geschäftlichen Kontakten« ist wiederum § 280 I iVm § 311 II (diesmal) Nr. 3!

3. Rechtsfolgen

252a Rechtsfolge von einer Pflichtverletzung nach § 311 II iVm § 241 II ist die Verpflichtung des Schädigers zum Schadensersatz gem. § 280 I! Für den **Umfang** des Schadensersatzes gilt – »wie immer« – die Grundregel des § 249 I (lesen)! Danach muss der Verpflichtete den Zustand herstellen, der bestehen würde, wenn der zum Ersatz verpflichtende Umstand nicht eingetreten wäre.

Für den Schadenersatz wegen Pflichtverletzung bei Vertragsschluss können wir zusammenfassend folgendes **Prüfungsschema** (Übersicht 19) festhalten:

Übersicht 19

252b

Leistungsstörungen

Schadenersatz wegen Pflichtverletzung vor/bei Vertragsschluss gem. § 280 I iVm §§ 311 II, 241 II

I. Voraussetzungen

1. Wirksames (vorvertragliches) Schuldverhältnis (§ 280 I iVm § 311 II)
   a) Aufnahme von Vertragsverhandlungen (§ 311 II Nr. 1) oder
   b) Anbahnung eines Vertrages (§ 311 II Nr. 2) oder
   c) ähnliche geschäftliche Kontakte (§ 311 II Nr. 3)
2. Pflichtverletzung durch den Schuldner iSv 241 II
3. Vertretenmüssen (§ 280 I 2 iVm § 276 oder § 278)
4. Schaden beim Gläubiger als Folge der Pflichtverletzung

II. Rechtsfolge

Schadensersatz – Umfang: §§ 249 ff.

254 Logischer wäre es mE gewesen, wenn der Gesetzgeber Nr. 2 zur Nr. 1 und Nr. 1 zur Nr. 2 erklärt hätte: erst kommt die Anbahnung des Vertrags, dann folgen die Vertragsverhandlungen!

255 So ist die Reihenfolge richtiger.

256 Vgl. Hk-BGB/*Schulze* § 311 Rn. 17.

Literatur zur Vertiefung (→ Rn. 247–252b): *Brox/Walker* SchuldR AT §§ 5, 25 Rn. 11–20; *Fikentscher/Heinemann* SchuldR § 19; *Grunewald* BürgerlR § 13 I; *Hirsch* SchuldR AT Neuntes Kap., A; *Looschelders* SchuldR AT § 10; *Katzenstein*, Die Bedeutung der vertraglichen Bindung für die culpa-Haftung des Vertragsschuldners auf Schadensersatz (Teil 1), Jura 2004, 800, (Teil 2), Jura 2005, 73; *Medicus/Lorenz* SchuldR I AT § 14; *Mertens*, Die Rechtsfolgen einer Haftung aus culpa in contrahendo beim zustande gekommenen Vertrag nach neuem Recht, ZGS 2004, 67; *Schwab*, Grundfälle zu culpa in contrahendo, Sachwalterhaftung und Vertrag mit Schutzwirkung für Dritte nach neuem Schuldrecht, JuS 2002, 773 und 872.

Exkurs zu §§ 249 ff. 253

§ 249 ist eine Vorschrift, die vielen Anfängern immer wieder Schwierigkeiten bereitet. Liest man doch oft: »A könnte gegen B einen **Anspruch auf** Schadensersatz **gem.** § 249 haben«! Das ist »**grob falsch**«!

■ Warum? Überlegen Sie wieder (?) erst selbst, bevor Sie weiterlesen!

▶ Was ein »Anspruch« ist, wird bekanntlich (?) in § 194 I definiert. Wenn ein Anspruch das Recht ist, »von einem Anderen ein Tun oder Unterlassen zu verlangen«, dann kann eine »Anspruchsgrundlage« nur eine Vorschrift sein, aus deren Wortlaut man erlesen kann, dass eine Partei von einer anderen etwas **verlangen** kann! Wenn zB der Verkäufer gem. § 433 I 1 **verpflichtet** ist, dem Käufer die Sache zu übergeben (etc.), kann der Käufer vom Verkäufer die Übergabe der Sache **verlangen**! Er hat einen Anspruch darauf! § 433 I 1 ist seine **Anspruchsgrundlage** gegen den Verkäufer.

Auch § 823 I ist – zB – eine typische Anspruchsgrundlage: Wer ein dort genanntes Recht(sgut) eines Anderen widerrechtlich und schuldhaft verletzt, ist zum Schadenersatz verpflichtet. Also kann der Andere Schadensersatz **verlangen**!

Was aber kann einer vom anderen »gem.« **§ 249 I** verlangen? Nichts! Der andere ist bereits, aufgrund einer **Anspruchsgrundlage**, sei es § 823 I oder § 280 I, zum Schadensersatz verpflichtet. § 249 ist also **keine** Anspruchsgrundlage, sondern regelt als **Rechtsfolge** eines schon bestehenden Schadenersatzanspruchs den **Umfang** des zu leistenden Schadenersatzes.

Ich hoffe, dass Ihnen nun »für immer« klar ist, warum die oben zitierte Klausurformulierung »grob falsch« ist.

Häufig wird auch **§ 249 II 1** fälschlicherweise anstelle von **§ 251 I, 1. Var.** angewendet: Wenn zB eine Katze (insofern als »Sache« anzusehen, → Rn. 234a Beispiel 2), die der Verkäufer liefern sollte, tot ist, richtet sich der Umfang des Schadenersatzes nicht nach § 249 II 1, sondern nach § 251 I, 1. Var.! Eine unwiederbringlich zerstörte Sache (= tote Katze) ist nicht **beschädigt**! Ihre »Wiederherstellung« ist nicht möglich ...

Auch wenn die Herstellung des ursprünglichen Zustandes (»Naturalrestitution«) ungenügend ist, kann der Geschädigte gem. **§ 251 I, 2. Var.** mit Geld entschädigt werden.

Beispiel: Wurde ein Fahrzeug durch einen Unfall beschädigt und handelt es sich dabei nicht nur um einen sogenannten Bagatellschaden, so gilt das Fahrzeug – trotz einer vollständigen Reparatur – als Unfallfahrzeug von merkantilem Minderwert.[257]

Ist die Herstellung des ursprünglichen Zustandes für den Schuldner mit unverhältnismäßigem Aufwand verbunden, hilft **§ 251 II 1** weiter: er kann stattdessen Geldersatz leisten.

Beispiel: Die Reparaturkosten übersteigen den Wert der Sache um 30% (wirtschaftlicher Totalschaden = Faustregel). Der Schädiger muss nur den Wiederbeschaffungswert ersetzen.

Beachte aber **§ 251 II 2:** Da Katzen, um im Bilde zu bleiben, Lebewesen mit Gefühlen sind und besondere Gefühle bei manchen Menschen erwecken, sind sie nun nicht mehr als reiner »Sachwert« anzusehen. Obwohl hier sicherlich ein sog. »Affektionsinteresse«[258] vorhanden ist, dürfen Sie Ihre Katze, wenn sie »beschädigt« wurde, für relativ viel Geld »reparieren« lassen ...

Aus dem Wortlaut von § 251 I (»Soweit ...«) folgt, dass Wiederherstellung des Urzustandes (Naturalrestitution) und Geldersatz nebeneinander möglich sind.

Nach **§ 252** ist auch der entgangene Gewinn zu ersetzen, soweit er nach dem gewöhnlichen Verlauf der Dinge mit gewisser Wahrscheinlichkeit (also nicht bei Ersatz von Vertrauensschaden!) erwartet werden konnte.

Gem. **§ 253 I** kann ein immaterieller Schaden nur in den durch das Gesetz bestimmten Fällen ersetzt werden.

Einen solchen Fall findet man in **§ 253 II** (lesen!).

Aus dem Wortlaut dieser Vorschrift ergibt sich, dass auch Rechtsverletzungen, die **nicht** in einer unerlaubten Handlung bestehen, zB vertragliche Pflichtverletzungen, zum Ersatz von Schmerzensgeld führen können.

Strittig ist dabei, ob § 253 II eine eigene Anspruchsgrundlage oder nur eine Rechtsfolgenregelung darstellt.

So will eine Meinung[259] in § 253 II eine selbstständige Anspruchsgrundlage sehen, die neben den Anspruch auf Ersatz von Vermögensschäden trete und nicht etwa ein bloßer Rechnungsposten innerhalb des Gesamtanspruchs sei.

Dieser Auffassung kann nicht gefolgt werden: Sowohl die wörtliche (grammatische) als auch die systematische Auslegung[260] dieser Vorschrift sprechen dagegen.

Zum einen folgt aus der Formulierung »**Ist** wegen einer Verletzung ... Schadensersatz zu leisten ...«, dass der Gesetzgeber eine andere Anspruchsgrundlage voraussetzt, aufgrund derer Schadensersatz zu leisten ist. Ist eines der in § 253 II genannten Rechtsgüter verletzt, gilt für den **Umfang** des Schadens, dass (neben Vermögensschäden) auch der immaterielle Schaden durch Schmerzensgeld auszugleichen ist.

257 Der merkantile Minderwert bezeichnet den unfallbedingten Wertverlust nach den Marktverhältnissen an einem bestimmten Ort zu gegebener Zeit.
258 Hierunter versteht man den Liebhaberwert einer Sache, der nicht in Geld messbar ist.
259 Palandt/*Grüneberg* § 253 Rn. 4.
260 Zur Gesetzesauslegung vgl. *Wörlen/Metzler-Müller* BGB AT Rn. 155–159.

Zum anderen spricht auch die systematische Stellung von § 253 II innerhalb der **Rechtfolgen**regelungen der §§ 249 ff. gegen die Annahme einer eigenen Anspruchsgrundlage. Vielmehr erweitert § 253 II den **Umfang des Schadensersatzes,** wenn die Voraussetzungen einer anderen, haftungsbegründenden Norm (»Anspruchsgrundlage«) erfüllt sind (zB § 280 I, § 823 I oder II).[261]

Bei allen Schadenersatzansprüchen ist gem. **§ 254** (lesen!) ein eventuelles Mitverschulden des Geschädigten, das in verschiedenen Arten möglich ist, zu berücksichtigen.

Literatur zur Vertiefung (→ Rn. 253): *Brox/Walker* SchuldR AT § 31 Rn. 11–35; *Diederichsen*, Neues Schadensersatzrecht: Fragen der Bemessung des Schmerzensgeldes und seiner prozessualen Durchsetzung, VersR 2005, 433; *Fikentscher/Heinemann* SchuldR § 57; *Looschelders* SchuldR AT § 48; *Medicus/Lorenz* SchuldR I AT Rn. 624 ff.; *Mohr*, Berechnung des Schadensersatzes im Wege der Kompensation und Anrechnung eines Mitverschuldens, Jura 2010, 808; *ders.*, Berechnung des Schadens nach der Differenzhypothese, Jura 2010, 327; *ders.*, Grundlagen des Schadensersatzrechts, Jura 2010, 168; *ders.*, Normativer Schadensbegriff und Berechnung des Schadensersatzes nach den Grundsätzen der Naturalrestitution, Jura 2010, 645; *Pöschke*, Art und Umfang des Schadensersatzes – die Systematik der §§ 249 ff. BGB, JA 2010, 257; *Spancken/Schneidenbach*, Die Berechnung des zu ersetzenden Schadens anhand der §§ 249 ff. BGB – Ein Leitfaden, JuS 2012, 298; *Wetzel*, Die Änderung der Schadensberechnung nach § 249 II 2 BGB, ZGS 2002, 434.

VIII. Ersatz vergeblicher Aufwendungen

1. Bedeutung

Anstelle eines Schadensersatzanspruchs statt der Leistung aufgrund einer Pflichtver- **253a**
letzung kann der Gläubiger gem. § 284 Ersatz der Aufwendungen verlangen, die er im Vertrauen auf den Erhalt einer ordnungsgemäßen Leistung gemacht hat und billigerweise machen durfte. Ausgenommen sind solche Aufwendungen, deren Zweck auch ohne die Pflichtverletzung des Schuldners nicht erreicht worden wäre.

Bei den in § 284 angesprochenen Aufwendungen handelt es sich um sog. »**frustrierte Aufwendungen**«, die auch bei ordnungsgemäßer Vertragserfüllung angefallen wären und daher nicht als »Schadensersatz statt der Leistung« geltend gemacht werden können.

§ 284 ist eine eigene Anspruchsgrundlage, die anstelle jedes Schadensersatzanspruchs statt der Leistung bei allen vertraglichen (inklusive gegenseitige Verträge) und gesetzlichen Schuldverhältnissen treten kann.[262]

261 Wie hier auch Jauernig/*Teichmann* § 253 Rn. 4; MüKoBGB/*Oetker* § 253 Rn 15 f. mwN; NK-BGB/*Huber* § 253 Rn. 2; Staudinger/*Schiemann* § 253 Rn 28; BeckOK BGB/*Spindler* § 253 Rn. 7; jurisPK-BGB/*Vieweg* § 253 Rn. 23; *Diederichsen* VersR 2005, 433 (435); *Looschelders* SchuldR AT Rn. 969.

262 BeckOK BGB/*Unberath* § 284 Rn. 2; jurisPK-BGB/*Alpmann* § 284 Rn. 4; Palandt/*Grüneberg* § 284 Rn. 2, 4; aA: MüKoBGB/*Ernst* § 284 Rn. 8 (Haftungsausfüllungsnorm).

2. Voraussetzungen

a) Schadensersatzanspruch »statt der Leistung«

253b Da der Anspruch auf Aufwendungsersatz »**anstelle**« eines Anspruchs auf Schadensersatz statt der Leistung geltend gemacht werden kann, wird in § 284 vorausgesetzt, dass dem Gläubiger ein solcher Schadensersatzanspruch dem Grunde nach zusteht.

Die Ansprüche auf Schadensersatz statt der Leistung und Aufwendungsersatz stehen dem Gläubiger nur **alternativ** zu.[263] Damit der Gläubiger nach § 284 vorgehen kann, müssen daher die Voraussetzungen des § 280 I und III iVm §§ 281, 282 oder 283 oder des § 311a II vorliegen.

Ob der Gläubiger einen ihm zustehenden Schadensersatzanspruch statt der Leistung geltend macht oder Aufwendungsersatz verlangt, hängt davon ab, welches Interesse er im Einzelfall an dem Vertrag hat. Möchte er so gestellt werden, als ob der Vertrag ordnungsgemäß durchgeführt worden wäre, wird er Schadensersatz statt der Leistung (Ersatz des »Erfüllungsinteresses«) wählen; möchte er dagegen so gestellt werden, als sei der Vertrag niemals geschlossen worden, wird er Aufwendungsersatz nach § 284 verlangen.[264]

Er muss sich also für einen der beiden Ansprüche entscheiden.

> **Beispiel:**[265] S verpflichtet sich im Kaufvertrag gegenüber G, ihm ein bestimmtes Originalgemälde zu übereignen. Nach Vertragsschluss wird das Bild durch einen von S verschuldeten Brand vernichtet. G verlangt von S 200 EUR, die er an einen bei Vertragsschluss eingeschalteten Sachverständigen gezahlt hat, sowie weitere 500 EUR, da er das Gemälde nachweislich mit einem Gewinn in dieser Höhe hätte weiterverkaufen können.

■ Welche Ansprüche des G gegen S kommen grundsätzlich in Betracht? (Überlegen Sie selbst, bevor Sie weiterlesen!)

▶ G hat bezüglich der 500 EUR einen Anspruch auf Schadensersatz statt der Leistung gem. § 280 I und III iVm § 283 S. 1 (und § 252).
Die 200 EUR Sachverständigenkosten wären auch bei ordnungsgemäßer Erfüllung angefallen. Sie bilden also keinen ersatzfähigen **Schaden**. Es handelt sich dabei jedoch um vergebliche Aufwendungen, die nach § 284 verlangt werden könnten.
G muss sich entscheiden: beides geht nicht! Die Entscheidung wird ihm bei dieser Alternative sicher nicht schwerfallen.

b) Aufwendungen des Gläubigers

253c Der Gläubiger muss Aufwendungen gemacht haben. Aufwendungen sind freiwillige Vermögensopfer, die der Gläubiger im Hinblick auf die ordnungsgemäße Vertragserfüllung erbracht hat.

---

263 BeckOK BGB/*Unberath* § 284 Rn. 5; jurisPK-BGB/*Alpmann* § 284 Rn. 2. Zweck der Exklusivität ist, dass der Geschädigte nicht wegen ein und desselben Vermögensnachteils eine doppelte Kompensation verlangen können soll (BGHZ 163, 381 = NJW 2005, 2848 (2850).

264 *Brox/Walker* SchuldR AT § 22 Rn. 75.

265 Nach *Brox/Walker* SchuldR AT § 22 Rn. 1.

Beispiele:[266] Reise- und Übernachtungskosten bei Konzertbesuchen oder spezielles Autozubehör, das im Vertrauen auf den Bestand des Kaufvertrags vom Käufer angeschafft wurde.

Aufwendungen können auch in der Eingehung von Verbindlichkeiten bestehen.[267]

c) Aufwendungen im Vertrauen auf den Erhalt der Leistung

Dies sind nur solche Aufwendungen, die nach wirksamer Begründung des Schuldverhältnisses gemacht worden sind.[268]

Beispiele:[269] Anmietung einer Lagerhalle, Anfertigung eines Rahmens für ein bestelltes Portrait, Kosten für Werbung, Zinsen für Darlehensaufnahme, Vertragskosten (die nicht nur die Kosten der Übergabe, Versendung und Beurkundung, sondern auch Zölle, Fracht-, Einbau- und Montagekosten umfassen), Folgeinvestitionen zur Verwertung des Leistungsgegenstandes.

d) Billigerweise zulässige (verhältnismäßige) Aufwendungen

Mit der Verwendung des unbestimmten Rechtsbegriffs »billigerweise« wurde der **253d**
Gedanke des Mitverschuldens (§ 254) in die Vorschrift des § 284 integriert.[270] Der Gläubiger soll dadurch abgehalten werden, voreilige Aufwendungen zu tätigen, wenn ihm bereits Anzeichen für ein Scheitern des Vertrags bekannt sind.[271] Unbillig sind auch Aufwendungen, die in keinem angemessenen Verhältnis zu dem verfolgten Zweck stehen, so etwa, »wenn jemand ein ganzes Landgut erwirbt, um dort ein gekauftes, aber nicht geliefertes Pferd unterzubringen«.[272]

Ähnlich, aber nicht ganz so krass, ist das folgende Beispiel: Wenn ein Bild im Wert von 1.000 EUR nicht geliefert wird, kann der Käufer, der für das Bild einen Rahmen im Wert von 8.000 EUR hat herstellen lassen, nicht Aufwendungsersatz in Höhe von 8.000 EUR verlangen.[273]

e) Zweckverfehlung der Aufwendungen aufgrund der Pflichtverletzung

Der Anspruch auf Aufwendungsersatz ist nicht begründet, wenn der Zweck der Auf- **253e**
wendungen auch bei vertragsgemäßer Erfüllung nicht erreicht worden wäre.[274] Anders ausgedrückt: Die Nichterfüllung des Vertrags müsste für die Vergeblichkeit der Aufwendungen ursächlich gewesen sein.

Das ist zB nicht der Fall, wenn jemand eine Einbauküche bestellt und seine Aufwendungen, die er zur Vorbereitung des Einbaus (Tapezieren der Wände) gemacht hat, durch einen Wasserrohrbruch unbrauchbar geworden sind. Ebenso ist der Anspruch auf Aufwendungsersatz ausgeschlossen, wenn jemand eine Konzertkarte gekauft hat und das Konzert wegen eines behördlichen Verbots ausfällt.[275]

---

266 Hk-BGB/*Schulze* § 284 Rn. 6.
267 Palandt/*Grüneberg* § 284 Rn. 5; Hk-BGB/*Schulze* § 284 Rn. 6.
268 Jauernig/*Stadler* § 284 Rn. 5.
269 *Brox/Walker* SchuldR AT § 22 Rn. 76; KompaktKom-BGB/*Willingmann/Hirse* § 284 Rn. 9.
270 KompaktKom-BGB/*Willingmann/Hirse* § 284 Rn. 10.
271 *Brox/Walker* SchuldR AT § 22 Rn. 77.
272 *Medicus/Lorenz* SchuldR AT Rn. 389.
273 Palandt/*Grüneberg* § 284 Rn. 6.
274 Jauernig/*Stadler* § 284 Rn. 7.
275 Vgl. Palandt/*Grüneberg* § 284 Rn. 7; eine Vielzahl von Fällen zum Ausfall von Konzerten und ähnlichen Veranstaltungen findet sich in dem Buch Veranstaltungsmanagement von *Güllemann*.

3. Rechtsfolge

253f Der Gläubiger hat einen Anspruch auf Ersatz seiner nutzlos gewordenen Aufwendungen. Der Anspruch aus § 284 richtet sich allerdings nicht auf den Ersatz des negativen Interesses.

Der Gläubiger kann zB nicht geltend machen, dass er eine Sache wie die nicht gelieferte Kaufsache zwischenzeitlich bei einem anderen Anbieter billiger hätte kaufen können.[276]

Die folgende Übersicht (20) enthält eine »Checkliste« für die Prüfung des Aufwendungsersatzanspruchs.

Übersicht 20

Aufwendungsersatz gem. § 284

I. Voraussetzungen

1. Schadensersatzanspruch »statt der Leistung«,
für den **dessen** Voraussetzungen vorliegen müssen.
Möglichkeiten je nach Fall:

- § 280 I und III iVm
  - § 281 I 1 → Verzug (1. Var.) / → Schlechtleistung (2. Var.)
  - § 282 → Nebenpflichtverletzung (§ 241 II)
  - § 283 → Nachträgliche Unmöglichkeit
- § 311a II → Anfängliche Unmöglichkeit

2. Aufwendungen des Gläubigers
= freiwillige Vermögensopfer im Hinblick auf ordnungsgemäße Vertragserfüllung

3. Aufwendungen im Vertrauen auf den Erhalt der Leistung

4. Aufwendungen sind billigerweise zulässig (= verhältnismäßig)

5. Zweckverfehlung aufgrund der Pflichtverletzung

II. Rechtsfolge

Aufwendungsersatz **anstelle** von Schadensersatz statt der Leistung

Literatur zur Vertiefung (→ Rn. 253a–f): *Brox/Walker* SchuldR AT § 22 Rn. 71–80; *Ellers*, Zu Voraussetzungen und Umfang des Aufwendungsersatzanspruchs gem. § 284 BGB, Jura 2006, 201; *Fikentscher/Heinemann* SchuldR Rn. 439–441; *Grigoleit*, Neuregelung des Ausgleichs »frustrierter« Aufwendungen (§ 284 BGB): Das ausgefallene Musical, ZGS 2002, 122; *Hirsch* SchuldR AT Zehntes Kap., D, V; *Looschelders* SchuldR AT § 32; *Medicus/Lorenz* SchuldR AT Rn. 455 ff.; *Rein*, Der Ersatz vergeblicher Aufwendungen nach § 284 BGB, NJW 2003, 3662; *Stoppel*, Der Ersatz frustrierter Aufwendungen nach § 284 BGB, AcP 204 (2004) 80.

276 Palandt/*Grüneberg* § 284 Rn. 8.

IX. Störung der Geschäftsgrundlage

1. Begriff

Im Bürgerlichen Recht gilt bekanntlich der (dem römischen Recht nachempfundene) Grundsatz »Verträge sind zu halten« (pacta sunt servanda), auch wenn dies aus dem Gesetz nicht wörtlich zu entnehmen ist.[277] Dieser Grundsatz gilt selbstverständlich für beide Vertragsparteien. Solange sich die eine Partei vertragsgerecht und rechtmäßig verhält, sind die Möglichkeiten der anderen Partei, sich von dem einmal geschlossenen Vertrag zu lösen, begrenzt: Anfechtung, Kündigung oder Rücktritt, um nur die wichtigsten Gestaltungsrechte zu nennen, sind nur unter ganz bestimmten gesetzlichen (oder vertraglich vereinbarten) Voraussetzungen möglich. Denkbar (und eingetreten) sind indessen Fälle, in denen diese gesetzlichen Voraussetzungen, sich vom Vertrag zu lösen, nicht vorliegen und es zumindest für eine Partei unzumutbar erscheint, am Grundsatz der Vertragstreue festzuhalten. **254**

Diese Fälle wurden nach altem Recht mit dem gewohnheitsrechtlich anerkannten Rechtsinstitut »Wegfall der Geschäftsgrundlage«[278] gelöst.

Dabei hat man drei Fallgruppen unterschieden.

2. Fallgruppen

a) Äquivalenzstörungen

Zur Grundlage eines gegenseitigen Vertrags gehört der Gedanke der Gleichwertigkeit (Äquivalenz) von Leistung und Gegenleistung. Durch unvorhergesehene Umstände – zB Geldentwertung – kann es zu einer Störung der Äquivalenz kommen. **254a**

b) Leistungserschwernisse

Die Grundlage eines Vertrags kann dadurch gestört sein, dass nach Vertragsschluss Umstände – zB Beschaffungshindernisse – eintreten, die es einer Partei erschweren, die von ihr geschuldete Leistung zu erbringen.

c) Zweckstörungen

Zur Grundlage eines Vertrags kann es gehören, dass eine Partei mit der von ihr zu beanspruchenden Leistung einen bestimmten Zweck erreichen will, insbesondere kann sie eine bestimmte Verwendung des Leistungsgegenstandes beabsichtigen. Die Erreichung dieses Leistungszwecks kann sinnlos werden.

3. Gesetzliche Regelung

Die hierzu von Lehre und Rechtsprechung entwickelten, vorgenannten Grundsätze sind nunmehr in § 313 (lesen!) geregelt[279], der auf alle **schuldrechtlichen Verträge** anwendbar ist.[280] **255**

277 Zu »pacta sunt servanda« vgl. *Wörlen/Metzler-Müller* BGB AT Rn. 183 Fn. 148.
278 Das maßgeblich von *Oertmann* (Die Geschäftsgrundlage, 1921) entwickelt wurde.
279 Die Kodifizierung sollte keine inhaltlichen Änderungen bringen, sondern nur die hM festschreiben, vgl. BT-Drs. 14/6040, 175.
280 Palandt/*Grüneberg* § 313 Rn. 7 mwN.

In § 313 I sind die an das Fehlen oder den Wegfall der Geschäftsgrundlage zu stellenden Anforderungen festgelegt. Zugleich wird als vorrangige Rechtsfolge die Anpassung an die veränderten Umstände bestimmt. Nur wenn eine Anpassung nicht möglich oder nicht zumutbar ist, soll eine Aufhebung des Vertrags in Betracht kommen.

256 Bei den Voraussetzungen werden mehrere Merkmale aufgeführt, die kumulativ vorliegen müssen:

(1) Es müssen sich nach Vertragsschluss Umstände schwerwiegend verändert haben oder beide Parteien haben sich über die Umstände geirrt (= gemeinschaftlicher Motivirrtum – § 313 II).
(2) Diese veränderten Umstände dürfen nicht Inhalt des Vertrags geworden sein.
(3) Die Parteien müssten, wenn sie die Änderung vorausgesehen hätten, den Vertrag nicht oder mit anderem Inhalt geschlossen haben.
(4) Das Festhalten am unveränderten Vertrag muss für den einen Teil unter Berücksichtigung aller Umstände des Einzelfalls, insbesondere der vertraglichen oder gesetzlichen Risikoverteilung, unzumutbar sein.

Unter diesen Voraussetzungen hat die benachteiligte Partei einen Anspruch auf Vertragsanpassung (oder Vertragsaufhebung)!

257 § 313 II betrifft das ursprüngliche Fehlen der subjektiven Geschäftsgrundlage. Dabei geht es um die Fälle des gemeinschaftlichen Motivirrtums sowie um solche Fälle, in denen sich nur eine Partei falsche Vorstellungen macht, die andere Partei diesen Irrtum aber ohne eigene Vorstellungen hingenommen hat. Damit werden diese Fälle, deren Zuordnung zum Teil umstritten war, ausdrücklich als Anwendungsfall des Wegfalls der Geschäftsgrundlage eingeordnet.

258 In § 313 III 1 ist in Übereinstimmung mit der allgemeinen Auffassung in Lehre und Rechtsprechung bestimmt, dass eine Aufhebung des Vertrags dann, und nur dann, verlangt werden kann, wenn eine Anpassung nicht möglich oder nicht zumutbar ist. Die Aufhebung kommt also nur subsidiär in Betracht. Notwendig für eine Aufhebung des Vertrags ist eine Rücktrittserklärung der benachteiligten Partei.

§ 313 III 2 bestimmt, dass bei Dauerschuldverhältnissen an die Stelle des Rücktrittsrechts das Recht zur Kündigung aus wichtigem Grund tritt, das nun in § 314 geregelt ist.

Lesen Sie hierzu den folgenden Übungsfall.

259

Übungsfall 21

V verpachtet an P für neun Jahre eine Kneipe, die neben einer großen Fabrik liegt. Das Lokal wird überwiegend von den Beschäftigten dieser Fabrik aufgesucht und ist sowohl mittags als auch abends voll. Beide Vertragspartner wissen von diesem Zustand und einigen sich deshalb auf einen außergewöhnlich hohen Pachtzins. Es wäre eine erheblich geringere Pacht vereinbart worden, wenn die Kneipe nicht neben dieser hohen Umsatz garantierenden Fabrik läge. Nachdem der Eigentümer der Fabrik ein Jahr nach Abschluss des Pachtvertrages das Insolvenzverfahren eröffnen muss, wird die Fabrik geschlossen, und alle Arbeiter werden entlassen. Dies hat zur Folge, dass P mangels genügender Einnahmen die hohe Pacht nicht mehr bezahlen kann.

Kann P sich vom Vertrag lösen oder kann V aufgrund des Pachtvertrags die hohe Pacht weiterhin verlangen?

■ Wie ist nach alledem Übungsfall 21 zu lösen? (Versuchen Sie, den Fall selbst zu lösen, bevor Sie weiter lesen!)

▶ P könnte gegen V einen Anspruch auf Vertragsanpassung gem. § 313 I haben. **260**
(1) Dadurch, dass die Fabrik, deren Beschäftigte das Hauptpotenzial der Kunden des P bildeten, geschlossen wurde, haben sich die Umstände nach Vertragsschluss schwerwiegend verändert.
(2) Diese veränderten Umstände sind nicht zum **Inhalt** des Vertrags geworden; sie waren vielmehr die **Grundlage** des Vertrags. V und P schlossen den Vertrag zu einem extrem hohen Preis, weil beide davon ausgingen, dass durch die Beschäftigten der Fabrik ein hoher Umsatz garantiert war.
(3) Wenn P und V vorhergesehen hätten, dass die Fabrik in absehbarer Zeit schließen würde, hätten sie eine erheblich niedrigere Pacht vereinbart, also den Pachtvertrag mit anderem Inhalt geschlossen.
(4) Angesichts der Tatsache, dass die Einnahmen des P nun nicht mehr ausreichen, um die hohe Pacht zu zahlen, ist für P ein Festhalten am unveränderten Vertrag unzumutbar.

P kann daher Anpassung des Vertrags gem. § 313 I verlangen, dh die Pacht muss angemessen gesenkt werden.

Eine völlige Loslösung vom Vertrag durch Kündigung gem. § 313 III 2 kommt hier nicht in Betracht, da dem P die Vertragsanpassung zumutbar ist.

4. Vorrang vertraglicher Vereinbarungen und gesetzlicher Regelungen

Aus dem Ihnen – mittlerweile bekannten – **Grundsatz der Privatautonomie** folgt, **260a** dass vertragliche Vereinbarungen Vorrang vor dem Rechtsinstitut der Störung der Geschäftsgrundlage haben. Die Parteien können zB

- den Vertrag unter einer auflösenden Bedingung (§ 158 II) schließen

Beispiel für Fall 21: .»Der Pachtvertrag läuft solange, bis die anliegende Fabrik schließt.«

oder

- ein Rücktrittsrecht (vgl. § 346) vereinbaren.

Beispiel für vorgenannten Fall: »Bei einem Umsatzrückgang von mindestens 50% kann P vom Vertrag zurücktreten.«.

Außerdem sind **vorrangig** zu beachten

- Rücktritts- und Kündigungsvorschriften wie zB § 321 II (Leistungsverweigerungsrecht des Vorleistungspflichtigen, wenn sein Anspruch auf die Gegenleistung wegen mangelnder Leistungsfähigkeit des anderen Teils gefährdet ist), § 490 (wesentliche Vermögensverschlechterung beim Darlehensnehmer),
- die Anfechtungsmöglichkeiten wegen Irrtums nach §§ 119 ff. (beachte: der beiderseitige Motivirrtum, bei dem die Anfechtung nach § 119 f. ausgeschlossen ist, stellt eine subjektive Störung der Geschäftsgrundlage nach § 313 II dar),
- die Vorschriften über die Unmöglichkeit (die Frage der Anpassung nach § 313 kann sich nur stellen, wenn der Schuldner nicht schon nach § 275 I von seiner Leistungspflicht frei geworden ist),
- die Vorschriften über die Sachmängelhaftung (§§ 434 ff.).

Diese verdrängen also den § 313.

Übersicht 21

261

Störung der Geschäftsgrundlage

§ 313

I. Voraussetzungen

1. Schwerwiegende Veränderung von Umständen nach Vertragsschluss (§ 313 I) **oder** gemeinschaftlicher »Motivirrtum« (§ 313 II).
2. Veränderte Umstände dürfen **nicht** Vertragsinhalt* geworden sein.
3. Parteien hätten den Vertrag nicht oder mit anderem Inhalt geschlossen, wenn sie die Änderungen vorhergesehen hätten.
4. Festhalten am Vertrag muss für einen Teil unzumutbar sein.

II. Rechtsfolgen

1. Anpassung des Vertrags (§ 313 I) oder – falls Anpassung nicht möglich –
2. Rücktritt oder Kündigung durch benachteiligte Partei (§ 313 III).

*__Beispiel__ für veränderte Umstände, die den **Vertragsinhalt** betreffen:
Ein Kinobetreiber verkauft Karten für eine Filmvorführung, die dann aber ausfällt, weil sie behördlich verboten wird. Hier war die **Vorführung des Films** Vertragsinhalt! Die vertraglich geschuldete Leistung ist dem Kinobetreiber unmöglich geworden, sodass seine Leistungspflicht gem. § 275 I ausgeschlossen ist. Die Käufer der Kinokarten sind nach § 326 I 1 von der Gegenleistung befreit und können den bezahlten Kaufpreis nach §§ 326 IV, 346 zurückfordern.
§ 313 passt hier nicht.

Anders wiederum in folgendem Fall:

Übungsfall 22

V, Fußballfan von Bayer 04 Leverkusen, wohnt in der Hohen Straße in Köln. Anlässlich des sicher scheinenden Gewinns der Deutschen Fußballmeisterschaft von Bayer 04 soll die Mannschaft am 31.5. im offenen Wagen einer deutschen Renommierfirma auch durch die Hohe Straße fahren. V vermietet zur Besichtigung des Umzugs Fensterplätze in seiner Wohnung. M bezahlt bereits im April an V 100 EUR für einen Platz. Am 25.5. wird bekannt, dass Bayer 04 es (wieder einmal) nicht geschafft hat. Der Umzug findet in diesem Jahr wieder in München statt ...

M verlangt das Geld zurück, weil er meint, dass V sich an den 100 EUR gem. § 812 ungerechtfertigt bereichert habe.

Zu Recht?

262 ■ Überlegen Sie wieder selbst, wie dieser Fall gelöst werden könnte! Machen Sie sich einige Notizen dazu, bevor Sie die nachfolgende Lösungsskizze lesen!

▶ (1) Zu denken ist zunächst an einen Anspruch aus ungerechtfertigter Bereicherung gem. § 812 (auf den sich M ausdrücklich beruft) auf Herausgabe der 100 EUR (§ 812 I 2, 2. Var. – lesen!), da der mit der Leistung bezweckte Erfolg (Besichtigung des Umzugs) nicht eingetreten ist.

Dieser Anspruch ist jedoch nach hM gegenüber den Grundsätzen über die Störung der Geschäftsgrundlage subsidiär. Das bedeutet: Haben sich die Parteien eines gegenseitigen Vertrags einen über den Primärzweck der Erfüllung hinausgehenden Erfolg vorgestellt, und tritt dieser Erfolg nicht ein, sind idR die Grundsätze über die Störung der Geschäftsgrundlage anwendbar, die den Anspruch aus § 812 I 2, 2. Var. verdrängen.[281]

(2) Ein Anspruch auf Herausgabe der 100 EUR könnte sich bei Störung der Geschäftsgrundlage jedoch aus § 346 I ergeben.

(a) Dann müsste M ein vertragliches oder gesetzliches Rücktrittsrecht haben. In Betracht kommt ein gesetzliches Rücktrittsrecht nach § 313 III 1, wenn die **Voraussetzungen für die Störung der Geschäftsgrundlage** (vgl. Übersicht 21, → Rn. 261) gegeben sind:

(aa) Beide Parteien hatten die Vorstellung, dass der Umzug stattfindet. Diese Vorstellungen waren Grundlage des Vertrags und haben sich als falsch herausgestellt (§ 313 II = gemeinschaftlicher Motivirrtum).

(bb) Das Stattfinden des Umzugs war nicht Vertragsinhalt, sondern die Vermietung des Fensterplatzes.

(cc) Hätten die Parteien vorhergesehen, dass der Umzug nicht stattfindet, hätten sie den Mietvertrag nicht geschlossen.

(dd) Dem M ist es nicht zumutbar, 100 EUR für einen Fensterplatz zu zahlen, um einen Umzug zu besichtigen, der nicht stattfindet.

Eine Anpassung des Vertrags ist auch nicht möglich. M ist daher berechtigt, gem. § 313 III 1 vom Vertrag zurückzutreten.

(b) Wenn M den Rücktritt gem. § 349 erklärt, treten die Rechtsfolgen von § 346 I ein, dh, V muss die 100 EUR herausgeben.

Der Anspruch des M gegen V aus § 346 I ist somit begründet.

Literatur zur Vertiefung (→ Rn. 254–262): *Alpmann/Schmidt* SchuldR AT II 2. Teil *Brox/Walker* SchuldR AT § 27; *Eidenmüller*, Der Spinnerei-Fall: Die Lehre von der Geschäftsgrundlage nach der Rechtsprechung und im Lichte der Schuldrechtsmodernisierung, Jura 2001, 824; *Esser/Schmidt* SchuldR AT II § 24; *Fikentscher/Heinemann* SchuldR § 27; *Grunewald* BürgerlR § 14; *Hirsch*, Der Tatbestand der Geschäftsgrundlage im reformierten Schuldrecht, Jura 2007, 81; *Larenz* SchuldR AT § 21 II; *Lettl*, Die Anpassung von Verträgen des Privatrechts, JuS 2001, 144 (248, 347, 456, 559 und 600); *Looschelders* SchuldR AT § 39; § 9; *Medicus/Petersen* BürgerlR Rn. 528 ff.; *Petersen*, Der beiderseitige Irrtum zwischen Anfechtungsrecht und Geschäftsgrundlage, Jura 2011, 430; *Picker*, Schuldrechtsreform und Privatrechtsautonomie, JZ 2003, 1035; *Rösler*, Störung der Geschäftsgrundlage nach der Schuldrechtsreform, ZGS 2003, 383; *ders.*, Grundfälle zur Störung der Geschäftsgrundlage, JuS 2004, 1058; 2005, 27, 120; *Schlüter*, Leistungsbefreiung bei Leistungserschwerungen, ZGS 2003, 346; *Stürner*, »Faktische Unmöglichkeit« (§ 275 II BGB) und Störung der Geschäftsgrundlage (§ 313 BGB) – unmöglich abzugrenzen?, Jura 2010, 721; *Westermann/Bydlinski/Weber* SchuldR AT § 12; *Wieser*, Der Anspruch auf Vertragsanpassung wegen Störung der Geschäftsgrundlage, JZ 2004, 654.

281 Denn aus ihr folgen vertragliche Ansprüche, aus § 812 I 2, 2. Var. dagegen ein gesetzlicher Rückforderungsanspruch. BGH WM 1971, 276; WM 1972, 888; BGHZ 84, 1 (10 f.); 108, 147 (149); Palandt/*Grüneberg* § 313 Rn. 15; Jauernig/*Stadler* § 313 Rn. 13; BeckOK BGB/*Unberath* § 313 Rn. 24; juris-PK BGB/*Pfeiffer* § 313 Rn. 22; MükoBGB/*Finkenauer* § 313 Rn. 178.

6. Kapitel. Beteiligung Dritter am Schuldverhältnis

I. Vorbemerkung

Beteiligte eines Schuldverhältnisses sind regelmäßig zwei Parteien, die wir bekanntlich als Schuldner und Gläubiger bezeichnen. In den meisten Fällen besteht eine Partei eines Schuldverhältnisses auch aus **einer** Person.[282] **Ein** Gläubiger steht **einem** Schuldner gegenüber. Möglich ist indessen auch, dass auf der Gläubiger- oder Schuldnerseite mehrere Personen auftreten. Dabei können diese Personen jeweils selbst Vertragspartei sein. Man spricht – je nachdem – von Gläubiger- oder Schuldnermehrheit, deren gesetzliche Regelung wir uns in diesem Kapitel kurz ansehen werden. Ein Dritter kann an einem Schuldverhältnis auch in der Weise beteiligt sein, dass sich eine Vertragspartei seiner Hilfe bei der Erfüllung des Schuldverhältnisses bedient, zB indem sie dem Dritten Vollmacht (§ 167 – nachlesen!) erteilt und diesen dadurch zum Stellvertreter iSd §§ 164 ff. macht. Der Dritte ist dann zugleich »Erfüllungsgehilfe« des Schuldners iSv § 278. Ein Dritter kann aber auch **ohne** Vertretungsmacht im Rahmen der Erfüllung eines Schuldverhältnisses tätig werden. Auch er ist »Erfüllungsgehilfe« (zB als »Bote«). Das Auftreten des Dritten kann bestimmte Rechtsfolgen für die Partei, für die er handelt, nach sich ziehen, auf die in diesem Kapitel ebenfalls eingegangen wird. **263**

Rechtsprechung und Lehre sind sich im Grundsatz auch seit langem einig, dass Dritte, die am Schuldverhältnis nicht unmittelbar beteiligt sind, nach vertraglichen Grundsätzen selbst **haften** oder **berechtigt sein** können.

Bezüglich der **Haftung** des Dritten auf vertraglicher Grundlage hat der Gesetzgeber diese Entwicklung im Rahmen der Schuldrechtsreform aufgegriffen: Ein Schuldverhältnis kann mit Pflichten aus § 241 II gem. § 311 III 1 auch zu Personen entstehen, die nicht selbst Vertragspartei werden sollen. Um eine solche **Haftung** des Dritten geht es vor allem in den Fällen der Eigenhaftung des Vertreters mit Vertretungsmacht.[283]

Die **Berechtigung** Dritter an oder aus einem Schuldverhältnis hat der Gesetzgeber bisher nur mit dem Vertrag zugunsten Dritter (§§ 328 ff.) geregelt.

Der »Vertrag mit Schutzwirkung für Dritte« bleibt weiterhin, ebenso wie das »vorvertragliche Schuldverhältnis mit Schutzwirkung für Dritte« der Rechtsprechung und Lehre zur Fortentwicklung überlassen.[284]

---

282 **Die »juristische Person«, zu der mehrere Menschen (natürliche Personen) gehören, zählen wir selbstverständlich nur als »einen« Beteiligten.**

283 Ausführlich hierzu *Wörlen/Metzler-Müller* BGB AT Rn. 338–346.

284 Auf die Darstellung dieser Schuldverhältnisse mit Schutzwirkung für Dritte habe ich auch in dieser Neuauflage meines »Einstiegsbuchs für Anfänger« verzichtet und verweise insofern auf *Brox/Walker* SchuldR AT § 33 sowie *Looschelders* SchuldR AT Rn. 198 ff. mit reichhaltiger weiterführender Literatur.

II. Erfüllungsgehilfe

1. Begriff

264 Erfüllungsgehilfe ist, wer mit Willen des Schuldners bei der Erfüllung von dessen Verbindlichkeit aus dem Schuldverhältnis tätig wird.[285] Dies ergibt sich aus § 278, der zugleich die Haftung für das Verschulden des Erfüllungsgehilfen regelt. Lesen Sie § 278 S. 1 und den folgenden Übungsfall.

Übungsfall 23
Käthe Kollwitz (K) setzt sich in eine scheinbar gemütliche Kölner Altstadtkneipe, um sich ein Kölsch und einen Imbiss zu genehmigen. Noch bevor der Wirt Volker Vierheilig (V) die Bestellung aufnimmt, zerreißt sie sich ihren neuen Rock an einem Nagel, der aus dem Stuhl herausragt. Als sie entsetzt aufspringt, wird sie vom Köbes[286] des V, Detlef Donner (D) angerempelt, der gerade eine Suppe zum Nachbartisch bringen will. Da D unachtsam ist, ergießt sich die Suppe über Käthes Bluse. K verlangt von dem Wirt V das Geld für einen neuen Rock und die Reinigungskosten für die Bluse. Zu Recht?

2. Haftung des Geschäftsherrn

a) Eigenes Verschulden

265 Da für den Schaden an Rock und Bluse offensichtlich verschiedene Ursachen vorliegen, prüfen wir die beiden Ansprüche der K gegen V getrennt. Zuerst den Anspruch auf Schadensersatz für den Rock (1) und dann den Ersatz für die Reinigungskosten der Bluse (2).

■ Bevor Sie weiterlesen, sollten Sie versuchen, die Lösung des Falls – zumindest ansatzweise – selbst zu finden! Welche Anspruchsgrundlage, die Sie bereits (aus dem Recht der Leistungsstörungen) kennen, kommt bezüglich des Schadensersatzes für den Rock in Betracht (war bereits ein Vertrag zwischen V und K geschlossen?)? Welche (vier!) Voraussetzungen müssen für diesen Anspruch erfüllt sein? Blättern Sie zurück, machen Sie sich Notizen!

▶ (1) Wenn Sie lange genug überlegt haben und nun ein Gutachten anfertigen würden, müsste Ihr erster Satz lauten:
»K könnte gegen V einen Anspruch auf Schadensersatz aus Verschulden bei Vertragsschluss gem. § 280 I iVm §§ 311 II Nr. 2 (Anbahnung eines Vertrages), 241 II haben«.

Wenn wir eine Anspruchsgrundlage gefunden haben, die den möglichen Anspruch, nach dem gefragt ist, gewährt, so wird diese als mögliches (hypothetisches) Ergebnis dem Gutachten vorangestellt.[287]

■ Welches ist der zweite Schritt, den wir im Gutachten vollziehen müssen?

285 BGHZ 13, 111 (113); Palandt/*Grüneberg* § 278 Rn. 7.
286 »Kölsch«, deutsch: Kellner, Ober! [»Kölsch« ist ein Synonym für Kölner Bier und Kölner Mundart!].
287 Vgl. *Wörlen/Metzler-Müller* BGB AT Übersicht 15 Rn. 126.

▶ Wir müssen genau prüfen, ob die einzelnen Voraussetzungen vorliegen, die diesen vermuteten Anspruch begründen können. **266**

■ Welches sind die vier Voraussetzungen, die für einen Anspruch auf Schadensersatz aus § 280 I iVm §§ 311 II, 241 II erfüllt sein müssen?

▶ (a) Wirksames (vorvertragliches) Schuldverhältnis (§ 280 I 1 iVm § 311 II Nr. 1–3)
(b) Pflichtverletzung durch den Schuldner iSv § 241 II
(c) Vertretenmüssen (§ 280 I 2 iVm § 276 oder § 278)
(d) Schaden beim Gläubiger als Folge der Pflichtverletzung

Da in diesem Rahmen kein vollständiges Gutachten präsentiert werden soll, wird die Falllösung nur skizziert:

(a) Indem K sich an den Tisch in V's Kneipe setzte, hat sie zwar noch keine Vertragsverhandlungen aufgenommen, jedoch zu erkennen gegeben, dass sie mit dem Wirt einen Vertrag schließen will. Diese Anbahnung des Vertrags genügt, um ein wirksames vorvertragliches Schuldverhältnis zu begründen (§ 311 II Nr. 2).
(b) Es gehört zu den Pflichten eines Gastwirts, für einen ordnungsgemäßen Zustand seiner Räumlichkeiten und seines Mobiliars zu sorgen. In seinem Lokal hat er darauf zu achten, dass seine Gäste keinen von ihm verursachten Schaden nehmen. Auf Seiten des V liegt eine Pflichtverletzung (§ 241 II) vor.
(c) Diese Pflichtverletzung geschah schuldhaft, da V bei Anwendung der verkehrsüblichen, erforderlichen Sorgfalt den Nagel hätte bemerken müssen. V hat fahrlässig iSv § 276 I und II gehandelt.
(d) Da der neue Rock von K durch den Nagel zerrissen ist, ist ihr ein Schaden entstanden, sodass alle Voraussetzungen für einen Anspruch aus § 280 I iVm § 311 II Nr. 2 gegen V erfüllt sind.

Rechtsfolge ist, dass V der K zum Schadensersatz verpflichtet ist.

Schließlich muss, wie Sie wissen, bei Bestehen eines jeden Schadensersatzanspruchs auch immer etwas über den Umfang des Schadens gesagt werden.

Für den Umfang des Schadensersatzes gilt § 249 (lesen!). Gem. § 249 I ist K von V so zu stellen, wie sie stehen würde, wenn sie nicht auf das ordnungsgemäße Zustandekommen des Vertrags vertraut hätte. Gem. § 249 II 1 (nochmals lesen) hat K, da der Rock (= Sache) beschädigt (nicht völlig zerstört) ist, die Wahl: Entweder muss V den Zustand »neuer Rock« wieder herstellen, indem er einen gleichen Rock beschafft oder K verlangt den Geldbetrag, der zum Kauf eines gleichen Rocks erforderlich ist. K hat sich für Letzteres entschieden. **267**

b) Fremdes Verschulden

■ (2) Wie steht es mit dem Anspruch für die Beschädigung der Bluse? Liegt insoweit ein Verschulden des V iSv § 276 vor? Wer hat K die Suppe über die Bluse geschüttet?

▶ Der Kellner D! D war »unachtsam«, sodass er fahrlässig, dh schuldhaft iSv § 276 gehandelt hat. Künftiger Vertragspartner der K ist aber der Wirt V. In dem vorvertraglichen Schuldverhältnis V – K ist D »Dritter«. Aus der Sicht der beiden (potenziellen) Vertragspartner liegt in dem Verschulden des D deshalb ein fremdes Verschulden.

Die Haftung für fremdes Verschulden ist im allgemeinen Schuldrecht ausdrücklich geregelt.

■ In welcher Vorschrift? (Überlegen Sie! Sie haben die Vorschrift vor kurzem noch gelesen!)

268 ▶ Die Haftung für fremdes Verschulden ist in der Vorschrift über die »Verantwortlichkeit des Schuldners für Dritte« geregelt: § 278 (Satz 1 lesen!).

Ebenso wie § 276 ist § 278 keine Anspruchsgrundlage,[288] sondern eine reine Zurechnungsnorm mit der Funktion, in einer vorhandenen Anspruchsgrundlage das Merkmal »Vertretenmüssen (Verschulden)« auszufüllen. Voraussetzung der Haftung für das Verschulden des Erfüllungsgehilfen ist ein bestehendes Schuldverhältnis, innerhalb dessen sich der Schuldner »zur Erfüllung seiner Verbindlichkeit« einer Hilfsperson bedient. Der Ausdruck »Verbindlichkeit« bezieht sich nicht nur auf die Haupt- und (leistungsbezogenen) Nebenpflichten, sondern auch auf die dem Schuldner obliegenden weiteren Verhaltenspflichten iSv § 241 II. § 278 gilt daher auch für die Verletzung der Pflicht, sich bei der Abwicklung des Schuldverhältnisses so zu verhalten, dass die Rechte, Rechtsgüter und Interessen des anderen Teils nicht verletzt werden.[289] Als Schuldverhältnis gilt dabei auch ein vorvertragliches Schuldverhältnis,[290] aus dem Ansprüche aus § 280 I iVm §§ 311 II, 241 II folgen können.

Somit kommt ein Anspruch der K gegen V aus § 280 I iVm §§ 311 II Nr. 2, 241 II iVm § 278 in Betracht:

(a) Zwischen V und K lag ein wirksames vorvertragliches Schuldverhältnis (= Anbahnung eines Vertrags) vor.
(b) Zu den Sorgfaltspflichten des Wirts V gehört es, wie gesagt, darauf zu achten, dass seine Gäste in seinem Lokal keinen Schaden erleiden. Dieser Sorgfaltspflicht nachzukommen, ist seine Verbindlichkeit aus dem vorvertraglichen Schuldverhältnis. Da durch die vom Kellner verschüttete Suppe die Bluse der K verunreinigt wurde, liegt eine Pflichtverletzung durch D vor, die V sich zurechnen lassen muss.
(c) Um dafür zu haften, muss V diese Pflichtverletzung zu vertreten haben. Zwar hat V selbst die Pflichtverletzung nicht verschuldet (§ 276), doch hat er sich zur Erfüllung seiner Verbindlichkeit aus dem vorvertraglichen Schuldverhältnis des Kellners D bedient, der somit Erfüllungsgehilfe iSv § 278 ist. Da D »unachtsam« war, hat er fahrlässig iSv § 276 II (lesen!) gehandelt. Dieses Verschulden des D hat V gem. § 278 S. 1 »in gleichem Umfang zu vertreten wie eigenes Verschulden«!
(d) Der Schaden der K liegt darin, dass sie Reinigungskosten für die Bluse aufwenden muss.

Ergebnis: K kann von V auch Schadensersatz für die Reinigungskosten nach §§ 280 I, 311 II Nr. 2, 241 II iVm § 278 verlangen! Für den Umfang des Schadensersatzes gilt wieder § 249 (II 1).

288 **Erinnern Sie sich an die Definition des Anspruchs (§ 194): Aus der Formulierung von § 278 können Sie nicht entnehmen, dass jemand von einem anderen etwas (ein Tun oder Unterlassen) verlangen kann!**
289 Palandt/*Grüneberg* § 278 Rn. 18.
290 Vgl. *Brox/Walker* SchuldR AT § 20 Rn. 25.

3. Erfüllung einer Verbindlichkeit

Wenn soeben festgestellt wurde, dass für die Haftung des Erfüllungsgehilfen nach § 278 ein Schuldverhältnis vorausgesetzt wird und dass dazu auch ein vorvertragliches Schuldverhältnis zählt, darf dies nicht verwechselt werden mit den Fällen, in denen eine Hilfsperson nicht in Erfüllung einer Verbindlichkeit des Schuldners aus dem Schuldverhältnis, sondern nur **anlässlich** bzw. »**nur bei Gelegenheit**« eines Schuldverhältnisses tätig wird. **269**

Kommen wir zunächst auf den **Beispielsfall** (→ Rn. 234a, Beispiel 1) zurück, in dem Malermeister U beim Streichen der Wände aus Unachtsamkeit den Teppich seines Kunden B befleckt bzw. beschädigt hat. **269a**

■ Welcher Anspruch des B gegen U kommt in Betracht?
▶ Einfacher Schadensersatz wegen Pflichtverletzung gem. § 280 I iVm § 241 II und § 276.

Abwandlung:
U lässt die Malerarbeiten von seinem Gesellen G vornehmen, dem schuldhaft dasselbe passiert.

■ Anspruch B gegen U?
▶ § 280 I iVm § 241 II und §§ 276, 278!

Nach hM muss das schuldhafte Fehlverhalten des Dritten (G) iSv § 278 in **unmittelbarem und innerem sachlichen Zusammenhang** mit den Aufgaben stehen, die ihm von seinem Geschäftsherrn (U) als Schuldner im Hinblick auf die Erfüllung von Verbindlichkeiten aus dem konkreten Schuldverhältnis zugewiesen waren.

Zu den Verbindlichkeiten des Schuldners gehört bei **jedem** Schuldverhältnis nicht nur die Erfüllung der Hauptpflicht, sondern auch die Erfüllung von Nebenpflichten, insbesondere auch die von Verhaltens- bzw. Sorgfaltspflichten iSv § 241 II. Somit haftet U für das Verschulden des G.

> Anderes **Beispiel:** Die bei E tätige Putzfrau P verschüttet beim Säubern der Wohnung des E fahrlässig eine Karaffe Rotwein auf ein Buch, das E sich von V entliehen hat. V verlangt von E 50 EUR Schadensersatz, da das Buch unlesbar ist. E beruft sich darauf, dass ihn keine Verschulden treffe: Schließlich habe er die P nicht gebeten, ihm bei der Erfüllung seiner Verbindlichkeiten aus dem Leihvertrag mit V zu helfen, sondern seine (E's) Wohnung zu putzen. **269b**

■ Anspruch V gegen E?
▶ § 280 I iVm § 241 II und §§ 276, 278?

Der Anspruch ist begründet, wenn P »in Erfüllung einer Verbindlichkeit« (vgl. Wortlaut § 278) des E aus dem Leihvertrag (§§ 598 ff.) tätig war. Zu den Verbindlichkeiten des E gehören nicht nur die Pflichten aus §§ 603, 604 (gelesen?), sondern wiederum auch die allgemeine Pflicht nach § 241 II, auf die Rechte, Rechtsgüter und Interessen des V Rücksicht zu nehmen. Bedient sich der Schuldner in seiner Umgebung einer Hilfsperson, erstreckt sich diese allgemeine Rücksichtnahmepflicht auch auf Handlungen der Hilfsperson. P war somit Erfüllungsgehilfin des E bezüglich seiner Verpflichtung (»Verbindlichkeit«) aus § 241 II. Da P fahrlässig gehandelt hat, muss E sich ihr Verschulden über § 278 zurechnen lassen.

- Stimmt das? Muss E wirklich für P haften? Zumal P nicht »in Erfüllung einer Verbindlichkeit« des E aus dem Leihvertrag mit V tätig war, sondern nur in Erfüllung ihrer eigenen Verbindlichkeit aus ihrem Werkvertrag (§ 631), also »putzend«. Sie hat folglich nur **anlässlich** bzw. **bei Gelegenheit** des Leihvertrags V – E gehandelt.
- ▶ E muss auch für diese Pflichtverletzung haften. Denn § 278 bezieht sich nicht nur auf das Verschulden bei der Erfüllung von Leistungspflichten, sondern auch auf das Verschulden von Schutz- und Sorgfaltspflichten iSd § 241 II.[291]

Zur Verdeutlichung eine weitere **Abwandlung zum Malerfall**:

269c Malermeister U schickt seinen Gesellen G zum Kunden B. G streicht die Wände zwar sorgfältig, sieht aber im luxuriösen Bad des Hauses eine Diamantenkette von Corinna, der Ehefrau des (Ralf) B, und lässt die Klunker »mitgehen« . . . Diebstahl also, zu dem sich G plötzlich entschließt! B verlangt von U Schadensersatz gem. § 280 I iVm §§ 276, 278.

- Zu Recht?
- ▶ Das hängt davon ab, ob die »Nichtbegehung eines Diebstahls« noch zu den »Verbindlichkeiten«, insbesondere den Verpflichtungen aus § 241 II des U gehört. Die Antwort (nach hM) ist: Nein!

Insofern ist die hM zutreffend: Zur »Nichtbegehung« (welch fürchterliches Juristendeutsch, dieses Wort ...) eines Diebstahls ist **jeder immer** verpflichtet; und zwar unabhängig davon, ob er in Erfüllung einer Verbindlichkeit aus einem Schuldverhältnis tätig wird oder auf der Straße spazieren geht!

Wenn U selbst den Diamantenschmuck stiehlt, haftet er zivilrechtlich nicht aus vertraglicher Verbindlichkeit, sondern aus unerlaubter Handlung gem. § 823 I (und auch II).

Demnach ist mit der hM[292] hier (seit jeher) eine Haftung des U über § 278 für den Diebstahl der Diamantenklunker durch G abzulehnen, da G diese Schädigung dem B ohne **unmittelbaren und inneren sachlichen** Zusammenhang zu seinen Aufgaben in Erfüllung einer Verbindlichkeit seines Geschäftsherrn U zugefügt hat. Denn der Schuldner hat nur für solche Pflichtverletzungen des Erfüllungsgehilfen einzustehen, die aus der Sicht eines Außenstehenden im inneren sachlichen Zusammenhang mit dem Wirkungskreis stehen, der dem Gehilfen zugewiesen ist.[293] Die Hilfsperson darf nicht nur bei Gelegenheit der Erfüllung einer Verbindlichkeit gehandelt haben, vielmehr muss das Fehlverhalten **in Ausübung der ihr übertragenen Hilfstätigkeit** erfolgt sein.[294] Mit dem Merkmal des inneren sachlichen Zusammenhangs werden folglich diejenigen Risiken ausgegrenzt, die keinen Bezug zum Schuldverhältnis aufweisen, sondern der allgemeinen Lebensführung des Gehilfen angehören.[295]

G wurde hier tatsächlich nur »bei Gelegenheit« seiner ihm vom Schuldner (U) aufgetragenen Arbeit tätig.

---

291 BGH Urt. v. 17.1.2012 – X ZR 59/11, NJW 2012, 1083. So auch *Medicus/Lorenz* SchuldR AT Rn. 388 f.; Palandt/*Grüneberg*, § 278 Rn. 13; *Hirsch* SchuldR AT Rn. 438.

292 BGH Urt. v. 4.02.1997 – XI ZR 31/96, NJW 1997, 1360.

293 BGH Urt. v. 26.04.1991 – V ZR 165/89, juris.de Rn. 18, BGHZ 114, 263.

294 BGH Urt. v. 04.02.1997 – XI ZR 31/96, NJW 1997, 1360 (1361).

295 JurisPK-BGB/*Alpmann* § 278 Rn. 45 mwN.

Eine im Vordringen begriffene Auffassung[296] will hier den Schuldner (U) entgegen der hM auch für den Diebstahl durch seinen Gehilfen (G) im Hause des Kunden über § 278 einstehen lassen, weil er gerade durch die Übertragung der Malerarbeiten dem Gehilfen den Zugang zu dem Haus des Gläubigers ermöglicht und damit die konkrete Gefährdung geschaffen habe. Für die Einbeziehung in die Haftung nach § 278 spreche hier nicht nur, dass es zu den Verbindlichkeiten des Schuldners aus § 241 II gehöre, nicht schädigend auf Rechte, Rechtsgüter und Interessen des Gläubigers einzuwirken, sondern vor allem, dass die Tätigkeit, welche der Schuldner dem Gehilfen übertragen hat, die Gefahr der Schädigung des Gläubigers erheblich erhöht habe.[297] Bediene sich der Schuldner zur Erfüllung seiner Verbindlichkeiten einer Hilfsperson, müsse er sich grundsätzlich so behandeln lassen, als ob er deren Handlung selbst vorgenommen habe.[298] Nach dieser Auffassung ist daher die Anwendung von § 278 für alle diejenigen Schädigungen zu bejahen, die dem Gehilfen durch die von seinem Geschäftsherrn (Schuldner der Verbindlichkeit) übertragene Tätigkeit erheblich erleichtert worden sind.[299] **Nicht** (nach § 278) zu vertreten hat es der Schuldner nach dieser Meinung, wenn sein Erfüllungsgehilfe den Gläubiger schädigt, ohne dass die Aufgabenzuweisung innerhalb des Schuldverhältnisses die Gefahr dafür **erheblich** erhöht hat! Danach soll der Schuldner zB nicht haften, wenn der Angestellte eines Hotels unerlaubt das Auto eines Gastes benutzt[300], der Gehilfe das auf der »öffentlichen Straße« vor dem Haus des Kunden geparkte Auto stiehlt[301], das vor dem Haus abgestellte Fahrrad des Kunden »mitnimmt«[302] oder das »im unverschlossenen Hof« geparkte Fahrzeug des Gläubigers entwendet.[303] 269d

■ Das klingt durchaus überzeugend? Aber **etwas** befremdet mich an dieser Konstruktion. Sie auch? Überlegen Sie, was das sein könnte, wenn Sie bedenken, dass der Gehilfe von seinem Meister zum Haus des Kunden geschickt wird und dort einen Diebstahl begeht! 269e

▶ Damit, dass der Gehilfe bei der Ausführung der ihm übertragenen Arbeiten einen Fehler begeht (»nobody is perfect«), muss der »Meister« (Schuldner) immer rechnen, da auch er selbst gegen Fahrlässigkeiten, die zum Schaden bei seinem Gläubiger führen können, nicht gefeit ist. Insofern ist es gerechtfertigt, wenn der Schuldner, der nicht selbst handelt, für Fahrlässigkeiten seines Gehilfen einstehen muss. Ein Diebstahl dagegen setzt einen völlig anderen, neuen Entschluss des Täters voraus. Der »normale« »Meister« würde selbst nie einen Diebstahl bei seinen Kunden begehen und muss »normalerweise« auch nicht damit rechnen, dass sein Erfüllungsgehilfe sich dazu entschließt, **bei Gelegenheit** der Erfüllung des Schuldverhältnisses zu »klauen« ...

Und warum soll es einen Unterschied machen, ob der Gehilfe **im** Haus des Kunden oder **vor** dessen Haus kriminelle Energie entwickelt, um zum Dieb zu werden? Der Gehilfe ist in beiden Fällen nicht aus eigenem Antrieb zu diesem Haus

296 *Looschelders* SchuldR AT Rn. 546; *Medicus/Lorenz* SchuldR AT Rn. 391; Hk-BGB/*Schulze* § 278 Rn. 11; *Brox/Walker* SchuldR AT § 20 Rn. 32; Palandt/*Grüneberg* § 278 Rn. 22.
297 Nk-BGB/*Dauner-Lieb* § 278 Rn. 8.
298 *Brox/Walker* SchuldR AT § 20 Rn. 32.
299 *Medicus/Lorenz* SchuldR AT Rn. 391.
300 BGH NJW 65, 1709.
301 Hk-BGB/*Schulze* § 278 Rn. 11.
302 *Medicus/Lorenz* SchuldR AT Rn. 391.
303 *Brox/Walker* SchuldR AT § 20 Rn. 32.

des Kunden marschiert, sondern um den Auftrag seines Geschäftsherrn, die Verbindlichkeit seines »Chefs« zu erfüllen! Die »Gelegenheit« des Diebstahls hat mit dem Schuldverhältnis, das erfüllt wird, nichts zu tun. Ob der Gehilfe den Diebstahl im oder vor dem Haus begeht, muss für die Haftung aus § 278 **unerheblich** sein.

Fazit: Für unvorhersehbar entwickelte kriminelle Energie des Gehilfen, ob im oder »außer« Haus des Kunden, muss der Geschäftsherr nach hM, der ich mich anschließe, nicht nach § 278 einstehen bzw. haften.

Die wichtigsten Merkmale der Haftung für den Erfüllungsgehilfen sind auf der kurzen folgenden Übersicht (22) zusammengefasst:

Übersicht 22

270 **Haftung für Verschulden des Erfüllungsgehilfen**

§ 278

↓

Bedeutung

Ist eine reine Zurechnungsnorm mit der Funktion, in einer gegebenen Anspruchsgrundlage das Merkmal »Vertretenmüssen« auszufüllen.

↓

Voraussetzungen

- Schuldverhältnis: (vor)vertragliches oder gesetzliches
- Erfüllungsgehilfe
- Pflichtverletzung des Erfüllungsgehilfen
- in einer Verbindlichkeit seines »Geschäftsherrn« gegenüber dessen Vertragspartner
- Verschulden des Erfüllungsgehilfen

↓

Ist anwendbar ohne Rücksicht darauf, ob der Erfüllungsgehilfe vom Geschäftsherrn weisungsabhängig ist oder nicht.

Rechtsfolge

Begründet eine Haftung für fremdes Verschulden (= Verschulden des Erfüllungsgehilfen).

Literatur zur Vertiefung (→ Rn. 263–270): *Alpmann/Schmidt* SchuldR AT I 3. Teil 6. Abschn., B; *Brox/Walker* SchuldR AT § 20 Rn. 23–39; *Fikentscher/Heinemann* SchuldR § 56; *Hirsch* SchuldR AT Fünftes Kap., B; *Larenz* SchuldR AT § 20, VIII; *Looschelders* SchuldR AT Rn. 541–551; *ders./Makowsky*, Relativität der Schuldverhältnisse und Rechtsstellung Dritter, JA 2012, 721; *S. Lorenz*, Die Haftung für Erfüllungsgehilfen, in: 50 Jahre BGH, Festgabe aus der Wissenschaft, 2000, 295; *Medicus/Lorenz* SchuldR AT Rn. 379 ff.; *Walker*, Die eingeschränkte Haftung des Arbeitnehmers unter Berücksichtigung der Schuldrechtsreform, JuS 2002, 736.

III. Vorvertragliches Schuldverhältnis mit Dritten (§ 311 III)

1. Entstehung

Grundsätzlich kommt eine Haftung wegen Pflichtverletzung bei Vertragsschluss (→ Rn. 247 ff.) nur zwischen den potenziellen Vertragspartnern in Betracht. Nach § 311 III 1 »**kann**« ein Schuldverhältnis aber auch mit Personen entstehen, die nicht selbst Vertragspartei werden sollen. Mit dieser Regelung hat der Gesetzgeber im Rahmen der Schuldrechtsmodernisierung etwas kodifiziert, was in Rechtsprechung und Lehre schon seit langem anerkannt[304] war: dass unter bestimmten Voraussetzungen eine Haftung Dritter nach c.i.c.-Grundsätzen möglich ist. 270a

§ 311 III 1 besagt allerdings über die **Voraussetzungen**, unter denen eine Verpflichtung Dritter neben den Parteien des Verhandlungsverhältnisses aus c.i.c. in Betracht kommt, im Grunde nur wenig oder besser: nichts. Deshalb besteht Einigkeit darüber, dass im Wesentlichen auf die **frühere Rechtsprechung** zurückgegriffen werden kann.[305]

2. Voraussetzungen

Eine Voraussetzung, die im Gesetz ausdrücklich genannt wird, ist:

270b

a) Die Inanspruchnahme besonderen Vertrauens durch Dritte

Nach § 311 III 2 entsteht ein Schuldverhältnis **insbesondere**, wenn der Dritte in besonderem Maße Vertrauen für sich in Anspruch nimmt und dadurch die Vertragsverhandlungen oder den Vertragsschluss erheblich beeinflusst.

Dieses Kriterium war bereits vor der Schuldrechtsreform von der Rechtsprechung in Analogie zu § 179 II (Haftung des Vertreters **ohne** Vertretungsmacht) für die Eigenhaftung des Vertreters **mit** Vertretungsmacht (anstelle des Vertretenen) entwickelt worden.

Schulbeispiel ist der Fall des Gebrauchtwagenhändlers (D), der als Vertreter des Eigentümers (V) dessen Auto verkauft. Hier haftet der Vertreter D als Dritter iSv § 311 III dem Käufer K, wenn dieser (der mit V zunächst keinen Kontakt hat) wegen der besonderen Fachkenntnisse des Händlers auf dessen (fahrlässig falsche) Angaben und Beratung vertraut hat.[306]

Der Anspruch des K gegen D auf Schadensersatz ergibt sich hier aus § 280 I iVm §§ 241 II, 311 III.[307]

Die besondere Vertrauensinanspruchnahme ist allerdings nicht die einzige Voraussetzung für eine Haftung des Dritten aufgrund von § 311 III. Durch das Wort »**insbe-**

304 Vgl. *Brox/Walker* SchuldR AT § 5 Rn. 9. Nach dem Willen des Gesetzgebers sollten mit dieser Formulierung die von der bisherigen Rspr. (BGHZ 88, 67 [68] = NJW 1983, 2696; BGH NJW 1990, 1907 [1908]) entwickelten Grundsätze kodifiziert und deren Weiterentwicklung ermöglicht werden; s. BT-Drs. 14/6040, 163.

305 MüKoBGB/*Emmerich* § 311 Rn. 186 mwN.

306 *Brox/Walker* SchuldR AT § 5 Rn. 10; vgl. dazu die ausführliche Darstellung des Problems in *Wörlen/Metzler-Müller* BGB AT zu Fall 25 Rn. 339–342g.

307 Dazu *Wörlen/Metzler-Müller* BGB AT Rn. 342g.

sondere« (Tipp: im Gesetzestext unterstreichen) hat der Gesetzgeber die Möglichkeit offen gelassen, auch andere Kriterien zur Begründung dieser Haftung heranzuziehen.

Als eine weitere Voraussetzung für die Eigenhaftung des Vertreters mit Vertretungsmacht war nach bisheriger Rechtsprechung anerkannt:

270c **b) Das besondere wirtschaftliche Eigeninteresse von Dritten**

Eine Haftung des Dritten kommt danach auch in Betracht, wenn der Dritte als Vertreter einer Vertragspartei zwar kein besonderes persönliches Vertrauen seines Verhandlungspartners in Anspruch nimmt, jedoch ein solch erhebliches wirtschaftliches Eigeninteresse an dem Vertragsabschluss mit dem Vertretenen hat, als ob er »gleichsam in eigener Sache«[308] handele.

Hierzu zählt zum **Beispiel** der Fall des Versicherungsagenten, dem für den Abschluss von 100 Versicherungsverträgen bis zu einem bestimmten Datum eine lukrative Beförderung in Aussicht gestellt wurde, und der sich, um dieses Ziel zu erreichen, nicht davor scheut, einen Versicherungsnehmer unter Vorspiegelung falscher Tatsachen zum Vertragsabschluss zu überreden.[309] Das erhebliche wirtschaftliche Eigeninteresse des Vertreters an dem Vertragsabschluss war hier durch das Ziel, die Beförderung zu erlangen, bestimmt. Dieses Eigeninteresse ging somit über das bloße Provisionsinteresse hinaus, das als Haftungsgrund allein nicht ausreichen würde.

Den Schaden, den der Versicherungsnehmer erleidet, weil der Versicherer bei vermeintlichem Eintritt des Versicherungsfalls die Versicherungssumme nicht zahlt, hat der Dritte ebenfalls nach § 280 I iVm §§ 241 II, 311 II und III zu ersetzen.

270d **c) Sachwalterhaftung**

Die Rechtsprechung hat die zunächst für die Eigenhaftung des Vertreters mit Vertretungsmacht entwickelten Grundsätze zur Haftung aus c.i.c. später als sog. »Sachwalterhaftung« auch auf andere Hilfspersonen, die in die Vertragsverhandlungen eingeschaltet sind, ausgedehnt.[310]

Dabei geht es um die Haftung von Sachverständigen und andere Auskunftspersonen, die – **ohne** Eigeninteresse am Vertragsschluss – durch ihre Äußerungen entscheidend zum Abschluss des Vertrags beitragen, weil sich der Verhandlungspartner auf ihre Sachkunde, Objektivität und Neutralität verlässt. Auch diese Fälle werden nun von § 311 III erfasst.

> **Beispiel:**[311] V beauftragt den Sachverständigen D mit der Bewertung seines Grundstücks. Dabei geht D fahrlässig von einem zu hohen Wert aus. Dadurch verleitet er den K zu einem für diesen ungünstigen Vertragsabschluss. K verlangt Schadensersatz von D. Zu Recht?

■ Versuchen Sie wieder einmal selbst, die Lösung dieses kleinen Falls (stichwortartig) niederzuschreiben, bevor Sie weiterlesen!

---

308 BGH NJW 1990, 506.

309 Dazu ausführlich *Wörlen/Metzler-Müller* BGB AT Fall 26 Rn. 343–346.

310 Hk-BGB/*Schulze* § 311 Rn. 19; MüKoBGB/*Emmerich* § 311 Rn. 19 mwN. BeckOK BGB/*Gehrlein/Sutschet* § 311 Rn. 166 sehen dies als einen Unterfall der Eigenhaftung Dritter wegen entgegengebrachten besonderen Vertrauens an.

311 Nach *Brox/Walker* SchuldR AT § 5 Rn. 1.

▶ Zwischen K und D besteht kein Vertragsverhältnis, sondern D ist Dritter, mit dem unter den Voraussetzungen von § 311 III ein vorvertragliches Schuldverhältnis entstehen kann. K hat den Vertrag mit V aufgrund der besonderen Sachkenntnis des Sachverständigen D geschlossen. Somit ist ein Schuldverhältnis iSv § 311 III zwischen K und D entstanden, innerhalb dessen D eine fahrlässige Pflichtverletzung begangen hat. Folglich hat K gegen D einen Schadensersatzanspruch aus § 280 I iVm §§ 241 II, 311 II und III.

Übersicht 23

Schadensersatz aus vorvertraglichem Schuldverhältnis mit Dritten (§ 311 II und III)

I. Anspruchsgrundlage: § 280 I iVm §§ 241 II, 311 II und III

II. Voraussetzungen

1. Vorvertragliches Schuldverhältnis iSv § 311 II iVm § 241 II
2. Verhandlungspartner soll nicht Vertragspartner werden (§ 311 III 1)
3. »Insbesondere« = **Besondere Vertrauensinanspruchnahme** durch Dritten beim Verhandlungspartner (§ 311 III 2)
   oder
   ähnliches Verhältnis, zB **besonderes wirtschaftliches Eigeninteresse** des Dritten (§ 311 III 2)
   oder
   Sachwalterstellung des Dritten (zB Sachverständiger ohne Eigeninteresse) (§ 311 III 2)
4. Schuldhafte Pflichtverletzung (§ 241 II) durch Dritten gem. § 280 I iVm § 276 I

III. Rechtsfolge

Schadensersatz (Umfang: §§ 249 ff.)

Literatur zur Vertiefung (⟶ Rn. 270a–d): *Brox/Walker* SchuldR AT § 5 Rn. 8–13; *Fikentscher/Heinemann* SchuldR Rn. 99–106; *Frassek*, Umfang der Haftung eines vertraglichen Ratgebers und Einbeziehung Dritter in den Schutzbereich vertraglicher Pflichten, BGH, NJW-RR 2003, JuS 2004, 285; *Looschelders* SchuldR AT § 11; *Medicus/Lorenz* SchuldR AT Rn. 512; *Schaub*, Gutachterhaftung im Zwei- und Mehrpersonenverhältnis, Jura 2001, 8; *Wörlen/Metzler-Müller* BGB AT Rn. 338–346.
[Vgl. auch die Literatur unter ⟶ Rn. 252b]

IV. Vertrag zugunsten Dritter

Einen weiteren Fall der Beteiligung Dritter an einem Schuldverhältnis bildet der Vertrag zugunsten Dritter. Die gesetzliche Regelung findet sich in den §§ 328 ff., von denen Sie zunächst § 328 I lesen sollten. 271

Was diese Vorschrift aussagt, verdeutlicht der nächste Fall.

Übungsfall 24

Zum 40-jährigen Dienstjubiläum des Donald Donisel (D), Vorstandsvorsitzender der bedeutenden Argus-Versicherungsgesellschaft, bestellt Bankdirektor Gustav Golz (G) bei dem Kunstmaler Siegfried Scholz (S) ein Ölgemälde mit einem Motiv der Stadt Köln.

Wünsche über das Motiv und die Art der Ausführung soll S bei D erfragen, an den das Bild direkt von S übergeben werden soll. Als D nach einiger Zeit das fertige Bild abholen will, verweigert S die Übergabe, weil G das Malerhonorar noch nicht bezahlt habe. D meint, dies ginge ihn nichts an, da er unabhängig davon einen unmittelbaren Anspruch gegen S auf Übergabe des Bilds habe.

Macht D diesen Anspruch zu Recht geltend oder kann S die Übergabe verweigern?

1. Beteiligte

272 G und S haben einen Werkvertrag iSv § 631 I (nochmals lesen!) geschlossen.

Danach wäre S normalerweise verpflichtet, seinem Vertragspartner G (seinem Gläubiger) das bestellte Bild nach Fertigstellung zu liefern.

- Worin liegt aber in diesem Fall eine Besonderheit?
- ▶ G hat mit S vereinbart, dass er das Bild nach den Wünschen des D anfertigen und es diesem nach Fertigstellung übergeben soll. Damit hat der **Schuldner** S seinem **Gläubiger** G versprochen, an einen **Dritten,** nämlich D, zu leisten. Dies ist die Konstruktion, die § 328 I als Vertrag zugunsten Dritter bezeichnet (Vorschrift erneut lesen!). Zur Verdeutlichung eine grafische Skizze:

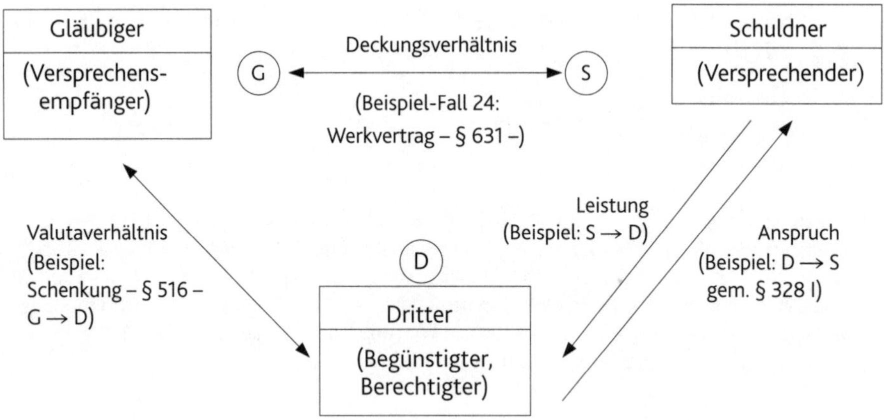

Vorwiegend wird diese Möglichkeit der Vertragsgestaltung gewählt, um den Leistungsweg zu verkürzen: Während ohne diese Konstruktion die Leistung erst vom Schuldner an den Gläubiger und dann vom Gläubiger an den Dritten bewirkt würde, kann aufgrund von § 328 I der Schuldner unmittelbar an den Dritten leisten.

2. Rechtsbeziehungen der Beteiligten

Der Abschluss eines Vertrags zugunsten Dritter führt zu einer rechtlichen Dreierbeziehung.

a) Deckungsverhältnis

Der Rechtsgrund für die Leistung des Schuldners an den Dritten ist der zwischen Gläubiger und Schuldner geschlossene Vertrag, in unserem Beispielsfall der Werkvertrag. 273

Für seine Leistung an den Dritten erhält der Schuldner vom Gläubiger eine Gegenleistung. Die Leistung, die der Schuldner dem Dritten zu erbringen verspricht, wird, anders ausgedrückt, durch die Gegenleistung, die er vom Gläubiger erhält, abgedeckt. Man nennt das Verhältnis zwischen Gläubiger und Schuldner beim Vertrag zugunsten Dritter **Deckungsverhältnis**.

Es gelten für die **Form** des Vertrages zu Gunsten Dritter die allgemeinen Regeln. Der Vertrag ist also formfrei, sofern das Gesetz nicht etwas anderes bestimmt, wie zum Beispiel in § 311b.

b) Valutaverhältnis

Der Gläubiger dieses Vertragsverhältnisses will mit der Zuwendung, die der Schuldner aufgrund des Vertrags an den Dritten leisten soll, seinerseits eine Verpflichtung gegenüber dem Dritten (zB auch Unterhaltspflichten gem. § 1601 – zur Information lesen!) erfüllen oder dem Dritten – wie in unserem Beispielsfall – eine Schenkung (§ 516 I – lesen!) machen. Aus dem Verhältnis zwischen Gläubiger und Drittem lässt sich ersehen, warum der Dritte etwas bekommen soll bzw. welchen rechtlichen »Wert« die Zuwendung für den Dritten hat. 274

Die Rechtsbeziehung zwischen Gläubiger und Drittem wird als **Valutaverhältnis**[312] bezeichnet.

3. Echter und unechter Vertrag zugunsten Dritter

Bei der Gestaltung eines Vertrags zugunsten Dritter stehen den Parteien des Deckungsverhältnisses zwei Möglichkeiten zur Verfügung:

a) Echter Vertrag zugunsten Dritter

Nach dem Wortlaut von § 328 I kann vereinbart werden, dass der Dritte einen direkten (eigenen) Anspruch gegen den Schuldner erwirbt. Man spricht in diesem Fall vom »echten Vertrag zugunsten Dritter«. 275

Dieser liegt auch in Übungsfall 24 vor, dh, die §§ 328 ff. gelten ohne Einschränkung. Die Lösung des Falls gibt uns vor allem § 334 (lesen!) iVm § 320 I 1 (ebenfalls lesen!): Zwar hat D gem. § 328 I iVm § 631 I einen unmittelbaren Anspruch gegen S auf Herstellung des Bilds, jedoch kann S sich gem. § 334 auf § 320 I 1 berufen, da er die Einrede[313] des nicht erfüllten Vertrags auch seinem Gläubiger G entgegenhalten könnte, dh, er kann die Übergabe bis zur Zahlung der Vergütung (§ 631 I) durch G auch D gegenüber verweigern.

---

312 **»Valuta« (lat./it.) = unter anderem: Wert, Gegenwert.**

313 Vgl. dazu → Rn. 88 sowie *Wörlen/Metzler-Müller* BGB AT Rn. 358.

b) Unechter Vertrag zugunsten Dritter

276 Möglich ist auch, dass der Schuldner sich gegenüber dem Gläubiger verpflichtet, an den Dritten zu leisten, ohne dass der Dritte berechtigt sein soll, die Leistung direkt vom Schuldner zu fordern (= »unechter Vertrag zugunsten Dritter«).

Die Verpflichtung des Schuldners (Versprechender) besteht nur gegenüber dem Versprechensempfänger (Gläubiger).

Dabei kann es bisweilen zu Auslegungsschwierigkeiten kommen. Auslegungshilfen gibt das Gesetz in den §§ 329–331, die Sie einmal gelesen haben sollten, mit denen wir uns aber im Rahmen dieser »Grundzüge« nicht ausführlich beschäftigen wollen.

277 § 330 schreibt – entsprechend dem Bedürfnis nach Einbeziehung Dritter in Verträge mit Versorgungsfunktion – vor, dass Leibrentenverträge (vgl. §§ 759 ff.) im Zweifel echte Verträge zugunsten Dritter sind. Bis zum 31.12.2007 fiel in den Anwendungsbereich des § 330 auch der Lebensversicherungsvertrag, der allerdings mit dem VVG-Reformgesetz[314] eine entsprechende Regelung in § 159 VVG erfahren hat.[315]

Wiederholen Sie das Rechtsinstitut des Vertrags zugunsten Dritter mit der nächsten Übersicht.

Übersicht 24

278 **Vertrag zugunsten Dritter (Vertrag zugunsten Dritter)**

I. Gesetzliche Regelung: §§ 328–335

II. Voraussetzungen:

1. Vertrag zwischen Gläubiger (G) und Schuldner (S)

a) Möglich: **Jeder** Vertragstyp! Einen Vertrag zugunsten Dritter »an sich« gibt es nicht = Es muss immer ein **bestimmter** Vertrag (zB Kauf-, Werkvertrag usw.) zugrunde liegen.
→ **§ 328 I** ist daher **niemals selbstständige Anspruchsgrundlage!**
Richtiges Zitat: »Anspruch aus § 328 I iVm § 433 I 1 (oder iVm § 631 I usw.)

b) Über die Formbedürftigkeit entscheidet allein der Vertrag zwischen G und S (= Deckungsverhältnis). Rechtsverhältnis zwischen G und Drittem (= Valutaverhältnis) ist formfrei! [zB Schenkung: § 518 I (lesen!) gilt dann nicht].

2. Echter und unechter Vertrag zugunsten Dritter

a) Dritter (D) soll unmittelbares Forderungsrecht gegen den Schuldner erwerben (= **echter** Vertrag zugunsten Dritter, vgl. §§ 328 I und 330 S. 1 – lesen)
oder

b) D soll kein direktes Forderungsrecht erhalten: S ist nur gegenüber G verpflichtet, an D zu leisten (= **unechter** Vertrag zugunsten Dritter) → »Im Zweifel« liegt b) vor (Auslegungshilfen: §§ 329–332).

3. Weitere Voraussetzungen ...

---

314 Vom 23.11.2007, BGBl. I 2631.

315 Ein weiterer Fall, in dem ein echter Vertrag zugunsten Dritter vermutet wird: Schenkung unter Auflage (§ 525).

... richten sich nach jeweiligem Vertragstyp im **Deckungsverhältnis**; zB Lebensversicherungsvertrag: Voraussetzung für Leistungsverpflichtung des S bzw. für Forderungsrecht des D ist Eintritt des Versicherungsfalls (vgl. § 331 I – lesen, § 159 II VVG).

III. Rechtsfolgen:

1. Verpflichtung des S, an D zu leisten
2. (nur bei echtem Vertrag zugunsten Dritter): Anspruch des D gegen S
3. Falls nichts anderes bestimmt ist, kann G jederzeit die Leistung an D fordern (§ 335)
4. Einwendungen (und Einreden) aus dem Vertrag (Deckungsverhältnis) stehen dem S auch gegenüber D zu (§ 334)

Literatur zur Vertiefung (→ Rn. 271–278): *Alpmann/Schmidt* SchuldR AT II 4. Teil 1. Abschn.; *Brox/Walker* SchuldR AT § 32; *Eckebrecht*, Vertrag mit Schutzwirkung für Dritte: Auswirkungen der Schuldrechtsreform, MDR 2002, 425; *Esser/Schmidt* SchuldR AT II § 36; *Fikentscher/Heinemann* SchuldR § 37; *Hirsch* SchuldR AT Elftes Kap., A u. B; *Larenz* SchuldR AT § 17; *Looschelders* SchuldR AT § 52; *Medicus/Lorenz* SchuldR AT Rn. 803 ff.; *Petersen*, Der Dritte in der Rechtsgeschäftslehre, Jura 2004, 306; *Pokat*, Gläubiger- und Schuldnerstellung bei mehreren Beteiligten, RÜ 2006, AS aktuell, 17; *Rohe/Winter*, Der praktische Fall – Bürgerliches Recht: Vertrag mit Schutzwirkung für Dritte, JuS 2003, 872; *Rohlfing*, Drittbezogenheit und Dritthaftung – Die Rechtsprechung des BGH im Überblick, MDR 2002, 254.

V. Übertragung (Abtretung) von Forderungen

Im Zusammenhang mit der Beteiligung Dritter an einem Schuldverhältnis steht auch 279
die Übertragung von Forderungen, die im Wirtschaftsleben von großer Bedeutung ist. Das BGB eröffnet die Möglichkeit, dass der Gläubiger, der einen Anspruch bzw. eine Forderung gegen den Schuldner hat, diese(n) an einen Dritten übertragen (abtreten) kann. Diese rechtsgeschäftliche Übertragung von Forderungen bezeichnet der Gesetzgeber als Abtretung (= Legaldefinition gem. § 398 S. 1 – lesen!)

1. Voraussetzungen

Beispiel: Gläubiger G hat gegen Schuldner S eine Forderung aus Darlehensvertrag in Höhe von 280
1.000 EUR. D hat gegen G eine Forderung aus Kaufvertrag von 1.000 EUR. Da G gerade »knapp bei Kasse« ist, vereinbart er mit dem Dritten D, dass dieser die Forderung des G gegen S aus dem Darlehensvertrag erwerben, während seine Schuld aus Kaufvertrag getilgt sein soll. G hat, mit anderen Worten, seine Forderung gegen S an D abgetreten.

Zur Verdeutlichung folgende grafische Skizze:

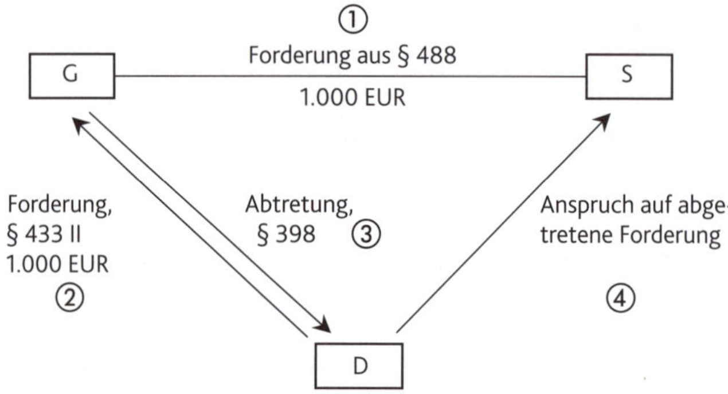

Lesen Sie § 398 ganz durch!

■ Wenn Sie Satz 1 dieser Vorschrift analysieren, können Sie daraus **zwei Voraussetzungen** entnehmen, die für die Forderungsabtretung erfüllt sein müssen. (Überlegen Sie, welche!)

▶ (1) Der Abtretende muss (selbstverständlich) Inhaber bzw. Gläubiger dieser Forderung sein und
(2) mit dem Erwerber der Forderung einen (Abtretungs-)Vertrag schließen.

Die Forderung muss also wirksam bestehen und gerade dem Altgläubiger (und nicht einem Dritten) zustehen. Sofern dies nicht der Fall ist, erwirbt der potentielle Neugläubiger keine Forderung. Anders als bei den Sachen (vgl. §§ 892 ff., 932 ff.) gibt es bei Forderungen grundsätzlich **keinen gutgläubigen Erwerb.**[316]

281 Die Abtretung wird übrigens in vielen Lehrbüchern auch mit dem aus dem Lateinischen (»cessio«) entlehnten Fremdwort »Zession« bezeichnet. Entsprechend sind die Bezeichnungen für den Abtretenden und den Erwerber der Forderung.

Der Abtretende (bisheriger Gläubiger) heißt »Zedent«, den Erwerber (neuer Gläubiger) der Forderung nennt man »Zessionar«. Grundsätzlich können alle Forderungen abgetreten werden, auch solche, die noch nicht entstanden sind, dh auch künftige Forderungen aus einer oder mehreren Geschäftsverbindungen.

> **Beispiel:** Ein Kaufmann erhält von seiner Bank einen Kredit in Höhe von 50.000 EUR. Zur Sicherung tritt er an die Bank alle Forderungen bis zur Gesamthöhe von 60.000 EUR ab, die er gegenüber seinen Kunden aus Warenlieferungen erhält.

282 Man spricht bei einer solch umfassenden Abtretung von einer **Globalzession.** Die Bank wird mit der Abtretung Inhaberin dieser Forderungen, ohne dass die Kunden des Kaufmanns etwas davon erfahren müssen. Einziehen darf die Bank die Forderung nur, wenn der Kaufmann seine Darlehnsrückzahlungs- und Zinsverpflichtungen nicht ordnungsgemäß erfüllt.

Zwar sind im eben genannten Beispiel die Forderungen des Kaufmanns gegen seine Kunden zum Zeitpunkt der Globalzession noch nicht konkret entstanden und somit noch nicht bestimmt. Es genügt aber, wenn sie bestimmbar sind. Dies ist im Beispiel

---

316 Der Erwerber kann sich hier nicht auf einen dem Besitz oder der Grundbucheintragung vergleichbaren Rechtsschein berufen, durch den der nicht berechtigte Altgläubiger legitimiert wäre; vgl. *Medicus/Lorenz* SchuldR AT Rn. 758; *Larenz* SchuldR AT § 34 I.

für die Globalzession der Fall, da spätestens zum Zeitpunkt der Entstehung der Forderungen des Kaufmanns gegen seine Kunden Klarheit über Inhalt, Höhe und Schuldner der Forderungen bestehen wird.

2. Rechtsfolgen

Rechtsfolge ist gem. § 398 S. 2, dass der Erwerber als neuer Gläubiger an die Stelle des Abtretenden, des alten Gläubigers, tritt. Die Abtretung führt bei Abschluss des schuldrechtlichen Vertrags unmittelbar eine Rechtsänderung herbei. Die Forderungsabtretung ist zugleich eine Verfügung (Ausnahme zum »Abstraktionsprinzip«!). **283**

Mit der abgetretenen Forderung erwirbt der neue Gläubiger alle Rechte und Pflichten des Abtretenden, die dieser gegenüber dem Schuldner hatte.

Für Sicherungsrechte wie Hypotheken oder Pfandrechte uÄ ergibt sich dies unmittelbar aus § 401 I (lesen!). Weitere Rechtsfolgen der Abtretung sind in der abschließenden Übersicht 20 (→ Rn. 290) zu diesem Abschnitt aufgeführt (die dort zitierten Vorschriften nachher durchlesen!).

3. Schuldnerschutz

Wenn Sie eben erfahren haben, dass gem. § 398 S. 2 als unmittelbare Folge der Abtretung der neue Gläubiger an die Stelle des alten Gläubigers tritt, dann bedeutet das, dass der Schuldner der Forderung an der Abtretung völlig unbeteiligt ist. **284**

Die Kunden des Kaufmanns in unserem zur Globalzession angeführten Beispiel erfahren nichts von der Abtretung. Das Gesetz sieht in keiner Vorschrift eine Regelung vor, nach der der Schuldner von der Abtretung benachrichtigt werden muss.

■ Warum fehlt es an einer solchen Regelung? Oder anders gefragt: Warum tritt jemand überhaupt eine Forderung an einen anderen ab (Überlegen Sie!)?

▶ Eine Forderung wird in der Regel abgetreten, wenn der Abtretende wenig oder gar nichts an flüssigen Mitteln besitzt, um seine finanziellen Verbindlichkeiten zu begleichen, während er selbst Außenstände bei Dritten hat.
Da die Tatsache, dass jemand Verbindlichkeiten mangels Liquidität nicht erfüllen kann, grundsätzlich geeignet ist, seine Kreditwürdigkeit und insbesondere sein Ansehen bei seinen Schuldnern herabzusetzen, steht es ihm frei, die Abtretung von Forderungen den Schuldnern anzuzeigen oder nicht.
Tut er es nicht, kann es zB zu der Situation kommen, die in Übungsfall 25 beschrieben ist:

Übungsfall 25 **285**

G hat gegen S eine Forderung aus Darlehen in Höhe von 1.000 EUR, die zum 2.5. fällig ist, und schuldet dem D 1.000 EUR aus Kaufvertrag. Um seine Schuld gegenüber D zu erfüllen, tritt er diesem durch Vertrag am 15.4. seine Forderung gegen S ab. In Unkenntnis dieser Abtretung leistet S die 1.000 EUR am 30.4. an G. Als am 2.5. der D von S die 1.000 EUR fordert, verweigert dieser die Zahlung, da er schon an G geleistet hat. Zu Recht?

Zum besseren Verständnis des Falls eine grafische Skizze:

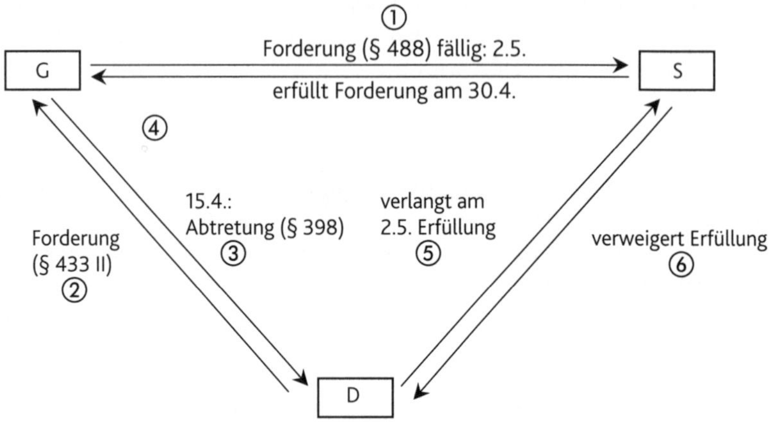

- D könnte gegen S einen Anspruch auf Zahlung von 1.000 EUR gem. § 488 I iVm § 398 haben. Was ist die Voraussetzung dafür?
- ▶ Voraussetzung ist, dass D Inhaber der Forderung gegen S geworden ist, die S dem G aus dem Darlehensvertrag schuldete. Dies ist der Fall, wenn die Abtretung der Forderung von G an D wirksam war.

286 Gem. § 398 S. 1 ist erforderlich, dass G (zum Zeitpunkt der Abtretung) Inhaber der Forderung war und G und D einen Abtretungsvertrag geschlossen haben. Beides trifft zu, sodass D gem. § 398 S. 2 am 15.4. als neuer Gläubiger des S an die Stelle des G trat.

Der Anspruch des D gegen S auf Zahlung von 1.000 EUR ist entstanden. Der Anspruch ist auch nicht gem. § 362 durch Erfüllung erloschen, als S am 30.4. an G zahlte, da an diesem Tage eine Forderung des G gegen S nicht mehr bestand, sondern D bereits seit dem 15.4. Gläubiger dieser Forderung war.[317]

- Was kann S tun? Muss er nochmals an D zahlen?
  Suchen Sie im Gesetz nach der Antwort, indem Sie die Überschriften zu den §§ 398 ff. lesen.
- ▶ Die Antwort auf unsere Frage, ob der Schuldner S noch einmal zahlen muss, gibt § 407, in dessen Überschrift von der »Leistung an den bisherigen Gläubiger« die Rede ist (§ 407 I lesen!). Gem. § 407 I muss der neue Gläubiger (D) eine Leistung, die der Schuldner (S) nach der Abtretung (15.4.) an den bisherigen Gläubiger (G) bewirkt, sowie jedes Rechtsgeschäft, das nach der Abtretung in Ansehung der Forderung zwischen dem Schuldner (S) und dem bisherigen Gläubiger (G) vorgenommen wird, gegen sich gelten lassen, es sei denn, dass der Schuldner (S) von der Abtretung Kenntnis hatte, was vorliegend nicht der Fall war.

317 **Sie haben – hoffentlich – gemerkt, dass Fall 25 bis hierher durchgehend im Gutachtenstil gelöst wurde!**

S weigert sich zu Recht, die 1.000 EUR nochmals zu bezahlen; D muss sich an seinen ursprünglichen Schuldner G halten, der zur Annahme der Leistung von S am 30.4. nicht mehr berechtigt war.[318]

Zweck des § 407 ist der Schutz des Schuldners sozusagen als Ausgleich dafür, dass er von der Abtretung nicht benachrichtigt werden muss. Möglich ist auch, dass eine Forderung mehrfach abgetreten wird und der Schuldner an einen vermeintlich neuen Gläubiger leistet. **287**

Diesen Fall regelt das Gesetz in § 408 I, den Sie sorgfältig durchlesen müssen, um dann nochmals § 407 I zu lesen! Dazu folgender Übungsfall:

Übungsfall 26

G hat eine Forderung gegen S in Höhe von 1.000 EUR. S seinerseits hat eine Forderung in Höhe von 1.000 EUR gegen C und außerdem noch 1.000 EUR Schulden bei D. Am 25.3. tritt S seine Forderung gegen C (1.000 EUR) an G ab. Am 1.4. tritt er diese Forderung nochmals an D ab. Am 3.4. fordert D von C aufgrund der Abtretung vom 1.4. 1.000 EUR, die C auch bezahlt. Zwei Tage später fordert G von C 1.000 EUR aufgrund der Abtretung vom 25.3. C verweigert die Zahlung. Zu Recht?

Auch dieser Sachverhalt soll durch eine grafische Skizze verdeutlicht werden:

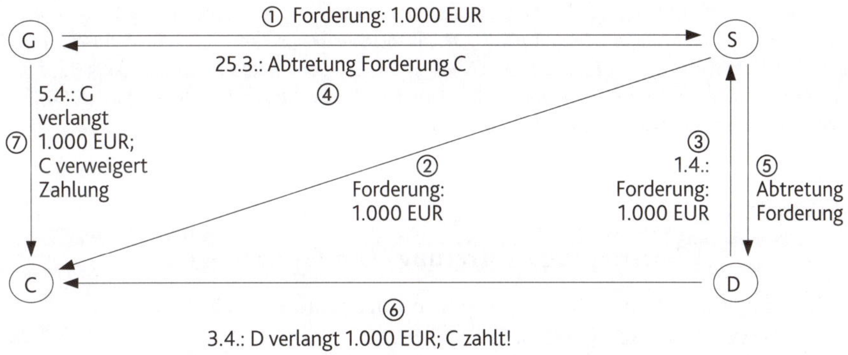

Nachdem Sie sich die Fallkonstellation anhand dieser Skizze klargemacht haben, lesen Sie noch einmal § 408 I. Danach ist bei mehrfacher Abtretung § 407 I dem früheren Erwerber gegenüber entsprechend anzuwenden. **288**

Die entsprechende Anwendung des § 407 I auf unseren Fall der mehrfachen Abtretung bedeutet: Dem »früheren Erwerber« (G) in § 408 I entspricht der »neue Gläubiger« in § 407.

Dem »Dritten« (D) in § 408 I entspricht der »bisherige Gläubiger« in § 407 I. Wenn wir § 407 auf den Fall der mehrfachen Abtretung entsprechend anwenden, müssen wir diese Vorschrift folgendermaßen lesen:

»Der frühere Erwerber einer abgetretenen Forderung muss bei nochmaliger Abtretung dieser Forderung an einen Dritten eine Leistung, die der Schuldner nach der zweiten Ab-

---

318 **Anspruchsgrundlage für D gegen G ist § 816 II. Siehe hierzu *Wörlen/Metzler-Müller* SchuldR BT Rn. 374 ff.**

tretung an den Dritten bewirkt (sowie . . .) gegen sich gelten lassen, sofern der Schuldner von der ersten Abtretung nichts wusste.«[319]

- Subsumieren Sie unseren Sachverhalt unter diese Vorschrift. Überlegen Sie: Wer ist »früherer Erwerber«, wer »Dritter« und wer »Schuldner«?
- »Früherer Erwerber« der von S abgetretenen Forderung ist in Übungsfall 26 der G. »Dritter« ist D und »Schuldner« ist C.

G muss nach §§ 408 I, 407 I die Leistung des C an D gegen sich gelten lassen, mit anderen Worten:

289 Die Leistung des C an D ist gegenüber G »wirksam«, und C weigert sich zu Recht, nochmals zu zahlen. Das Wichtigste zur Abtretung von Forderungen enthält die nächste Übersicht (25), aus der Sie unter anderem auch entnehmen können, dass die Abtretung unter bestimmten Voraussetzungen ausgeschlossen ist (lesen Sie alle in dieser Übersicht genannten Vorschriften des BGB genau durch – ein Hinweis, der eigentlich überflüssig ist, da Sie sich die sorgfältige Lektüre jeder Vorschrift ohnehin schon angewöhnt haben . . .).

Literatur zur Vertiefung (→ Rn. 279–289): *Armbrüster/Ahcin*, Grundfälle zum Zessionsrecht, JuS 2000, 450 (549, 658 und 865); *Alpmann/Schmidt* SchuldR AT II 4. Teil 4. Abschn.; *Brox/Walker* SchuldR AT § 34; *Coester-Waltjen*, Die Abtretung, Jura 2003, 23; *dies.*, Aufrechnung bei Abtretung, Jura 2004, 391; *Esser/Schmidt* SchuldR AT II § 37; *Fikentscher/Heinemann* SchuldR §§ 58–60; *Hirsch* SchuldR AT Zwölftes Kap., A; *Larenz* SchuldR AT §§ 33–35; *Looschelders* SchuldR AT § 53; *Medicus/Lorenz* SchuldR AT Rn. 753 ff.; *Petersen*, Der Dritte in der Rechtsgeschäftslehre, Jura 2004, 306; *Schreiber*, Die Forderungsabtretung, Jura 2007, 266.

Übersicht 25

290

Übertragung (Abtretung) von Forderungen

I. Rechtsgeschäftliche Übertragung von Forderungen – §§ 398 ff.

1. Voraussetzungen (§ 398 S. 1):

a) Abtretender (**Zedent**) muss Inhaber (**Gläubiger**) von Forderung(en) sein (auch: künftige Forderung)

b) Vertrag (Einigung) mit einem Dritten (**Zessionar**), dass Forderung auf diesen übertragen wird.

2. Rechtsfolge (§ 398 S. 2):

Der neue Gläubiger (**Zessionar**) tritt an die Stelle des alten Gläubigers (**Zedent**). Dh: Zessionar erwirbt alle Rechte und Pflichten des Zedenten gegenüber dem Schuldner, die mit dieser Forderung verbunden sind. (= **Abtretung** = abstrakte **Verfügung** = bewirkt unmittelbare Rechtsänderung)

3. Einzelheiten:

Abtretung erfolgt idR ohne Kenntnis des Schuldners –
deshalb **besonderer Schuldnerschutz** erforderlich:

---

319 Damit Sie dieses Zusammenspiel der Entsprechungen niemals vergessen, sollten Sie die Begriffe »**neuer Gläubiger**« in § 407 I (erste Zeile) und »**früheren Erwerber**« in § 408 I (vorletzte Zeile) mit gleicher Farbe unterstreichen! Mit anderer, gleicher Farbe: »**bisheriger Gläubiger**« in § 407 I (Zeile 2/3) und »**Dritten**« in § 408 I!

a) § 404 – Einwendungen, die der Schuldner gegen Zedenten hatte, muss der Zessionar auch gegen sich gelten lassen.
b) § 406 – Schuldner kann mit Forderung gegen alten Gläubiger auch gegen neuen Gläubiger **aufrechnen**, sofern er bei Entstehung der Aufrechnungslage von der Abtretung keine Kenntnis hatte.
c) § 407 – Leistet Schuldner in Unkenntnis der Abtretung an alten Gläubiger, wird er von seiner Leistungspflicht auch gegenüber neuem Gläubiger frei. Bei mehrfacher Abtretung gilt § 408!
d) Ausschluss der Abtretung:
   - § 399 »Inhaltsänderung« der Forderung durch Abtretung = zB Forderung auf Dienstleistung
     (= höchstpersönliche Forderung)
     oder: Abtretung war durch Vertrag zwischen Schuldner und altem Gläubiger ausgeschlossen
   - § 400: Unpfändbare Forderungen – zB Arbeitslohn bis zu bestimmter Höhe (vgl. § 850c ZPO) oder Lebensversicherung bis zu 3.579 EUR (§ 850b I Nr. 4 ZPO)

II. Gesetzlicher Forderungsübergang (»cessio legis«)

1. Gem. § 412 finden §§ 399–404, 406–410 entsprechende Anwendung.
2. Beispiele: § 774 I (Bürgschaft),
   § 426 II (Gesamtschuldner),
   § 86 VVG (Schadensversicherung).

VI. Factoring

Ein Factoring[320]-Vertrag ist ein Vertrag eigener Art, der mehrere der gesetzlich geregelten Typen miteinander kombiniert[321] – also ein gemischter[322] Vertrag –, in dem der Kauf (bzw. die Abtretung) von Kundenforderungen durch (bzw. an) eine Bank oder ein ähnliches Finanzierungsinstitut (Factor) gegen sofortige Wertstellung oder Kreditierung mit der Übernahme von Dienstleistungspflichten (namentlich Kundenbuchhaltung, Beitreibung von Forderungen) kombiniert wird.[323] Das Factoring knüpft wirtschaftsfunktional – ähnlich wie der verlängerte Eigentumsvorbehalt[324] – an den Warenkredit bzw. an den durch Vorleistung gewährten Kredit an. 291

Beim sog. **echten** Factoring übernimmt der Factor auch das Risiko der Zahlungsunfähigkeit des Schuldners der Forderung. Beim in Deutschland weit verbreiteten **unechten** Factoring werden die Forderungen an den Factor nur »erfüllungshalber« übertragen. Eine Leistung erfüllungshalber liegt vor, wenn dem Gläubiger ein Gegenstand (zB Forderung) überlassen wird, aus dem er sich befriedigen soll; die Erfüllung des Schuldverhältnisses tritt erst ein, wenn dem Gläubiger aus dem erfüllungshalber überlassenen Gegenstand tatsächlich Mittel zufließen.

320 Frei aus dem Englischen übersetzt: »Absatzfinanzierung«.
321 MüKoBGB/*Roth* § 398 Rn. 164 mwN.
322 → Rn. 19 unter »Vertragsfreiheit«.
323 *Creifelds* »Factoringvertrag«.
324 Dazu *Wörlen/Metzler-Müller* SchuldR BT Rn. 81.

Für das **unechte** Factoring bedeutet das, dass der Factor (die Bank) mit der Gutschrift der Forderung dem Factorkunden einen Kredit gewährt und sich die Rückbelastung der Forderung beim Gläubiger für den Fall der Nichtbeitreibbarkeit vorbehält. Seiner Rechtsnatur nach ist das unechte Factoring als Darlehen einzuordnen, während das echte Factoring einer Globalzession aufgrund eines Forderungskaufs gleichkommt.

Folgende Skizze (Übersicht 26) verdeutlicht, was beim Factoring geschieht:

Übersicht 26

Factoring

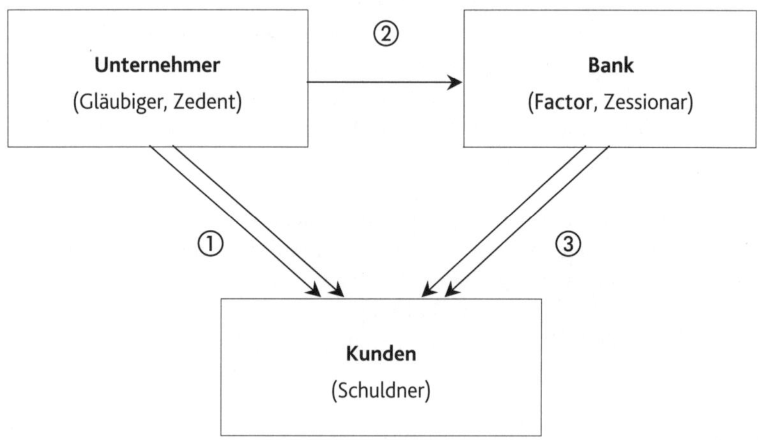

① Forderungen

② Verkauf bzw. Abtretung der Forderungen

③ Einzug der Forderungen

- Echtes Factoring

  Nach »Kauf« (Abtretung) der Forderungen übernimmt **Factor** Risiko für Zahlungsunfähigkeit der Schuldner. Schuldverhältnis besteht nur zwischen **Factor** und Schuldnern. Schuldverhältnis Zedent – Zessionar erlischt.

- Unechtes Factoring

  Factor stellt als Gegenwert ein Darlehen zur Verfügung (= Forderungsabtretung erfüllungshalber). Schuldverhältnis Zedent – Zessionar erlischt erst, wenn Forderungen von Schuldnern bezahlt sind. Andernfalls Rückforderung durch **Factor**.

VII. Schuldübernahme

292 Während bei der Abtretung ein **Gläubigerwechsel** stattfindet, kann durch die in den §§ 414–418 geregelte Schuldübernahme ein **Schuldnerwechsel** erfolgen.

Gem. § 414 (lesen!) kann durch Vertrag mit dem Gläubiger die Schuld auf einen neuen Schuldner übertragen werden. Möglich ist auch ein Vertrag zwischen Altschuldner und Neuschuldner, der allerdings nur mit Genehmigung des Gläubigers der Forderung wirksam ist (§ 415 I – lesen).

Dazu zwei **Beispiele:**
§ 414 – S baut ein Mietshaus, wodurch er Schulden gegenüber dem Handwerker G begründet. Als S seine Schulden nicht bezahlt, stellt G die Arbeiten ein. Ein zahlungskräftiger potentieller Mieter D des S, der an einer raschen Fertigstellung des Hauses interessiert ist, erklärt sich gem. § 414 gegenüber G bereit, die Schuld des S zu übernehmen. Aufgrund dieses Schuldübernahmevertrags baut G weiter.

293

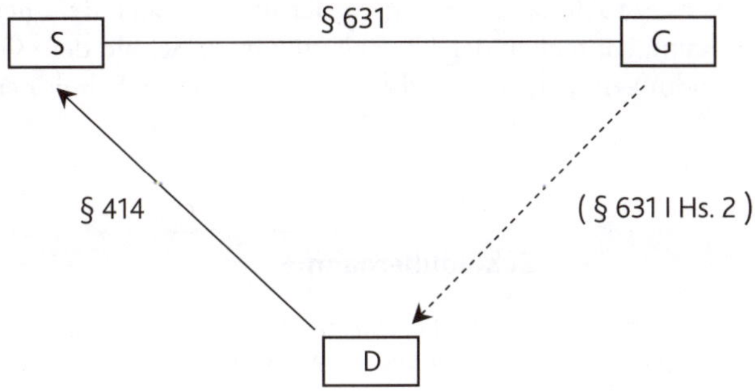

Beispiel:
§ 415 – S verkauft seinen Betrieb an D. D erklärt sich bereit, sämtliche Schulden des S bei G zu übernehmen. Aus diesem Grunde wird ein entsprechend geringerer Kaufpreis zwischen S und D vereinbart. Der Schuldübernahmevertrag zwischen S und D ist nur wirksam, wenn der Gläubiger G ihn genehmigt.

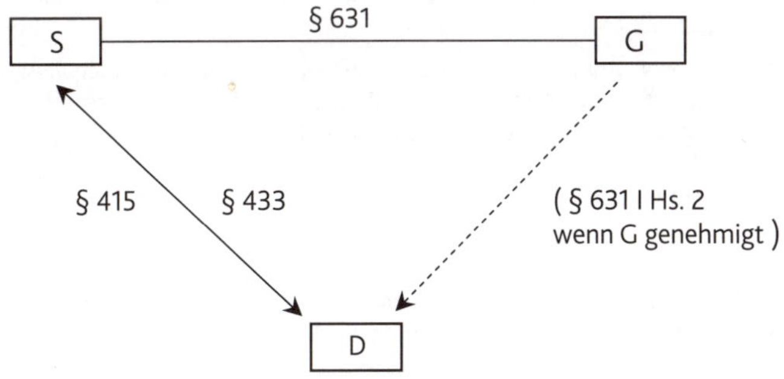

Die in § 414 angesprochene Schuldübernahme hat, wie aus dem Wortlaut der Vorschrift ersichtlich, den unmittelbaren Schuldnerwechsel zur Folge, dh aus der Sicht des alten Schuldners handelt es sich um eine »befreiende« (»privative«) »Schuldübernahme«. Sie ist zu unterscheiden von der – aufgrund der Vertragsfreiheit möglichen – »kumulativen Schuldübernahme« (auch »Schuldbeitritt« oder »Schuldmitübernahme«), bei der ein neuer Schuldner **neben** den bisherigen Schuldner tritt. 294

Beide Schuldner sind Gesamtschuldner.[325] Nicht zu verwechseln ist die Schuldübernahme mit der bloßen »Erfüllungsübernahme«, bei der sich ein Dritter dem Schuldner gegenüber verpflichtet, dessen Verbindlichkeit zu erfüllen, ohne dass der Gläubiger ein selbstständiges Forderungsrecht gegen den Dritten erwirbt. Dies entspricht

325 → Rn. 297.

der Konstruktion des unechten Vertrags zugunsten Dritter iSd § 329 (nachlesen!), den Sie bereits kennen gelernt haben.

295 Besonderheiten, auf die wir in diesem Rahmen nicht eingehen wollen, gelten für die Schuldübernahme gem. § 416 bei Übernahme einer Hypothekenschuld (§ 416 zur ersten Information lesen – sofern Sie noch nicht wissen, was eine Hypothek ist, können Sie das im Lernbuch zum »Sachenrecht« von *Wörlen/Kookemoor* unter Rn. 315 ff. erfahren).

Ähnlich wie gem. § 404 (nachlesen!) der Schuldner einer abgetretenen Forderung die Einwendungen, die er dem Altgläubiger der Forderung und auch dem neuen Gläubiger entgegenhalten kann, kann auch der Übernehmer einer Schuld dem Gläubiger gegenüber die Einwendungen geltend machen, die dem alten Schuldner zustanden (§ 417 I 1 – lesen!).[326]

Übersicht 27

295a

Schuldübernahme		
§ 414	→	Befreiende (»privative«) Schuldübernahme: Vertrag zwischen **Gläubiger** und **neuem Schuldner** = alter Schuldner wird von Leistungspflicht frei.
§ 415	→	Wie § 414, aber Vertrag zwischen **altem** und **neuem** Schuldner = Vertrag ist nur mit **Genehmigung** des Gläubigers wirksam.
Ohne gesetzliche Regelung (»Vertragsfreiheit«)		
	→	Kumulative Schuldübernahme: Neuer Schuldner tritt **neben** bisherigen Schuldner = Haftung als Gesamtschuldner Wegen Ähnlichkeit zur Bürgschaft (§ 765) gilt bei Auslegungszweifeln Bürgschaftsrecht. Unterschied zur Bürgschaft: Neuer Schuldner begründet **eigene** Schuld, Bürge haftet für fremde Schuld
§ 417	→	Einwendungsdurchgriff

Literatur zur Vertiefung (→ Rn. 291–295): *Alpmann/Schmidt* SchuldR AT II 4. Teil 5. Abschn.; *Brox/Walker* SchuldR AT § 35; *Esser/Schmidt* SchuldR AT II § 37; *Fikentscher/Heinemann* SchuldR § 61; *Grigoleit/Herresthal*, Der Schuldbeitritt, Jura 2002, 825; *dies.*, Die Schuldübernahme, Jura 2002, 393; *Hirsch* SchuldR AT Zwölftes Kap., B; *Larenz* SchuldR AT § 35; *Looschelders* SchuldR AT § 54; *Medicus/Lorenz* SchuldR AT Rn. 788 ff.; *Rappenglitz*, Die Formbedürftigkeit der Vertragsübernahme, JA 2000, 472.

VIII. Mehrheit von Schuldnern und Gläubigern

296 Diese Überschrift ist identisch mit der von »Abschnitt 7« des Allgemeinen Schuldrechts des BGB, der die §§ 420–432 umfasst. Sie sollten sich diese dreizehn Vorschriften zur Information durchlesen!

326 Obwohl Passiva (»Schulden«) normalerweise gerade nicht zum Vermögen zählen – vgl. *Creifelds* »Schuldübernahme«.

Für die Praxis am bedeutendsten sind für die Gesamtschuldnerschaft die §§ 421 und 426 und für die Gesamtgläubigerschaft die §§ 428 und 430, die sich jeweils (§ 421 ⇒ § 428 und § 426 ⇒ § 430) entsprechen.

1. Gesamtschuldnerschaft

Lesen Sie nochmals § 421! Nach der Legaldefinition von § 421 S. 1 liegt eine Gesamtschuld vor, wenn mehrere eine Leistung in der Weise schulden, dass jeder Schuldner die ganze Leistung erbringen muss, während der Gläubiger diese Leistung, selbstverständlich nur einmal, aber nach Belieben von jedem der Gesamtschuldner fordern kann. **297**

Ein Gesamtschuldverhältnis kann durch Vertrag begründet werden, zB in Form des Schuldbeitritts, den Sie soeben kennen gelernt haben, oder kraft Gesetzes angeordnet sein. Typische Beispiele für die gesetzliche Gesamtschuldnerschaft sind folgende Vorschriften, die Sie zur kurzen Information lesen sollten: §§ 546 II, 769, 830, 840 I, 1357 I (S. 2!), 2058.

Sofern der Gläubiger von seinem Recht nach § 421 S. 1 Gebrauch gemacht hat, indem er die gesamte Leistung von einem der Gesamtschuldner gefordert hat, kann Letztgenannter im Innenverhältnis entsprechend der anteiligen Verpflichtungen der anderen Gesamtschuldner diese gem. § 426 II in Regress nehmen (= Ausgleichsanspruch).

> **Beispiel:** A und B nehmen gemeinsam bei C ein Darlehen (§ 488) in Höhe von 10.000 EUR auf, das am 31.12. zur Rückzahlung fällig wird. A und B vereinbaren, dass jeder 5.000 EUR davon bekommen und an C zurückzahlen soll. Gem. § 421 S. 1 kann C nach seinem Belieben die ganzen 10.000 EUR entweder von A oder von B fordern. Gem. § 426 II 1 hat A gegen B einen Ausgleichsanspruch in Höhe von 5.000 EUR, wenn er die 10.000 EUR an C gezahlt hat.

Darüber hinaus ordnet § 426 II 1 an, dass der Gesamtschuldner, der den Gläubiger (voll) befriedigt hat, in Höhe seines (internen) Ausgleichsanspruchs (neuer) Gläubiger der Forderung ist (»cessio legis« – § 426 II und § 412 lesen!).

Übersicht 28

Mehrheit von Schuldnern und Gläubigern		
Gesamtschuldner		
§ 421 S. 1	→	Gläubiger kann **ganze** Leistung beliebig von jedem Schuldner fordern
Entstehung	→	Durch Vertrag oder Gesetz (zB §§ 42 II 2, 546 II, 769, 840 I, 2058)
§ 426 I	→	Gesamtschuldner im Verhältnis zueinander zu gleichen Anteilen, falls nichts anderes bestimmt (vereinbart) ist
§ 426 II	→	Schuldner, der Gläubiger befriedigt, hat Regressanspruch
Gesamtgläubiger		
Vgl. §§ 428, 430		

2. Gesamtgläubigerschaft

298 Lesen Sie § 428 und § 430 und sodann, falls Sie mehr darüber wissen wollen, – wahlweise! – die folgende

Literatur zur Vertiefung (→ Rn. 296–298): *Alpmann/Schmidt* SchuldR AT II 5. Teil; *Brox/Walker* SchuldR AT § 36–38; *Esser/Schmidt* SchuldR AT II §§ 38, 39; *Fikentscher/Heinemann* SchuldR §§ 62–64; *Hirsch* SchuldR AT Dreizehntes Kap.; *Larenz* SchuldR AT §§ 36, 37; *Looschelders* SchuldR AT § 55; *Medicus/Lorenz* SchuldR AT Rn. 831 ff.; *Polat*, Gläubiger- und Schuldnerstellung bei mehreren Beteiligten, RÜ 2007, AS aktuell, 17; *Stamm*, Die Gesamtschuld auf dem Vormarsch, NJW 2003, 2940; *ders.*, Die Bewältigung der gestörten Gesamtschuld, NJW 2004, 811.

§ 428 I, 1 → Schuldner kann ganze Leistung an jeden Gläubiger beliebig leisten

Entstehung → durch Vertrag oder Gesetz

§ 430 → Gesamtgläubiger im Verhältnis zueinander zu gleichen Anteilen, falls nicht anders bestimmt (vereinbart)

Sachverzeichnis

(Die Zahlen beziehen sich auf die Randnummern.)

A
Abschlussfreiheit 18, 24, 28b
Abtretung von Forderungen 279 ff.
- Abtretungsvertrag 280
- Ausschluss 290
- cessio legis 290
- Einwendungsdurchgriff 290
- mehrfache 287
- Rechtsfolge 283
- Schuldnerschutz 284 ff.
- Voraussetzungen 280 ff.
- Zahlung an bisherigen Gläubiger 286 f.
Ähnliche geschäftliche Kontakte 252
Äquivalenzstörung 254a
AGB-Gesetz 8, 32 f., 43 f.
Allgemeine Geschäftsbedingungen 29 ff.
- Anwendbarkeit der §§ 305–310 36, 45, 47
- Auszug aus den AGB einer Bank 46
- Begriff und Bedeutung 29 ff.
- geltungserhaltende Reduktion 42
- Generalklausel 44 f.
- Individualvereinbarung (Vorrang) 37, 45
- Inhaltskontrolle 39 ff., 45, 47 f.
- Klauselverbote
  mit Wertungsmöglichkeit 43, 45
  ohne Wertungsmöglichkeit 42, 45
- Leistungsbeschreibungen 40
- Mehrdeutigkeit von Klauseln 37 f.
- Missbrauch 30 ff.
- Prüfungsschema 45
- Überraschungsklauseln 30, 37, 45
- Umgehungsverbot 36, 45
- Unklarheitenregel 38, 45
- Unterlassungsklagengesetz 51
- verfahrensrechtliche Regelungen 51
- Vertragsbestandteil 37, 45, 47
- Wirksamkeitsüberprüfung 36 ff.
Allgemeines Gleichbehandlungsgesetz 28i
Analogie 198
Anbahnung eines Vertrags 251
Anfechtung 15, 103a
Angebot 9, 59
Annahme 9, 59
Annahme an Erfüllungs Statt 97, 103a
Annahmeverzug 93, 98, 103a, 106, 157 ff.
Anspruch 5, 114
Anspruchsgrundlage 114 ff., 123, 130, 195
Anzeigepflicht 65a
Aufhebungsvertrag 102, 103a
Aufklärungspflicht 65c, n
Aufnahme von Vertragsverhandlungen 249 f.
Aufrechnung 99 f., 103a
- Fälligkeit der Forderungen 99, 103a
- Gegenseitigkeit der Forderungen 99, 103a
- Gleichartigkeit der Forderungen 99, 103a
Auftrag 78, 233
Aufwendungen
- vergebliche 188, 191, 253a d
Ausgleichsanspruch des Gesamtschuldners 297
Auskunftspflicht 65a, b, f, h
Auslegung
- grammatikalische (wörtliche) 175
- historische 175
Auslobung 9, 15, 195
Ausschluss der Leistungspflicht 103a, 173 ff., 178, 188, 192, 195
- beim gegenseitigen Vertrag 203 ff.
- bei Vertragsschluss 247 ff.

B
Beendigung von Schuldverhältnissen 95 ff., 103a
Beherbergungswirt 54 f.
Bereicherung
- ungerechtfertigte 14 f., 53, 55, 262
Beschaffungsrisiko 164, 224
Beschaffungsschuld 87, 164, 223 f.
Beteiligung Dritter am Schuldverhältnis 263 ff.
Beweislastumkehr 123
Bringschuld 82, 94, 228
Bürgschaft 290

C
cessio legis 290, 297
commodum
- stellvertretendes 196, 220 f.
culpa in contrahendo 198, 247 ff.

D
Darlehensforderung 21, 280, 285, 287
Darlehensvertrag 21, 240, 280, 285, 287
Dauerschuldverhältnis
- Kündigung 258
Deckungsverhältnis 273
Dienstvertrag 78
Diskriminierungsverbot 28e
dispositives Recht 22

E
ebay 51o
E-Commerce 51q
Eigenhaftung
– des Vertreters 270a–c
Eigeninteresse
– besonderes wirtschaftliches 270c
Eigentumsübertragung 15
Einrede des nichterfüllten Vertrags 94a
elektronischer Geschäftsverkehr 51q ff.
Erfolgsort 80
Erfüllung 95 ff.
– durch Leistung 96, 103a
Erfüllungsgehilfe 264 ff.
Erfüllungsinteresse 183
Erfüllungsort 76 f., 80 ff.
Erklärungsbewusstsein 51u
Erlass 15, 101 ff.
Erlassvertrag 102, 103a
Erlöschen von Schuldverhältnissen 96, 103a
Ersatz
– von Mehraufwendungen 166
– von vergeblichen Aufwendungen 183, 188, 191, 253a–d
Ersatzanspruch
– bei Ausschluss der Leistungspflicht 196, 220 f.

F
Factoring 291
Fahrlässigkeit 122, 142
– grobe 142
– leichte 142
– leichteste 142
Fälligkeit der Leistung 119, 123, 145
Familienrecht 25
Fernabsatzgesetz 8, 32a, 51p
Fernabsatzvertrag 51k ff.
– Anwendungsbereich der neuen Vorschriften 51l
– Informationspflicht des Unternehmers
  nach Vertragsschluss 51n
  vor Vertragsschluss 51m
– Pflichtverletzungen 51u
– Rückgaberecht 51o
– verbundene Verträge 51p
– Widerrufsrecht 51o
Fernkommunikationsmittel 51k
Forderungsabtretung 15, 279 ff.
Forderungsübergang
– gesetzlicher 290
Fristsetzung
– bei Schuldnerverzug 131 f.
– zur Nacherfüllung 145 ff.

G
Garantie 50
Gattungsschuld 86 ff., 94, 222 ff.
– Konkretisierung zur Stückschuld 164, 226 ff.
Gefahrtragung 230 ff.
Gefahrübergang 230b, d
– bei Gattungsschuld 164
– beim gegenseitigen Vertrag 165
– beim Versendungskauf 230d
Gegenleistung 144 ff., 205 ff., 221
Gegenleistungsgefahr 165, 230b
Gegenseitiger Vertrag 11, 15, 150 ff., 203 ff., 239 ff.
Gelddarlehen 78, 92
Geldforderung 123
Geldschuld 90 f., 94
Generalklausel 65, 70
Gesamtgläubiger 298
Gesamtschuldner 297
– Ausgleichsanspruch 297
Geschäftsführung ohne Auftrag 54 f.
Geschäftsgrundlage
– Störung der 103a, 254 ff.
– subjektive 257
Gesetzliches Rücktrittsrecht 152 ff.
– Voraussetzungen bei Schuldnerverzug 154, 156
Gesetzliches Verbot 22, 59, 60 f.
Gestaltungsfreiheit 18, 24, 28j, 60
Gewährleistungsrecht
– beim Kaufvertrag 33, 47 ff.
Gläubiger 6
Gläubigerverzug 157 ff., 167
– Haftungserleichterung des Schuldners 163, 167
– Rechtsfolgen 162 ff., 167
– Voraussetzungen 158 ff., 167
Gobalzession 282

H
Haftung
– des Gastwirts 53 ff.
– des Unternehmers 51v
– des Verkäufers 23
– Erleichterung bei Gläubigerverzug 163, 167
– erweiterte bei Schuldnerverzug 189 ff.
– für eigenes Verschulden 116
– für fremdes Verschulden 264 ff.
– für Zufall 140
– Verschulden bei Vertragsschluss 247 ff.
Haftungsausschluss 22 ff., 42, 47 f.
Haftungserleichterung
– beim Gläubigerverzug 163, 167
Handlung
– unerlaubte 53, 55
Hauptleistungspflichten 62 ff., 74, 78
Haustürgeschäfte 51a ff.
– Begriff 51a
– Rückgaberecht 51 f ff.

- Subsidiarität der Vorschriften 51j
- Widerrufsrecht 51b ff.
Haustürwiderrufsgesetz 8, 32a, 51a, 51k
Herausgabe des Ersatzes
- bei Ausschluss der Leistungspflicht 196, 220 f.
Hinterlegung 98, 103a, 167
Hinterlegungsfähigkeit 98
Holschuld 81, 94

I
Individualvereinbarung 29
Informationspflicht
- des Unternehmers 51 ff.
Inhalt von Schuldverhältnissen 58 ff.
Inhaltsfreiheit
- Schranken der 60 f.
Inhaltskontrolle von AGB 30, 39 ff.
- Schranken 39 f.
Integritätsinteresse 65c, 66
Interesse
- negatives 183 ff.
- positives 183 ff.
Internet
- Vertragsschluss 37
- Auktion 51o

K
Kauf 15, 78
Kaufpreiszahlung 74
Kaufvertrag: wird »ständig« zitiert (vgl. § 433 . . .)
Kombinationsvertrag 19
Kontrahierungszwang 28c
- allgemeiner 28f
- aufgrund des GWB 28e
- aufgrund öffentlich-rechtlicher Vorschriften 28d
Kündigung 103a
- von Dauerschuldverhältnis 258

L
Leihe 15, 78, 92
Leihvertrag 14, 131, 269
Leistung 9, 59
- Erfüllbarkeit 93, 158, 167
- Fälligkeit 93, 119, 123, 167
- Nichterbringung 145
Leistungserfolg 80
Leistungserschwernis 254a
Leistungsgefahr 164, 167, 230, 230a
Leistungsgegenstand 83, 85 ff.
Leistungshandlungsort 80
Leistungshindernis
- bei Vertragsschluss 185 ff.
Leistungsmodalitäten 59
Leistungsort 73 ff.
Leistungspflicht 62 ff.
- Ausschluss der 103 a, 173 ff., 178
Leistungsstörungen 104 ff.
- Nichterfüllung 105 f., 136
- Schlechterfüllung 105 f., 136
- Späterfüllung 105 f., 136
Leistungsvermögen 160
Leistungsverweigerungsrecht 94a
Leistungszeit 93 f.

M
Mängelhaftung
- beim Kaufvertrag 33, 47 ff.
Mahnung 120 ff.
Mangel
- der Kaufsache 34, 47 ff., 233
Mediendienst 51r
Mehraufwendungen
- Ersatz von 166 f.
Mehrheit von Schuldnern und Gläubigern 296 ff.
Mietvertrag 12, 78, 92
Mietwagenkosten 114 ff.
Minderung 42
Mitwirkungspflicht 45c, h
Motivirrtum 257, 261

N
Nacherfüllung 145 ff.
Nebenabreden
- vertragliche 29
Nebenleistungspflichten 62 ff.
- allgemeingesetzliche 63, 65g
- leistungsbezogene 65a
- nachvertragliche 65l
- nicht leistungsbezogene 65c
- Rechtsgrundlagen 65d ff.
- selbstständige 65a
- spezialgesetzliche 63, 65 f
- unselbstständige 65c
- vertraglich vereinbarte 65e
Nebenpflichten 62 ff., 74
Nebenpflichtverletzung 237
Negatives Interesse 183 ff.
Nichtannahme der Leistung 161, 167
Nichtleistung 121

O
Obhutspflicht 65c

P
Pacht 78 f.
pacta sunt servanda 25, 254
Pfandrechtsbestellung 15
Pflichtverletzung 107 ff., 116, 131
- bei Ausschluss der Leistungspflicht 188, 192, 195, 208 ff.
- bei Vertragsschluss 247 ff.

– durch Leistungshindernis bei Vertragsschluss 193 ff.
– durch Schlechterfüllung 237 ff.
– durch Verzögerung der Leistung 116 ff., 154
– Erheblichkeit 234, 239 ff.
– vom Schuldner zu vertretende 197 ff.
Positive Vertragsverletzung 198
Positives Interesse 183 ff.
Preisgefahr 164, 230, 230b
Primärleistungspflicht 107 f., 177 f., 197
Privatautonomie 17
Prostitutionsgesetz 59

R
Rechenschaftspflicht 65a, f, h
Recht
– dispositives 22
– zwingendes 22
Rechtsgeschäfte
– Arten 15
– einseitige 15
– einseitig verpflichtende 15
– zwei- oder mehrseitige 15
Rückgabepflicht
– des Entleihers 132
Rückgaberecht
– bei Fernabsatzverträgen 51o
– bei Haustürgeschäften 51 ff.
Rücksichtnahmepflicht 65c
Rücktritt 103a
– Ausübung 153
– bei Schlechterfüllung 241 ff.
– bei Schuldnerverzug, 147 ff.
– bei Störung der Geschäftsgrundlage 261
– bei Unmöglichkeit 205, 219, 221
– Rechtsfolgen 155 f.
– wegen Nebenpflichtverletzung 244 ff.
Rücktrittsrecht
– gesetzliches 152 ff.
– vertragliches 153

S
Sachdarlehen 78
Sachgefahr 164, 230a
Sachwalterhaftung 270d
Schadensersatz 107, 189 ff.
– bei anfänglicher Unmöglichkeit 188
– bei nachträglicher Unmöglichkeit 193 ff.
– einfacher 234a, 235
– für Leistungshindernis bei Vertragsschluss 187 ff.
– merkantiler Minderwert 253
– positives und negatives Interesse 183
– statt der ganzen Leistung 235a, 238
– statt der Leistung 110 ff., 129 ff., 188, 238a
– Umfang 253, 266
– wegen Pflichtverletzung 109, 171, 199 ff.
großer Schadensersatz 238
kleiner Schadensersatz 236 ff.
– wegen Pflichtverletzung vor Vertragsschluss 252b
– wegen Verzögerung der Leistung 112 ff., 145
Schenkung 15, 78
Schenkungsversprechen 16
Schickschuld 83, 91, 94, 228
Schlechterfüllung 105 f., 136, 207 f., 232 ff.
– Begriff 232
– beim gegenseitigen Vertrag 239 ff.
– Pflichtverletzung 233 f.
– Rücktritt 241 ff.
Schmerzensgeld 253
Schuldbeitritt 294
Schuldner 7
Schuldnerverzug 113 ff., 137
– beim gegenseitigen Vertrag 144 ff.
– Beweislast 124 ff.
– erfolglose Fristsetzung 131 f.
– Fristsetzung zur Nacherfüllung 145 ff.
– Rechtsfolgen 128, 137
– Rücktritt des Gläubigers 151 ff.
– Voraussetzungen 118 ff., 137
Schuldrecht
– Allgemeines 1 ff., 26
– Besonderes 1 ff., 33
– Funktion 1 ff.
– Inhalt 1 ff.
– Reform 8
Schuldrechtsmodernisierungsgesetz 32a
Schuldübernahme 292
– befreiende 294
– kumulative 294
– privative 294
Schuldverhältnis 6 f.
– Beendigung 95 ff., 103a
– Begriff 5 f.
– Begründung 8 ff., 61
– Beteiligung Dritter am 263 ff.
– Entstehung 8 ff., 55
– Erfüllung 96
– Erlöschen 96, 103a
– gesetzliches 52 ff.
– Inhalt 58 ff.
– rechtsgeschäftliches 9 ff., 17
– Schranken der Inhaltsfreiheit 60 f.
– vertragliches 9 ff., 58 ff.
Schutzpflicht 65c, 65o, 66
Schwarzarbeit 60
Sekundärleistungspflicht 107, 188, 197
Sittenwidrigkeit 22, 28g, 59
Sorgfaltspflicht 65c
Speziesschuld 86 ff., 94, 223 ff.
Stellvertretendes commodum 196

Störung der Geschäftsgrundlage 103a, 254 ff., 261
- Begriff 254
- Fallgruppen 254
- gesetzliche Regelung 255
- Kündigung 261
- Rücktritt 261
- Vertragsanpassung 260 f.
- Voraussetzungen 256, 261
Stückschuld 86 ff., 94, 223 ff.
Stundungsvertrag 21
Synallagma 12, 148, 197, 206

T
Teilunmöglichkeit 177
Teilzeitwohnrechtegesetz 8, 32a
Telemedien 51r
Testament 15
Transportkosten 74 ff., 166
Treu und Glauben 45, 49, 64, 71
Treuepflicht 65c

U
Umfang des Schadensersatzes 253, 267
Unbestimmter Rechtsbegriff 43
Unerlaubte Handlung 53, 55
Ungerechtfertigte Bereicherung 14 f., 53, 55, 262
Unmöglichkeit der Leistung 106, 108, 168 ff.
- anfängliche und nachträgliche 174
- als Pflichtverletzung 170 ff.
- Arten 168 f.
- Ausschluss der Leistungspflicht 173 ff., 192
- bei Gläubigerverzug 210 ff.
- Schadensersatz 187 ff.
- subjektive und objektive 176
- teilweise 177
- Verantwortlichkeit des Gläubigers 209
- Verantwortlichkeit des Schuldners 215 ff.
Unterlassungsklagengesetz 51
Unternehmer 51k ff.
- Haftung im E-Commerce 51v
Unvollkommen zweiseitig verpflichtender Vertrag 14 f.
Unzumutbarkeit
- der Schuldnerleistung 235a, 238c–e

V
Valutaverhältnis 274
Verbindlichkeit 268 ff.
Verbot
- gesetzliches 22, 60 f.
Verbraucher 51a, 51l ff., 123
Verbraucherkreditgesetz 8, 32a, 51p
Verbraucherschutzgesetze 32a
Verbraucherverträge 36, 51 p
Verbrauchsgüterkauf 47, 113, 221, 230d ff.
Verbundene Verträge 51p
- Einwendungsdurchgriff 51 p
- Widerrufsdurchgriff 51 p
Verhaltenspflichten 65 ff., 238b
Vermögen
- künftiges 61
- Verschaffung von 78
Verpflichtungsgeschäft 11 f., 15
Verschulden 122
- bei Vertragsschluss 247 ff.
Versendungskauf 230d ff.
Versendungskosten 75
Versicherungsvertrag 12
Verstoß gegen gute Sitten 22, 60 f.
Vertrag 8 ff., 15
- atypischer 19
- Einrede des nicht erfüllten 94a
- einseitig verpflichtender 15
- gegenseitiger 11 ff. 154 ff., 203 ff.
- gemischter 19
- unvollkommen zweiseitig verpflichtender 14
- zwei- oder mehrseitig verpflichtender 15
Vertrag mit Schutzwirkung zu Gunsten Dritter 278
Vertrag zu Gunsten Dritter 271 ff.
- Beteiligte 272
- Deckungsverhältnis 273
- echter 275
- Valutaverhältnis 274
- unechter 276
Vertragsanbahnung 251
Vertragsfreiheit 9, 17 ff., 27, 29, 60, 79
- Einschränkungen 28a ff.
Vertragsschluss
- Verschulden bei 247 ff.
Vertragsstrafe 94b
Vertragsverhandlungen
- Aufnahme von 249
- ähnliche geschäftliche Kontakte 252
Vertragsverletzung
- positive 198
Vertreter 270b, c
Vertretenmüssen 122
Vertrauen
- besondere Inanspruchnahme 270b
Verwahrungsvertrag 78
Verzögerungsschaden 112 ff., 137
Verzug
- des Gläubigers 93, 98, 103a, 106
- des Schuldners 106, 113 ff.
Verzugszinsen 143
Vorratsschuld 87, 94, 225
Vorvertragliches Schuldverhältnis 247 ff.
- mit Dritten 270a–d

W
Wahlschuld 89, 94

Werkvertrag 78
Wettbewerbsverbot 66
Widerrufsrecht
– bei Fernabsatzverträgen 51o
– bei Haustürgeschäften 51b ff.

Z
Zedent 281
Zession 281
Zessionar 281
Zufall 141
– Haftung für 141
Zurückbehaltungsrecht 94a
Zwangsvollstreckung 28
Zweckstörungen 254a
Zwingendes Recht 22